中國學術思想

研究輯刊

三八編

林慶彰 主編

第6冊

方以智物論研究

劉 瑜 著

花木蘭文化事業有限公司

國家圖書館出版品預行編目資料

方以智物論研究／劉瑜 著 -- 初版 -- 新北市：花木蘭文化事
業有限公司，2023〔民 112〕
序 4+ 目 4+180 面；19×26 公分
（中國學術思想研究輯刊 三八編；第 6 冊）
ISBN 978-626-344-394-5（精裝）
1.CST：（清）方以智 2.CST：學術思想 3.CST：清代哲學
030.8   112010415

ISBN-978-626-344-394-5

9 786263 443945

中國學術思想研究輯刊
三八編 第 六 冊   ISBN：978-626-344-394-5

方以智物論研究

作　　者 劉瑜
主　　編 林慶彰
總 編 輯 杜潔祥
副總編輯 楊嘉樂
編輯主任 許郁翎
編　　輯 張雅淋、潘玟靜　美術編輯　陳逸婷
出　　版 花木蘭文化事業有限公司
發 行 人 高小娟
聯絡地址 235 新北市中和區中安街七二號十三樓
　　　　 電話：02-2923-1455／傳真：02-2923-1452
網　　址 http://www.huamulan.tw 信箱 service@huamulans.com
印　　刷 普羅文化出版廣告事業
封面設計 劉開工作室
初　　版 2023 年 9 月
定　　價 三八編 16 冊（精裝）新台幣 42,000 元

方以智物論研究

劉瑜 著

作者簡介

劉瑜，中國人民大學歷史學學士（2012）、碩士（2014），哲學博士（2021），比利時根特大學中國語言與文化專業聯合培養博士（2021）。現任職於浙大城市學院，從事哲學專業教學與研究。研究興趣在於明清哲學、中西比較哲學，以獨立作者或第一作者身份在《中國哲學史》（CSSCI）、《周易研究》（CSSCI）、Religions（A&HCI）等國內外學術期刊發表中英文論文多篇。

提　要

　　本書在筆者博士論文基礎上修改而成，以系統地建立方以智物論哲學為主旨。本書從「物」字著眼，透過此一具有根本性和全盤性的觀念，重新理解和審視方以智的哲學思想體系。在傳統中國哲學話語中，由「物」構成的道物、物理、物我、格物、事物諸範疇敞開了約略相應於西方哲學中的存有論、宇宙論、主客關係、認識論、實踐論的各個論域。此外尚構成了無法比擬於西方哲學的獨特論域，如傳統所謂心物關係，即是中國哲學特有的對人與天、人生與宇宙、人文與科學、思想與存在等問題的一種綜合性表達。

　　近現代自然科學技術的長足發展及其對人文世界造成的挑戰，促進了西方哲學對於物的問題、人與物的關係問題深入持久的思考。科學理性強勢入侵人之生存領域的方方面面，知識向著實用技術的轉化增強了人控制、改造物的能力，技術與資本的結合又推動了社會、經濟的飛速發展。工具理性主導著人對物的認識，物從人之生存境況的意義世界中隕落，淪為滿足人之需求的手段。重新審視中國歷史上這一前現代觀念與西方自然科學初次發生碰撞的時期，或將有利於啟發我們對當下和未來的科技與人文意義世界的關係的思考。

序　言

　　本書在筆者博士論文基礎上修改而成，以系統地建立起方以智物論哲學為主旨，分為以下八章：

　　第一章為國內外學界相關研究成果綜述。國內學界對方以智其人其書的關注，受到方氏著作的發現、整理、校注、出版工作進度的密切影響，直到2019年十冊本《方以智全書》出版，方以智著作才首次較為完整地呈現在世人面前。目前，相關研究有三個主要面向，即考據學與音韻學、自然科學與中西交流、哲學與思想，且三者之間表現為相對隔離的狀態。方以智的哲學思想乃是以物論為核心，其訓詁學和科技類著作正是其哲學主張的自然延伸，是對其物論哲學理論的實踐和檢驗。通過對方以智物論進行系統、全面的梳理，可以有效地將上述三個研究面向統合起來，通過理論與實踐的雙向互動，呈現出更加立體的方以智思想面貌。在西方學界，方以智研究成果主要表現在思想史方面：一是以明清儒學的內在轉型為脈絡，探究在明清之際的儒家學術和士人理想的轉型過程中，方以智的學術思想及其個人經歷所具有的共性和殊性；二是以西學東傳為線索，勾勒晚明時期耶穌會士入華與士人之間的互動歷程，研究方以智如何在中國傳統學術基礎上接受西方自然科學。深入尋繹方以智物論思想體系，將有效避免標籤化的理解，為明清士人如何接受西學、援西入中提供一個有力的例證。

　　第二章討論方以智的學派歸屬問題，這是方以智研究中一個聚訟不已的話題。本來，方以智哲學廣泛吸收儒釋道三家思想的特點已經廣為人知，而學者們仍然試圖找到其學的主要歸屬，實質上是因為這個問題關乎對方以智哲學的基本性質和終極關懷的定位。此前的研究大多是通過分析、理解方以智

哲學論述的內涵來判斷其學派歸屬,由學者關注的文本差異,進而產生了心學立場、易學立場、莊學立場、三教會通立場等等分歧。相對地,一些更為直接的文獻證據則被遺漏了,即方以智自己對儒釋道三教以及宋明理學諸家的評判、去取。通過匯總、梳理這些評論,可以得出有關方以智學派傾向的更為可靠的答案。

第三章從方以智常常援引的各家物論之中,選取部分具有代表性的範疇,結合各家學說背景,分別予以解釋說明,由此引出方以智物論的基本內涵。綜述諸家物論時,主要選取先秦與宋明兩個時期。先秦部分選取儒家、道家、名家之說,是方以智物論思想的遠因;宋明部分選取邵雍、朱熹、陽明以及禪宗之說,是方氏物論的近源。這樣做的目的,一則在於將諸家物論與方以智本人的物論稍作區分,便於後續行文;二則從側面反映方氏物論的豐富內涵,以示其集大成的治學格局。

第四章分析方以智物論哲學中的道物觀。「老莊有關道、物關係的哲學論題及其理論思維,經歷代哲學家不斷地繼承與補充發展,而成為中國哲學史上的一條主線。」〔註1〕《莊子》一書是方以智個人完整注釋的唯一一部古代經典,其中的道物關係理論對方以智物論有著至關重要的影響。中國哲學中的道物論主要在宇宙生成論和體用論兩個層面展開。概略而言,方以智哲學在體用論上的基本主張是虛體、實用,在生成論上則主張陰陽以上不可知。虛體實用意味著,物之所以然只是一人為懸設的形式範疇,在當下世界中實存的只有物及物理,又由於陰陽即人的理性認知範圍的極限,故對於物和物理的考察只能通過陰陽以下的範疇來進行。對於道物關係的這種釐定,典型地體現了方氏哲學強烈的實證主義傾向。

第五章論述方以智物論哲學中的物理觀,以其對客觀存有世界的描述性說明為主要內容,用象、數、理、氣等範疇來搭建起論述框架,並列舉部分科學觀察和實驗記錄作為其質測之學的例證分析。象、數、理、氣這組範疇在邏輯上介於終極本體與具體物之間。其中,通過對方氏父子易學體系的介紹來引入象、數,證明其易學體系排除了象數易學之中的神秘主義因素而保留理性精神。不過,方以智論數仍借助於信仰權威,其目的首先在於證明社會規則和德性、倫理中的「節度」,而不是運用數來設計自然科學實驗,這是其質測之

〔註1〕 陳鼓應:《論道與物關係問題(上)——中國哲學史上的一條主線》,《哲學動態》,2005年第7期,第55~64頁。

學最終未能導向近代自然科學的關鍵所在。關於理、氣二者，方以智思想的要點有二：一是理與氣在實存狀態中不可分離，二是在認識論上，理的價值優先於氣。此外，方氏論理分為物理、宰理、至理，因而區別於程朱理學一系對理的認定，他所說的氣則有真陽統陰陽、陰陽生五行的秩序，與王廷相等氣本論學者對氣的認定也有根本不同。

　　第六章梳理方以智物論哲學中的物我觀，關注其中的主體性問題。由於長期以來被視為科學、唯物主義先驅，方以智哲學給人以重視客體、忽視主體的印象，事實上，方以智對主體性範疇如心、性、命等有著豐富而新穎的論述。一般來說，討論物我關係有道德的與知識的兩種進路。在中國傳統哲學中，對於認識主體之我往往要求「無我」，從而保證主體之認識合於物；對於道德主體之我又要求「有我」，通過啟發德性主體的自覺使其擔負責任感、發揮能動性。本章在道物體用框架下，細緻分析方氏哲學中的心兼形神、以無知之知為體、遊心與直心、至善與無善、盡性與安命，乃至生死、世出世等命題，展現無我與有我問題在方氏哲學中的糾葛。

　　第七章聚焦方以智物論哲學中的格物觀，這也是貫穿於宋明理學發展之始終的一個核心問題。現代研究者往往關注方以智思想的特異性，相對忽視了其與理學傳統的關係，而格物就是最能反映方氏繼承、改造理學傳統的一個要點。本章聚焦於「道德與知識」這一話題來論方以智的格物思想，因為在程朱理學與陸王心學兩大陣營關於格物問題的分歧之中，前者偏於知識的進路，後者偏於德性的進路，考察方以智對道德與知識之關係的見解，最能反映其格物論的特色。本章首先引入孝學、仁智兩組對立範疇，在瞭解了方以智重學、重智的基本學說性格之後，再進入格物問題的討論：由程朱理學與陸王心學論格物的學術史入手，引入方氏論格物的問題意識、具體展開及其特點，最後歸結為方氏獨具特色的質測與通幾學說。

　　第八章發揮方以智物論哲學中的事物觀，即對經學中以「事」訓「物」的傳統進行哲學引申。方以智說，「物以形體言，事以作為言。天地間無非物，職分內無非事。」（《一貫問答》）由「形體」與「作為」，可以引申出物與事在「存有」義與「活動」義上的不同；由「天地」與「職分」，可以引申出物與事分別指向的是自然與人文兩大領域。本章從事的視角來考察方以智的物論，核心關注就在於尋求一溝通存在與活動、自然與人文的可能路徑。由於方以智論物是兼物與事而言，故其所論物理並非只存有而不活動——貫泯隨、

交輪幾等等基於具體物理基礎上的歸納之理，都具有動態性特徵。進一步說，正因為重視對事物之理的認知和把握，方以智哲學得以真正開闢出「即活動即存有」的由用顯體路徑。

結語部分是對方以智物論哲學中的體用和即用即體問題的進一步引申。此一引申之所以必要，是由於本書第四章在道物體用的基礎之上建構起方以智物論哲學，第八章又談到方以智哲學的由用顯體路徑，二者之間尚缺乏勾連。故而，結語部分主要是在宋明理學的思想脈絡中，通過對比方以智與程朱、邵雍、張載、王夫之等的體用論的異同，論證其體用架構的特殊性，並補充說明方氏如何、為何由此獨特的體用架構發展出即用即體的模式來。

從本書的構思、成稿到完善，我的博士生導師向世陵教授一直悉心指導，並以他一絲不苟的學術態度，為我樹立了治學典範。在博士論文匿名評審環節，三位匿名評審人指出了書稿的不足；論文答辯會上，陳來、張學智、李祥俊、羅安憲、韓星諸教授提供了許多寶貴意見。答辯通過後的進一步修改過程中，書稿得到了安徽大學方以智研究中心的蔣國保教授的批評指正。在此，謹向諸位前輩學者致以感謝和敬意。

劉瑜

2023 年 3 月於海寧

目

次

第1章 文獻綜述

　　在思想史領域內，方以智研究的重點和難點集中於兩條時代脈絡：一是由宋明理學到清代樸學或考據學的學術型態轉變是如何發生的，二是中國傳統人文學術對西方近現代自然科學的接受過程是如何進行的。第一個問題至晚從清末起就受到士人和學者的自覺關注，學界對此已經從外緣條件和內在理路的各個方向進行了較為全面的研究。在這一思想脈絡中，方以智的定位也較為明晰：一方面，他是開啟清代考據學風的晚明學者之一，表現出重證據、重推理的紮實學風，尤其在音韻學領域作出了一些創造性貢獻；另一方面，他又不像典型的清代考據學者那樣強調漢學、宋學的分野並明確拒斥宋學，他仍然依託於宋明時期的義理學傳統來思考一系列天人問題。

　　相對而言，關於明末清初的人文學術與自然科學技術的關係問題，學界討論得比較少，亦未能提出受到普遍認可的解釋範式。這方面研究的薄弱化可以由下列幾個因素作出解釋。一個明顯的原因是文獻限制。在上個世紀 50 年代以前，方以智為學界所知的主要是他的考據學和博物學成果，他存世的多種哲學思想類著作近年來才陸續整理出版。直至 2019 年十冊本《方以智全書》面世，方以智的存世著作首次系統呈現在世人面前。第二個更為深層的困難在於，近代自然科學技術本身不是從中國人文傳統中自然孕育、生長、分化出來，而是在中國的近代化歷程中從西方文明引入嫁接的。余英時先生曾提出「內在理路」說，試圖證明「在中國『現代化』的過程中，『傳統』也曾發揮了主動的力量，並不僅僅是被動地『回應』西方的挑戰而已」〔註1〕。然而，

〔註 1〕余英時：《論戴震與章學誠·總序》，北京：三聯書店，2005 年 1 月，第 9 頁。

要構建起一個中國傳統學術主動接受、適應近代自然科學的思想史過程，尚有待於更為豐富的研究成果。

在明中、晚期的思想界，多數學者對於本土和東傳自然科學要麼不甚關心，要麼全盤拒斥。至於在中西文化交流史研究領域內頗受重視的李之藻、徐光啟等人物，則一併接受了傳教士帶來的自然科學和基督教神學，他們並不直接面對經由中國傳統學術來對接西方自然科學的問題。明代幾位傑出的本土「自然科學和科學史家」，如李時珍、宋應星、徐霞客等，既尚未受到西學影響，又對抽象的義理之學不太關心。例如，德國學者薛鳳（Dagmar Schäfer）在對《天工開物》的研究中，將宋應星稱為「實用主義者」，認為宋應星採取「實用主義的方法以及由此導致的對哲學背景的忽略」可能被同時代人視為一種「缺陷」，他「將自己嚴格地限定於近乎純描寫，而不是對概念進行闡釋」。〔註2〕通過與同時代思想家和「科學家」的粗略比較，我們不難發現，要深入理解明末清初科學與人文、近代西方自然科學與中國古代傳統思想之間的關係問題，方以智是不可多得的研究對象；而與晚清以後被迫打開國門、張眼看世界的中國知識分子相比，方以智在接受西學的心態上又多了一重從容不迫的優勢。因為，「方以智的時代，沒有中西的緊張關係，更沒有感受到西方文化的壓力，他可以為了滿足好奇和愛智的需求去接受西學」〔註3〕。

1.1 國內研究綜述

在國內學界，方以智其人其書受到歷史學、文學、哲學各領域學者的廣泛而持續的關注。以下將分為生平及著述、各學科領域研究成果以及評議三個部分，概括並評述迄今為止的國內學界方以智研究狀況。

1.1.1 生平及著述

關於方以智的生平及其著述，較為集中和全面的研究成果見於任道斌、謝國楨等分別編撰的方氏年譜及其著述《知見錄》〔註4〕，冒懷辛、張永堂等

〔註2〕〔德〕薛鳳：《工開萬物——17 世紀中國的知識與技術》，南京：江蘇人民出版社，2015 年 11 月，第 272 頁。

〔註3〕韋政通：《中國思想史》下，長春：吉林出版集團有限責任公司，2009 年 8 月，第 943 頁。

〔註4〕任道斌編著：《方以智年譜》，合肥：安徽教育出版社，1983 年。

任道斌編：《方以智茅元儀著述知見錄》，北京：書目文獻出版社，1985 年。

先生分別執筆的兩種《方以智全書》前言部分〔註5〕，蔣國保先生在其早年專著中考索的方以智生平經歷與其思想演變的關係〔註6〕。此外，張永堂、劉君燦、羅熾等分別著有方以智傳記，對其生平經歷有更為生動的呈現〔註7〕。以下選取其中與方以智哲學思想關聯較大的部分內容，略作陳述。

梁啟超在《中國近三百年學術史》中說到，「我最愛晚明學者虎虎有生氣。他們裏頭很有些人，用極勇銳的努力，想做大規模的創造。」〔註8〕其中，方以智的思想無論從深度、廣度還是創造力或獨特性看來，都算得上在明末清初學者中獨樹一幟。然而，相比起同時期著名的顧炎武、黃宗羲、王夫之三大儒，學界對方以智的關注，由於文獻限制等方面的原因，迄今頗為不足。

方以智（1611～1671），字密之，號曼公，歷經時代巨變，一生流離輾轉，別號甚多。他於明萬曆三十九年出生於安徽桐城的一個士大夫家族，自其曾祖父以下四世治易，在當地享有崇高族望。曾祖方學漸（1540～1615）考取明經而不仕，因早年師事王門後學左派人物耿定向，而被黃宗羲列入「泰州學派」。但在實際學術傾向上，方學漸不滿王畿「四無說」，而以「崇實」為宗旨，與東林人士引為同調，屬於明末挽朱救陸的一系，由此奠定了方氏家學的基本路徑取向。祖父方大鎮（1562～1631）是萬曆十七年進士，曾任御史，官至大理寺少卿。他以「性善」為儒學正宗，於程朱、陸王之學各有去取，提出「藏悟於學」的主張，在學派之爭中表現出批判、獨立的治學精神，這一風範頗為以智所紹繼。以智之父方孔炤（1591～1655）官至湖廣巡撫，後因戰敗入獄，在獄中與黃道周論《易》，順治以後隱居桐城，著有《周易時論》。方孔炤的易學思想一方面宗承邵雍象數學，一方面又將方氏易學朝著義理思辨的方

〔註5〕 冒懷辛：《方以智的生平與學術貢獻——方以智全書前言》，成文於 1986 年 6 月，收於侯外廬主編：《方以智全書》第一冊，上海：上海古籍出版社，1988 年。

張永堂、褚偉奇：《方以智的生平思想及其著作整理》，成文於 2019 年 4 月，收於黃德寬、褚偉奇主編《方以智全書》第一冊，合肥：黃山書社，2019 年。

〔註6〕 蔣國保先生於 1982 年通過了大陸第一篇以方以智為主要研究對象的學位論文，後擴充為專著。全書共十章，前五章集中討論了方氏生平及其著述。蔣國保著：《方以智哲學思想研究》，安徽人民出版社，1987 年。

〔註7〕 張永堂著：《方以智》，臺北：臺灣商務印書館，1987 年。

劉君燦著：《方以智》，臺北：東大圖書股份有限公司，1988 年。

羅熾著：《方以智評傳》，南京：南京大學出版社，2001 年 2 月。

〔註8〕 梁啟超：《中國近三百年學術史》，杭州：浙江古籍出版社，2014 年 8 月，第 96 頁。

向大為推進。他所提出的公因反因、中五旋四、代明錯行等，構成了後來的方以智易學乃至其整體思想的核心理論。方以智的外祖父吳應賓（1564～1634）是萬曆十四年進士，翰林院授編修。不同於以智父系家族以儒者持身的傳統，吳應賓曾入名僧憨山德清門下，許方以智母親皈依博山，又曾師事「三一教主」林兆恩，甚至「精於西乾」，其學具有不拘門派藩籬的特點，對以智的學派觀念影響深遠。方以智少年時期有兩位主要的塾師，一者白瑜（1578～1646），授其經史詩文，一者王宣（1565～1648），傳授易學及物理學知識。王宣是桐城本地人，與方以智祖父輩交往密切，曾經「中年學道，摒絕室家」〔註9〕。他任擔方以智塾師時已七十高齡，頗為以智所敬重。他的易學主於河洛，並由易理延伸到物理領域，著有《物理所》。日後方以智結合易理與物理的思想取向，明顯有王宣的影響痕跡。

研究者通常將方以智的一生分為早、中、晚三個時期，由於其中年時期經歷坎坷，各家界定略有出入。總的來說，結合其個人經歷與時代變遷的大關節，筆者認為，將中期的上限定為 1644 甲申之變、明朝滅亡，下限定為 1651 辛卯披緇、遁入佛門，較為清晰合理。依此，方以智一生可分為：早期（1611～1644），中期（1644～1651），晚期（1651～1671）。方以智早年生活優渥，教育完備，多才多藝，抱負不凡，又隨父宦遊多方，多聞博識，交友廣泛。「他生在利瑪竇死後的一年，他的少年時代，西洋科學已在中國很為人們所賞識。」〔註10〕九歲時，方以智隨父至福建福寧州任所，見熊明遇（1579～1649）《則草》中的西學圖文，就其中的內容持續向熊請教，這是他與西學人士直接往來的首次記錄。〔註11〕少年方以智頗有任俠之氣，他的交往名錄中不僅有錢澄之（1612～1693）這樣的同鄉兼摯友，也有陳子龍（1608～1647）、黃宗羲（1610～1695）這樣的學者兼義士。這一時期，方以智因出遊、躲避桐城民亂和鄉試應考幾次寓居南京。崇禎九年（1636），方以智在南京結識了耶穌會士、擅長天文曆算的意大利人畢方濟（Francesco Sambiasi，1582～1649），向其請益「曆算奇器」。當時，主要由東林黨後裔組成的復社，其活動中心也在南京。方以智在參與復社期間，「以詞客狂生聞名海內」，與冒襄、陳貞慧、侯方域並稱「明末四公子」。1640 年，方以智在北京中進士，留京授翰林院檢

〔註 9〕 方以智：《浮山文集·虛舟先生傳》，第 352 頁。

〔註10〕 容肇祖：《方以智和他的思想》，《嶺南學報》第 9 卷第 1 期，1948 年，第 97～104 頁。

〔註11〕 徐光臺：《熊明遇與幼年方以智》，《漢學研究》第 28 卷第 3 期，2010 年 9 月。

討，在京期間結識了德國籍耶穌會士湯若望（Johann Adam Schallvon Bell，1591～1666）。適值其父方孔炤兵敗下獄，方以智身懷血書，為父伏闕訴冤。崇禎皇帝聽聞以後，盛讚「求忠臣必於孝子之門」，遂下令釋放方孔炤。仕途得意、名動天下，方以智早年過著典型的名門望族貴公子生活。

　　隨著明朝覆滅，方以智的個人生涯也急速轉入一段顛沛流離的時期，直至 40 歲左右披緇出家，身心才逐漸得到安定。這一時期雖然不長，他卻經歷了數次出生入死和艱難的信仰抉擇。1644 年 3 月，李自成攻破北京，崇禎帝自縊。方以智哭帝於東華門外，被農民軍抓獲。逃脫之後，他抱著耿耿忠心，一路南奔，意圖輔助弘光朝廷北伐，光復失地。然而方以智在南明朝廷所見卻是新貴的墮落腐敗、朋黨傾軋，加上阮大鋮用事之後多次尋釁報復，他逐漸感到事無可為，遂流離嶺南、湖廣，期間數次拒絕南明皇帝拜受官職，但仍然繼續籌謀反清事業。辛卯（1651）方以智作「自祭文」曰：「自甲申至庚寅（1644～1650），無可道人以猗玗洞之縣絲，流離嶺表，十召堅隱，不肯一日班行。」〔註12〕這一年，方以智為清兵捕獲，清軍將領馬蛟麟「諭之降，不屈；脅之以刃，誘之以袍帽，皆不答。」〔註13〕拒絕威逼利誘之後，方以智被迫在梧州出家，作「自祭文」以示從前的方以智已死。

　　此後，方以智與好友施閏章（1619～1683）借道盧山，回桐城省親，卻再次被地方官員勸降，迫其出仕。無奈之下，他於 1653 年逃往南京，拜覺浪道盛為師，受大法戒，閉關高座寺看竹軒。出家後的方以智過著清貧而相對安寧的禪修、著述生活，「耽嗜枯寂，粗衣糲食，有貧士所不能堪者」〔註14〕。當時，覺浪道盛身邊彙集了許多抗清義士，方以智入其門下，一方面受其庇護，一方面可能繼續密謀反清。道盛作《莊子提正》，以莊子為孔門嫡傳，又主張五宗並舉、三教並弘，深刻影響了方以智後來撰寫《藥地炮莊》的主體思路。遁入佛門後，方以智的著述重心在於哲學思想，但如果說他後期完全拒斥自然科學或物理、格致、質測之學則是不準確的。例如，長子方中通（1634～1698）在南京省侍竹關時，方以智曾令其向波蘭籍傳教士穆尼閣（Nicolas Smoglenski，1611～1656）學習天文曆算；又如，方以智晚年為建陽遊藝的《天經或問》一書作序，勉勵這位曾經問學於熊明遇的民間學者繼續鑽研太西之

〔註12〕方以智：《浮山文集·辛卯梧州自祭文》，第 333 頁，括號年限為筆者所標注。
〔註13〕錢澄之：《所知錄·永曆紀年下》，合肥：黃山書社，2006 年 12 月，第 127 頁。
〔註14〕秦祖永：《桐陰論畫·書畫名家·方以智》，杭州：浙江人民美術出版社，2019 年 12 月，第 48 頁。

學。1655 年，方孔炤去世，方以智破關奔喪，廬墓三年。期間，他帶領子輩編訂方孔炤所著《周易時論》，並自著《圖像幾表》附於書前，合為《周易時論合編》。居喪期滿後，方以智禪遊江西多年，主持新城廩山寺，後改為主持吉安府廬陵縣青原山淨居寺。康熙十年（1671）三月，受粵案牽連，方以智被押入粵；十月，舟行至江西萬安縣，自沉於惶恐灘，終年 61 歲。

方以智生前擁有廣泛的學術聲譽和社會影響力，但因其遺民身份，加上晚年受粵案牽連，他的絕大多數著作在乾隆時期遭到查禁。四庫全書全文收錄的方以智著作只有《通雅》與《物理小識》，以至於他在清代和民國時期主要被視為一位考據學者、博物學家、科學先驅。直到 1954 年，方氏後人方鴻壽將家藏抄本捐獻給安徽省博物館，此前僅見於書目記載的許多方氏著作才得以面世。數年以後，侯外廬帶領中科院歷史研究所中國思想史研究室人員著手整理這批藏品，方以智在哲學思想方面的成就才逐漸為學界所瞭解。可以說，其著作的發現、整理、校注、出版工作緊密影響著學界對方以智研究的關注重心和進展情況。

1963 年，李學勤標點本《東西均》由中華書局出版，旋即掀起一輪研究熱潮。李學勤、馬數鳴、冒懷辛、張豈之等集中討論了《東西均》的「公因反因」、「合二而一」等學說，討論方以智思想的唯物、唯心，辯證法、形而上學性質問題。此後，楊獻珍在中央黨校講授《東西均》的合二而一說遭到公開點名批評，這一階段的研究熱潮隨之轉向理論圍剿，相關整理和研究工作陷入停滯。1979 年，韋政通先生《中國思想史》出版，其中列專章介紹方以智思想。韋政通談到，在當時的臺灣，方以智的哲學著作只有《物理小識》、《東西均、《藥地炮莊》、《青原愚者智禪師語錄》、《通雅》幾種可見。「他是兩百多年來被認遺忘的一個重要思想家，到目前為止，限於資料，仍不能有全面的瞭解」。從這些有限的資料中，韋政通已認識到方以智思想具有特殊價值。〔註 15〕

文革過後，大陸學術研究逐漸恢復正常，《方以智全書》計劃也重新啟動。1988 年，《方以智全書》第一卷《通雅》（上、下）由上海古籍出版社出版。然而此後，《全書》出版工作再次延宕；與此同時，由學者獨立整理、注釋的單行本方以智著作陸續問世，先後包括：何齡修等標點《浮山文集後編》、《浮山此藏軒別集》（1985 年），龐樸注《〈東西均〉注釋》（2001 年），張

〔註15〕韋政通：《中國思想史》下，第 926～927 頁。

永義、邢益海標點《藥地炮莊》（2011 年），張永義校注《青原志略》（2012
年），邢益海校注《冬灰錄（外一種〈青原愚者禪師語錄〉)》（2014 年），張昭
煒校點《象環寤記》、《易餘》（2018 年）、《一貫問答》（2015 年），張永義校注
《浮山文集》（2017 年），蔡振豐等《藥地炮莊校注》（2017 年），張昭煒《性
故注釋》（2018 年），鄭萬耕點校《周易時論合編》（2019 年），以及蔡振豐等
《周易時論合編校注》（2021）。2019 年 6 月，黃德寬、褚偉奇主編的《方以
智全書》（十冊）由黃山書社出版。據編者介紹，按多種書目合計，方以智著
作「已佚一百四十一種，現存五十四種，共一百九十五種。」〔註16〕《全書》
系統輯校整理了方以智著作，其中，《醫學會通》、《內經經絡》等醫學著作以
及部分詩文為首次出版。據瞭解，《全書》還將進一步推出補編、外編、附編
等資料，包括方以智所著 40 餘萬字的《方密之先生雜誌》兩冊〔註17〕。

　　侯外廬等馬克思主義學者將《物理小識》與《通雅》視為方以智前期唯物
主義思想的代表，將其入關前後的《東西均》、《藥地炮莊》等視為後期受道
家、道教、佛教「相對主義」、「虛無主義」影響的作品。雖然這種提法近年來
已經不再流行，但研究者們通常仍然將《物理小識》與《通雅》視為訓詁學或
科技類作品，割裂了方以智思想的整體性。筆者認為，這一類訓詁或科學著作
正是方以智哲學主張的自然延伸，是對其物論哲學理論的實踐和檢驗。此外，
三教融合不僅是明中葉以後的顯學，在方氏家學中也一直保有傳統。方以智
在早期就表現出了對《莊子》、佛教的極大興趣，恐怕不能說他是在削髮披緇
之後才受到佛道二家影響。〔註18〕還有，《通雅》在方以智二十歲前後已然初
成，經過不斷添加修改，直到五十多歲時才定稿付梓，並不能找到確鑿證據說
明它主要反映的是方以智出家前的思想。方以智一生飄零，歷經浮沉，他留存
下來的幾百萬字書稿主要是在輾轉途中不斷寫成零散手稿，再交由桐城兒
孫、學生等連綴成書，各書各篇章的原初寫作時限不易確定。儘管各個時期的
寫作主題不同，對三教各有側重，但從留存至今的文字看來，方以智的哲學思

〔註16〕張永堂、褚偉奇：《方以智的生平思想及其著作整理》，第 86 頁。

〔註17〕張尚穩、張理想：《如此「智全」，何故「補編」》，《安徽日報》，2021 年 12 月
　　　　9 日。

〔註18〕例如，在《象環寤記》中，方以智借原型為其外祖吳觀我的「緇老人」之口說：
　　　　「汝卯時，汝祖督汝小學。汝曰：曠達行吾曲謹。吾呼汝彌陀。汝曰：逍遙是
　　　　吾樂國。全以莊子為護身符，吾無如汝何。」可證方以智在幼年時期既已對
　　　　釋、道興趣濃厚。方以智：《易餘（外一種）·象環寤記》，第 217 頁。

想具有前後一貫的連續性。因此，本文在寫作過程中，不以各文本寫作時間為限，而是從整體上對其留存著作進行遵從內在邏輯理路的分析。

1.1.2 各學科領域研究成果

余英時先生在《方以智晚節考‧自序》中，將方以智研究的學術史劃分為三個時期，第一期是清代四庫館臣對其考證學的表彰，二是「五四」以後，方以智在近世科學與音韻學方面的成就受到關注，三是「泊乎最近」（1972年），學界重視「思想與社會之關係」，遂推崇方以智為「一時代之先覺」。〔註19〕從基礎文獻來看，在余英時所總結的第一、二期研究階段，學者依據的主要是《通雅》和《物理小識》。晚至1957年，侯外盧撰寫長文《方以智——中國的百科全書派大哲學家》以後，方以智的哲學思想類著作《藥地炮莊》、《東西均》等才逐漸為學界所關注。《通雅》與《物理小識》體例相近，但側重不同。一般而言，關於方以智在考證學和音韻學方面的論述，學者多援引《通雅》，而研究其科學思想則主要依據《物理小識》。音韻學通常又被視為考證學的分支，余英時之所以將二者分而論之，應該是以考證學為清代人的學問，而以音韻學指近代漢字改革運動中拼音文字的問題。至於第二期研究中方以智與西學東傳的關係，為學界所關注的除了近代科學，與之緊密關聯的主題還有傳教士入華史等，這一關注一直持續至今。再有，第三期的主題，所謂「思想與社會之關係」，乃是對思想史與哲學史的總稱，可將其進一步區分為思想史的，馬列主義哲學的，與中國哲學的三種子類型。以下即分為考證學與音韻學、自然科學、哲學思想三個領域，圍繞著方以智的物論思想，概述國內學者的研究成果。

第一，考證學與音韻學。這方面的研究往往比較細緻入微，這裡僅取其中與時代思潮和方法論等相關部分。乾嘉時期考證學興盛，四庫館臣認為，五十二卷《通雅》「皆考證名物、象數、訓詁、音聲」，進而評價方以智在明清考證學史上的地位：「明之中葉，以博洽著者稱楊慎，而陳耀文起而與爭。然慎好偽說以售欺，耀文好蔓引以求盛。次則焦竑，亦喜考證，而與李贄遊，動輒牽綴佛書，傷於蕪雜。惟以智崛起崇禎中，考據精覈，迥出其上。風氣既開，國初顧炎武、閻若璩、朱彝尊等，沿波而起，始一掃懸揣之空談。雖其中千慮一失，或所不免，而窮源溯委，詞必有徵，在明代考證家中可謂卓然獨立者

〔註19〕余英時著：《方以智晚節考》（增訂版），三聯書店，2004年8月，第1～2頁。

矣。」〔註20〕按照這段評述，清代考證學的源頭可以上溯至明代中葉，但明代考證學者多有偽說、蔓引、蕪雜等病，惟方以智做到了窮源溯委、詞必有徵，開啟一代學風。然而，顧、閻、朱以及其他清代考證學者在提及《通雅》時，多只就具體的訓詁問題加以徵引，鮮少從整體上總結其方法和精神的，更未有自覺繼承方以智考證學思想的。梁啟超頗為肯定四庫館臣對方以智考證學成就的定位：「要之密之學風，確與明季之空疏武斷相反，而為清代考證學開其先河，則無可疑。」他總結方以智考據學有三個特點：尊疑、尊證、尊今，這些治學特點與清代考證學風是一脈相承的。梁啟超甚至認為，方以智的考證學不僅在明代獨樹一幟，他在音韻訓詁學上的成就，即便放在清代來考量，「除高郵王氏父子以外，像沒有哪位趕得上他。」〔註21〕

認為明清考證學的研究方法含有西方近代自然科學的因素，是學界常見的一種觀點。但也有學者對乾嘉學術與科學精神之間的關聯採取更加審慎的態度，例如勞思光先生就認為，「蓋科學研究之客觀知識，正以『知』本身為目的，與致用之學不同。另一面，就知識之成立之標準說，持科學方法者必須立某種客觀之方法理論，而不能依一信仰而言真偽。」〔註22〕依此，從目的性與標準性兩個角度來評判，考證學距離西方近代科學精神相去甚遠。即以顧炎武之學為例，他所提出的「經學即理學」與「通經致用」的口號，是清代考證學由考據而通經、致用思路的集中體現。但這種治學思路的「第一假定即在於經書之權威地位」，現代科學則建立在肯認人類理性的基礎之上，以客觀性而非權威性為判斷真理的標準。顧氏所謂「致用」，其思路亦不出儒家所一向關注的社會人生之修齊治平，自然科學知識本身並不在其視野範圍之內。這兩個口號自身亦不無矛盾：「倘真以治平為宗旨，則六經以及諸家學說，皆只能以是否對『治平』有『用』為斷，不應反將治平之道限於六經也。」可以說，即便從實用主義的角度來看，「通經致用」的主張也是不徹底的。至於「經學即理學」：「此語有兩病。其一，以經學代理學，是推翻一偶像而別供一偶像。其二，理學即哲學也，實應離經學而為一獨立學科。」〔註23〕實用與復古的糾葛，始終是考證學的底色。總而言之，「乾嘉之學，在研究態度及方

〔註20〕永瑢等：《四庫全書總目·子部雜家類》，北京：中華書局，1965 年 6 月，第1028 頁。

〔註21〕梁啟超：《中國近三百年學術史》，第 169～172 頁。

〔註22〕勞思光：《新編中國哲學史》三卷下，第 507 頁。

〔註23〕梁啟超：《清代學術概論》，臺北：水牛出版社，1971 年 5 月，第 19 頁。

法上,可謂合乎廣泛意義之科學精神,然此種研究自始即受另一與科學精神無關之因素所制約。而此因素簡言之,即對傳統之信仰是也。此種信仰亦即所謂『崇古』之觀念,其主要內容在於堅信古代之學術知識之完美。」〔註24〕當代清史研究專家楊念群先生指出,在清代思想史的研究中,這種將考證學與近代科學相比附的思路肇始於梁啟超與胡適,反映了近代中國學者在科學主義興盛時期一種話語建構的方式,而非客觀評價。其主要理由有二,一是清代考證學的「內容包括文字、訓詁、音韻、版本、目錄、校勘、辨偽、輯佚、金石、史事考訂諸學均屬傳統學問的分支」,二是「乾嘉學術的主導趨向本來就是『復古』,即力求回到古代最合理的治學方法中去,而不是面向西方融匯新知。」〔註25〕

在音韻學領域內,方以智在「音」方面的成就受到較多關注,包括發明以音求義的方法,注重方言,初步探索了漢字的羅馬字注音等。現代中國語言學奠基人之一的羅常培先生,在談到明季耶穌會士對中國音韻學研究的貢獻時,提及《西儒耳目資》對方以智《通雅》的影響。羅常培認為,方以智《通雅》成書於明崇禎十二年(1639年)以前,此時距《西儒耳目資》刊行僅十三年,而《通雅》中已多次提及此書,表現出了「參酌《悉曇》等子跟《西儒耳目資》以通西域之音」的「挈長補短的精神」。明末的中國士人常常自矜於獨尊的心態,方以智卻能夠較為公允地辨析中西文字之短長,並主動提出吸取西語「一音一字」的原則來規範漢語文字的使用:「字之紛也,即緣通與借耳,若事屬一字,字各一義,如遠西因事乃合音,因音而成字,不重不共,不尤愈乎?」方以智的這種思想,被羅常培認為是「漢字革命論」、「羅馬字注音的響應」。〔註26〕在羅常培之前,錢玄同也引用過《通雅》中的這段文字,並且簡明扼要地指出:「方氏在明清之際,已經明白拼音字勝於方塊字了。現在又過了二百多年,國語拼音字還沒有製成,這太說不過去了,咱們要努力才是!」〔註27〕錢玄同是在近代國語運動中,特別搬出方以智來為其漢語改革張目,故其與羅常培一樣,重視方氏在音韻學領域內的開拓之功。也有學者從

〔註24〕勞思光:《新編中國哲學史》三卷下,第605頁。

〔註25〕楊念群:《清代考據學的科學解釋與現代想像》,《史學史研究》,2019年第2期,第47～60頁。

〔註26〕羅常培:《耶穌會士在音韻學上的貢獻》,臺灣「中央」研究院歷史語言研究所集刊,1930年,第267～339頁。

〔註27〕錢玄同題字:《全國國語運動大會會刊》第一期,1925年11月。

便於國際交流的角度來說明創造拼音文字的重要性，認為方以智之所以產生以羅馬字注音的想法，蓋緣於明末中西文化溝通的需要〔註 28〕。

　　第二，自然科學與中西交流方面。明清之際不少具有原創性的思想學說，在經過清中期的沈寂之後，到了清末及民國的社會大轉型、中西文明加速碰撞的進程中，才重新得到重視、回應和倡導。其中包括引人矚目的政治哲學上的反專制思想，也包括以方以智《物理小識》為代表的自然科學思想。以下通過回顧薛鳳昌（1876〜1944）、方竑（生卒年未知）、陳文濤（1891〜1950）等公開發表的相關著述，說明此一時期方以智及其《物理小識》重獲重視的情形及其緣由。

　　薛鳳昌是在清末民國頗有影響力的一位學者和教育家。早在 1906 年，他就以「公俠」之號在《理學雜誌》上撰文，表彰「理學大家」方以智〔註 29〕。此所謂「理學」，指的是理科之學。1934 年，薛鳳昌又在《光華年刊》上，對此文略做修改重新發表，並將「理學」之名改為了「科學」〔註 30〕。文中談到，中國先秦與古希臘的製作、思想水平原本不相上下，但後來的中國統治者奉行愚民政策，科學發展水平逐漸落後於人。秦朝焚書事件導致學術進步之途受到挫折，更嚴重的則是此後歷朝歷代「尊六經、尚詞章、崇性理」，以至於學者的思想受到無用之學的束縛，對於「形下之學」漠不關心。明以後科舉制的確立，又使得學者的精力消耗在八股文上，視學問為攫取功名利祿的手段。可以說，在薛鳳昌看來，先秦以後都沒有產生利於自然科學發展的良好環境，即便如此，明清之際仍然出現了方以智這樣的「科學大家」。薛鳳昌視《物理小識》為「一完全之理科書」，此書行世之時，略當於伽利略之死與牛頓之生時，歐洲科學革命尚處於早期階段。薛鳳昌逐條列舉《物理小識》中的科學知識、實驗、原理，並一一反問道，「試問歐洲二百八十年前之科學有若是者乎？」而他之所以重新挖掘出二三百年前的科學先驅予以表彰，是因為當時流行一種人種優劣的論調，「以天驕目人而自處卑下之地位」，以為中國

〔註 28〕吳宗慈：《方密之以智拼音文字之創作》，《讀書通訊》，1941 年第 20 期，第 14 頁。

〔註 29〕公俠：《二百六十年前理學大家方以智傳（未完）》，《理學雜誌》，1906 年第 2 期，第 67〜78 頁。
公俠：《二百六十年前理學大家方以智傳（續第二期）》，《理學雜誌》，1907 年第 3 期，第 67〜79 頁。

〔註 30〕薛鳳昌：《我國二百八十年前科學大家方以智傳》，1934 年第 9 期，第 24〜34 頁。

人智力不若白人之憂。薛鳳昌以方以智為例，力證中國科學技術的落後並非不可改變的人種原因，而是二千年愚民政策所致。欲改變這種愚民政策，最直接的措施就是改變學術導向，以科學技術為榮譽之途，使得「新發明者有褒獎之榮，新製作者有特許之權」。

　　同樣在 1934 年，另一篇表彰方以智及其《物理小識》的文章在《國立中央大學文藝叢刊》上發表。作者方竑似為方以智同鄉人士，他對《物理小識》一書的思想和意義有較為深刻的認識。〔註31〕在四庫館臣看來，《物理小識》為「《通雅》之緒餘」，「大致本《博物志》、《物類相感志》諸書而衍之。但張華、贊寧所撰，但言克制生化之性，而此則推闡其所以然。」其價值亦不外乎考據學意義上的「可資博識」而已。〔註32〕四庫館臣的這段評述常常為方以智研究者所徵引，方竑卻不以為然。他認為，《通雅》所繼承的乃是《釋名》、《廣雅》的傳統，後二者又秉承《爾雅》而來。方竑將《爾雅》視為「我國科學著作之元祖」，主要理由是《爾雅》乃正名之書，正名即「賦與每名以其確切之定義」，從而才能嚴格、精確地界定科學上的專用名詞。在正名的方法論基礎上，《釋名》、《廣雅》進一步詳備其說，為自然科學方面的天文、星曆、算數、醫藥，以及人文科學方面的訓詁、語言、名物、制度諸學科的發展奠定了基礎。此後，「自魏晉迄於明清，博物洽聞之書，無慮千百。」但這些博物學類的著作千百年來考察事物的方法沒有什麼根本不同，即「勤於摭採，拙於取捨；詳於敘述，略於推究」，其宗旨不過是「供博雅者之清談，修辭者之藻飾」。唯有到了方以智所著《通雅》，才重新接續《爾雅》正名的精神傳統，而《通雅》的精蘊則盡於《物理小識》。在方竑看來，《物理小識》絕非是《通雅》的簡單延伸或者又一博物類書而已，理由即已包含在四庫館臣的評價之中：「夫『推闡其所以然』，乃真科學者之天職。」一般的博物類書只是描述事物變化的現象，《物理小識》則研究變化現象背後的原理，二者有本質的區別。此外，博物學著作往往「事、物不分」，而《物理小識》則「言物理者多，言事文者少」，這一對「事」與「物」的區分，也是進行自然科學研究的前提。

　　方竑對《物理小識》內容的解析分為八個要點：一是「物之定義及全書主

〔註31〕方竑：《方密之先生之科學精神及其「物理小識」》，《國立中央大學文藝叢刊》，1934 年第 1 卷第 2 期，第 179～199 頁。

〔註32〕永瑢等：《四庫全書總目·子部雜家類》，北京：中華書局，1965 年 6 月，第 1055 頁。

旨」；二是「質測與通幾」；三是「明物理學之重要」；四是「陰陽五行之說」與西方科學中的氫氧質電等，在解釋效力上都能「解說同一之真理」；五是「語必歸心」，以心物不二為全書綱領；六是「存古說」；七是「袪迷辨惑」；八是「以醫藥之理通一切理」。其中，第一、二兩點見解尤為可觀。從上述「正名」的觀點可知，方竑以為《物理小識》能夠接續《爾雅》的傳統，主要理由即在於《物理小識》釐清了「物」之定義。方竑以為，《物理小識》對於「物」的定義看似極其寬泛，一如《大學》「格物」、孟子「盡物性」之「物」，包括了自然與人事兩方面；但實際上，《物理小識》談及人事、心理、性命等內容極少，所涉之處一則在於「取性命心物之說，以通鬼神術數之理」，二則「每述一物象，恒引其理返之於心」，「以心明物，復以物證心」。換言之，《物理小識》雖然以心物不二為綱領，但言心的目的是言物，也就是在研究萬物變化現象之原理的同時，對認識主體的心理活動也有充分自覺，這是《物理小識》與「尋常科學書籍」的不同之處。譬如說，在研究古代社會流行的鬼神迷信之術時，既能夠就術數本身分析其陰陽五行原理，又能夠就受眾的心理分析迷信產生的原因。心物不二是從認識論上談主體與對象的相互作用，質測與通幾則關乎宇宙人生的現實存有及其終極依據之間的關係。從一與多的角度講，質測，即自然科學，能夠精確認識萬有之不同，卻無法解釋宇宙萬物何始何終、自然規律從何而來等終極問題。對這些終極問題的回答，需要運用通幾的思維。從手段與目的的角度講，質測作為手段，其目的本在通幾。但面對自然科學甚囂塵上的現實狀況，方竑憂心忡忡地說：「循是以往，吾恐徒知日善其質測，而忽不自知其果何所為而然也。」在他看來，中國古代的宇宙人生觀與希臘人相近，而與「近世西人」不同：前者之「人生與宇宙協合為一體」，後者之「人生與宇宙對立如仇讎」；前者善於感受自然之美，後者擅長解析並運用自然原理，進而宰制自然；前者長於通幾，而後者長於質測。

稍後，福州的一位學者型官員陳文濤發表了《〈物理小識〉箋證》〔註33〕，此書似為方以智著作的第一本較完整注釋。陳文濤在《箋證》前言中說，「明季昏亂，講學空疏久為世詬，獨於格致之學，漸趨正軌。」為何在民國時期仍有必要重溫明末格致學？陳文濤解釋到，「在西學東漸之際，中國人治學精神，視無遜色，亦賴有此耳。此而不講，一講便復墮落講學家捨物言理、信口開河窠臼。」民國時期的西學東漸以科學技術為重心，因而有必要通過重溫、

〔註33〕陳文濤：《〈物理小識〉箋證》，福州文明書局，1936 年。

重塑明末格致之學的傳統，進而扭轉在當時仍然延續著影響的、重理輕物的理學傳統。陳文濤總結了當時國人對待西學的三種典型態度：一是「愛國者動輒歸美其國」，見到西學中有與中國傳統學術暗合的，便自矜「吾中國早已有之矣」；二是「惡國者常致其國於惡」，「數祖忘典，妄自菲薄」；還有極少數的人試圖溝通中西科學，「以日格一物號召天下」，然而持這種調和論調的人，其所發明的竟然是「雹為蜥蜴所吐」一類混合了傳說與科學的言論。他不無悲觀地喟歎，「研求中國人之言物理，真若無用而不值哉！」其中暗含著這樣的困惑：在近代西方自然科學面前，中國傳統格致之學能夠提供什麼價值？陳文濤本人似乎也無力回答這個問題。他在另一本獨著《先秦自然學概論》中說，「人智之發達，亦必經三階段：即由迷信而經驗，由經驗而科學也。」〔註34〕從《箋證》的體例來看，陳文濤所摘錄的《物理小識》原文主要是能夠用當時的科學理論予以解釋說明的材料。可以說，在陳文濤這裡，《物理小識》的價值實際上在於提供中國傳統的經驗，作為西方最新的自然科學理論的驗證材料；而不是像他自己所歸納的三階段論的正常發展順序那樣，由中國傳統的經驗記錄中，提煉出自然科學原理。

容肇祖先生在民國時期問世的《明代思想史》，是近現代學科分類體制下較為早期的一部明代哲學史研究專著，其中並沒有專章收錄方以智。不過，1948 年，容肇祖即發表了單篇論文，研究「方以智和他的思想」〔註35〕。此文亦重視《物理小識》，認為《物理小識》的體裁與徐光啟《農政全書》體例相似，但對其評價並不高，以之為略有個人心得的「雜記叢鈔」而已，「只能在博學上，做了一點隨聞隨見，隨事物記錄的工夫」。容肇祖認為，方以智所說的質測就是科學，並且「承認西洋科學的地位」；通幾則是「貫通和先識的作用」，「承認中國學問有它的神秘的妙用」。故而質測與通幾的關係又可關聯到西學與中學的關係，與後世「中學為體，西學為用」有相似的意味。他還對比了《物理小識·自序》與朱熹《大學章句·格物補傳》，把質測、通幾又跟朱子的格物、貫通之說聯繫起來，二者都是要達到「眾物之表裏精粗無不到，而吾心之全體大用無不明」的境地。容肇祖概括方以智思想的特點為「實用主義」，其「務為有用」的精神，一方面反映在方以智持「人類知識進化」的觀

〔註34〕陳文濤：《先秦自然學概論》，上海：商務印書館，1929 年。

〔註35〕容肇祖：《方以智和他的思想》，《嶺南學報》，1948 年第 9 卷第 1 期，第 94～104 頁。

點，「承認經驗的傳遞，是人類進化的原因」。梁啟超對方以智考據學有「尊今」的評價，在容肇祖之前，吳宗慈（1879～1951）已將「尊今」與「進化」聯繫起來：「方以智之治學方法有三，今人所用科學方法治學，其理莫能外也。……至尊今之說，尤為特識。治學而不能注意於今，是與鬼為徒耳。豈得謂之曰學？能注意於今，則一切為有用之學，而不背乎進化之原則矣。」〔註36〕另一方面反映在方以智「提『公明』二字一切治學任事的精神」，公明即「仁智」。以仁智不偏見的態度解決一切政治、社會、學術問題，這種「實用」態度與原教旨主義相對立。

清末至民國時期的中國正處於內憂外患之中，國人深感科學技術水平遠遠落後於西方。上述學者討論《物理小識》的科學性，與其說是為了研究方以智本人的思想，不如說是為了現實的發展而尋求歷史經驗教訓。無論是證明智力平等，批評愚民政策，提倡獎勵機制，驗證西方科學，還是申說知識進化論或實用主義等等，都是為了當時的科技發展和國力富強謀求出路。其中偶有切合於《物理小識》本身的討論，如心物不二、質測與通幾相輔相成等，雖然具有超越於時代的普遍性價值，卻反而在時代洪流中顯得「迂闊而遠於事情」。

回到明清之際來看。韋政通先生認為，明清之際「有兩個趨勢，終於打破朱子的糾結，使程、朱格物窮理之路，走出孟子的傳統。」「一個趨勢是走向經史考證的知識之路，一個趨勢除了經史考證，同時把傳統格物致知之學帶上經驗科學之路。前者的代表是顧亭林，後者的代表是方以智。」是以，若從明清考據學的脈絡來看，即如四庫館臣之評價，方以智與顧炎武之學或有前後相繼關係；但從格致之學的脈絡來看，誠如韋政通先生所說，方氏與顧氏實代表了兩種並列發展的新路徑。韋政通評價方以智的思想地位時，從兩個時代因素出發：一是明末對王學末流之弊的反動，一是西方近代科學文明的傳入。就前者而言，反思王學、重視知識，這一思潮在明末並不始於方以智，「但他比同時期任何一個在傳統思想基礎上求發展的思想家，都要更進一步。」就後者而言，明末重要的思想家對西方近代科學文明少有正面回應，而徐光啟、李之藻等西學人士又缺少對基督教神學的反思。在此背景下，「方以智是第一個立於正統的思想基礎之上，對西方近代文明有反應，並對中西會通作過思考的人物。」韋政通認為，對方以智科學思想的形成影響最大的是西方傳教士所帶來

〔註36〕吳宗慈：《方以智之治學方法》，《讀書通訊》，1941 年第 24 期，第 7 頁。

的新知識,「這方面的背景,使他有機會脫出儒家思想的藩籬,成為匯通中西,並嘗試以新觀點重驗傳統思想的第一人。」〔註37〕

相較而言,侯外廬、蕭萐父和許蘇民等學者則對方以智的科學思想對中國固有的科學學術的繼承和發展情況有更為深入的挖掘。侯外廬先生總結十六世紀中國「出現了四種進步的哲學和社會思潮」,一是「啟蒙者先驅的反道學的哲學思想」,以王廷相、呂坤為代表;二是「泰州學派的反封建的異端思想」,以王艮、何心隱和李贄為代表;三是東林黨人的社會政治思想與人道主義;四是「一些傑出的科學家們的與自然科學相聯結的唯物主義哲學思想」,以李時珍、徐光啟、宋應星的著述為代表,而「方以智雖然是十七世紀初的人物,但他直接和這一派相聯繫。」這四股思潮在侯外廬看來是相互聯繫的,他以方以智為例:「方以智的思想雖和泰州學派的思想不同,但在某些方面也贊成李贄的說法;至於東林黨到復社本來是一脈相承的,方以智即是復社領袖,他的父親即是東林黨的重要人物。」〔註38〕在論方以智思想的專文中,侯外廬提出,方氏所謂「質測」相當於今人所說自然科學,所謂「通幾」則相當於哲學,並且「排斥了那種否認物質存在的神學」,所謂「宰理」則相當於社會科學,這一區分已經為學界所普遍接受。方以智的質測、通幾說,與顧炎武的經學、理學之論相比,其優勢之一在於區分了科學與哲學,從而使自然科學研究獲得了相對獨立的地位,優勢之二是沒有忽視科學與哲學之間的關聯:「如果說《通雅》等書著重在『寓通幾於質測』,則《炮莊》著重在『以通幾護質測』。」〔註39〕

蕭萐父、許蘇民認為,從16世紀中期到17世紀40年代,中國的自然科學大致分兩途發展:一是本土的,以李時珍、朱載堉、徐宏祖、宋應星為代表;二是受西學影響、試圖會通中西的,以徐光啟、李之藻、李天經、王徵為代表。清初科學思想是在晚明基礎上的繼續發展,「將晚明徐光啟會通中西自然科學,和對中國古代自然科學狹隘經驗論的思想方法的變革繼續向前推進。」而方以智本人的科學興趣,也「首先來自明中葉後在本土興起的科學思潮的影響」,具體包括方氏家學、鄧潛谷《物性志》、王虛舟《物理所》等。方

〔註37〕韋政通:《中國思想史》下,第925～944頁。

〔註38〕侯外廬:《十六世紀中國的進步的哲學思潮概述》,《歷史研究》,1959年第10期。

〔註39〕侯外廬:《方以智——中國的百科全書派大哲學家》(上、下),《歷史研究》,1957年第6、7期。

以智的青少年時代，正處於徐光啟、李之藻與傳教士合作傳播西學的高潮期。
方以智雖然對西方質測之學持極開明之態度，但他在吸收西學時，也不免與
當時的士大夫一樣，要強調中學的優越性。他借鑒孔子師於郯子的典故，來解
釋學習西學並不意味著承認中學次於西學，這就是他常說的「借遠西為郯子」
之意。應該說，將「遠西」比為「郯子」，並非典型的西學東源說。況且，正
如蕭、許二先生所說，當方以智在以自然地理條件來論文明發達的原因時，實
際上「說明了傳統的『夷夏之辨』已在初具近代色彩的『地理環境決定論』的
衝擊下開始動搖。」此外，蕭、許二人總結明清學術中的「科學精神」有三個
方面的表現：一是「純粹的求知態度」，「將傳統的以體悟倫理道德的『天理』
為目的的所謂『格物致知』改造、轉化成為新興質測之學的『即物以窮理』；
二是「『緣數以尋理』的科學方法」，科學實證與公理演繹並重；三是「從『重
道輕藝』向注重技術科學的轉變」。其中，「在明清之際的學者中，方以智是最
明顯地擺脫了倫理道德的束縛而形成了比較純粹的認知態度的學者。」例如，
方氏對物質世界的說明雖然沿用了宋明理學之「氣」的範疇，但他注重的是
「氣凝為形，發為光聲」的物理屬性，與傳統氣學殊異。相比於氣，蕭、許二
人認為，方以智「更注意的是實在的『物』」，進而將天地萬物乃至人類自身作
為客觀研究的對象。〔註40〕

　　第三，哲學思想方面。關於方以智研究中「思想與社會之互動」這一條脈
絡，牽扯的思潮頗多，就中國學界所關注的一些特殊問題來談，至少有唯物主
義與辯證法、實學以及明末遺民三個主要面向。

　　蔣國保先生曾於上個世紀 80 年代初撰文，系統總結了此前一個時期馬克
思主義中國哲學研究者在方以智哲學思想方面的研究成果。〔註41〕蔣國保總
結到，當時多數學者認為方以智的自然觀是唯物主義的，分為「火一元論」與
「氣一元論」兩種觀點。其中，侯外盧首先提出「火一元論」作為方以智自然
哲學的核心，贊成這一觀點的學者又進一步對之作出補充論證。例如，冒懷
辛、金德隆在《方以智評傳》中將方氏所言「火」的性質歸納為具有物質性、
永恆性、普遍性與內在矛盾性，因而能夠將物質與運動統一起來。張岱年則
堅持認為方以智的自然觀主要屬於「氣一元論」，以為他所說的「火」仍是屬

〔註40〕蕭萐父、許蘇民：《明清啟蒙學術流變》，北京：人民出版社，2013 年 11 月，
　　　　第 461 頁。
〔註41〕蔣國保：《方以智哲學思想研究綜述》，《哲學動態》，1983 年第 9 期，第 18～
　　　　23 頁。

於氣的。賈順先的《論方以智的自然觀》一文，則通過探討方氏哲學中火、物、氣三者之間的關係，支持了張岱年的觀點。關於方以智唯物主義觀點的「侷限性」，各家的批評可以歸納為：「機械論以及由此而導致的某些宿命論的觀點；象數論以及由此而造成的神秘主義的色彩；同理學等唯心主義摻雜在一起。」此外，以馬數鳴、張立文為代表的一些學者認為，方以智的自然觀屬於「客觀唯心主義」。他們的主要依據是，方氏哲學中存在一個獨立於天地萬物之外的先天，或曰真天、太極、所以、混沌等，此一獨立者被視為「唯一真實的存在，而千狀萬態的世界被看做幻想」。這些學者對方以智的方法論是屬於「辯證法」或「形而上學」的判斷，則與他們如何評價方氏的「合二而一」說直接相關。主張其屬於辯證法的學者認為，「方以智的樸素辯證法在形式上觀察到了否定之否定的規律」，包含了矛盾的普遍性、矛盾雙方的對立統一性、主次矛盾以及矛盾的轉化和發展等思想。馬數鳴等則認為其屬於形而上學，因為方以智所說的「統、泯、隨」等關係不能與事物發展過程中的「肯定—否定—否定之否定」三階段相提並論，反而意味著「從客觀唯心論滑到主觀唯心論的邊緣」。李慎儀認為，方以智哲學方法論是形而上學的矛盾融合論、循環論、相對論和折衷主義；張立文則認為，合二而一雖然有辯證法因素，但最終歸結為「無二無一」，既否定了矛盾的對立，又取消了對立統一，從而陷入了形而上學。

80 年代之後，大陸興起「實學」研究熱，並引起亞洲其他國家和地區學者的廣泛回應。一般認為，實學思潮的高峰出現在明中葉至清中葉，而方以智又往往被視為這一潮流的代表人物之一。例如，周鋒利在《方以智「實學」觀探微》中這樣總結到：「方以智的『實學』是與明末理學與禪學的空疏虛竊之風相對立的範疇，提倡『實學』的根本目的就是要經世致用。……就實學的內涵來看，它既包括律曆音韻、醫藥物理等『質測』之學，也包括象數易學、性命之學等『通幾』之論。」〔註42〕值得注意的是，關於「實學」範疇自身能否成立，學者間尚有較大爭議。〔註43〕於 1985、1986 年召開的兩次「明清實學

〔註42〕周鋒利：《方以智「實學」觀探微》，《中國哲學史》，2012 年第 2 期，第 112～117 頁。

〔註43〕臺灣學者李宜苸對上個世紀的「明清實學思潮」研究作過梳理，從中可見對於使用「實學」這一範疇來概括明清學術特點的做法，學者之間有極大的爭議。李宜苸：《近十五年來兩岸「明清實學思潮」研究評介（1982～1997）》，《國立臺灣師範大學歷史學報》第 26 期，1998 年 6 月，第 259～278 頁。

思潮史學術研討會」，以及 1989 年出版的由陳鼓應、葛榮晉、辛冠潔等主編的
《明清實學思潮史》一書，通常被視為實學研究興起的標誌。葛榮晉提出，明
清時代精神集中體現為崇實黜虛，表現為批判精神、經世思想、科學精神與啟
蒙意識，而實學的內容則包括作為哲學基礎的「實體實學」，社會政治思想中
的「經世實學」，市民意識中的「啟蒙實學」以及科學與考據學。對於明清實
學產生的外在原因，辛冠潔總結為三個來源：謀求富強的思考，資本主義萌芽
和市民階層的逐漸形成，以及時代的大變革。反對將「實學」作為專有名詞來
指稱此一時期學術型態的學者，如姜廣輝、林慶彰、何佑森等人，其反對意見
主要有二：一是實與虛本相資為用，以「崇實黜虛」來概括晚明思想家的虛實
之辨是不符合歷史實際的；二是明清思想家所說的「實學」，與「正學」、「聖
學」一樣，只是一種褒詞、修飾語或泛稱，並沒有明確的研究對象或者內在體
系，只是扭轉學風時的口號，或是一種理想。由於學界對使用「實學」一詞概
括明清學術是否允當仍然存在爭議，關於明清實學思潮的研究近年來也相對
減少。

　　上述思潮涉及的是在馬克思主義與中國哲學自身話語背景下的方以智研
究，如果從文學和史學方面來看「思想與社會之互動」，那麼最為重要的研究
面向當屬明清之際的遺民現象了。幾乎自清代中葉以後，以全祖望對明末清初
學人和學術史的回顧為代表，明清之際的遺民現象就受到學界不絕如縷的關
注。研究明清士人群體的專家趙園先生，在總結明遺民的學術特點時突出了其
中兩點，一為批判性，一為承啟性。其論批判性，集中體現在遺民學者之「明
亡原因追究」，並「將政治得失歸結於學術的純駁」，進而引發對明代政治、歷
史、文學、學術的全面批判。在思想背景上，這一全面批判的實現又「賴有易
代之際禁忌的解除」，「遺民學術與當代朝廷政治的脫節，鼓勵了對於學術之為
獨立價值、境界的追求」。至於學術上的承前啟後性，則不僅表現在前述考證
學和經史之學等具體學術類型之中，更在於明遺民學者群體之「學術境界與人
生境界的合致」為清代學人品格所帶來的影響。總之，「明清之際學人以其清
醒而不乏深度的『明代學術批判』終結一個學術時期，同時使明代學術經由批
判而『活』在清初學術中。」〔註44〕

　　具體到方以智研究中的遺民問題，有不少成果將其與方以智的莊學思想

〔註44〕趙園：《明清之際遺民學術論片》，《社會科學戰線》，1995 年第 5 期，第 156
　　～164 頁。

結合起來。例如,臺灣學者謝陽明和大陸學者鄧聯合等,尤為關注明遺民中的莊學論題,以及方以智繼承覺浪道盛「莊子託孤說」的意涵所在。〔註45〕這一類研究通常採用歷史心理還原的方法,將方以智出家以後在莊學、禪學上的見解與其個人歷史遭遇結合起來,互為闡發。比如,鄧克銘先生的《明末清初〈莊子〉注解研究》選取憨山德清、方以智、王夫之三家《莊子》注本為研究對象,蓋以「此三人之注解各有其體系性的觀念,對《莊子》之價值有完整的說明」。不過,鄧克銘的問題意識不僅在於探討個案文本的內在旨趣,而是試圖以《莊子》注本為線索,深入理解明末清初的思想變遷。〔註46〕楊儒賓先生所著《儒門內的莊子》同樣以覺浪道盛和方以智的莊子儒門說為思考起點,並自覺地「接著」王夫之的氣學、物學、天均之學來講《莊子》。〔註47〕謝陽明的《明遺民的莊子定位論題》則選取了覺浪道盛、方以智、錢澄之、屈大均、侶亭淨挺、王夫之六家的莊學論著。謝陽明關注的是遺民這個特殊群體的精神情懷,及其與《莊子》注本思想之間的融會、印證。〔註48〕將這一系列注本視為遺民情懷的投射,結果便突出了莊學史上將《莊子》視為「衰世之書」的傳統,凸顯了對創作主體心理面向的解讀。該書的長處在於多方位地挖掘了明遺民寄寓於《莊子》的學術理想與生命情感,例如,將道盛的「莊子託孤於孔門」之說解讀為道盛本人儒者志業的體現,著力刻畫道盛「如何將其儒者的志業付諸實踐,如何以具體的行動來承擔天下國家的興亡」這一形象,突出「託孤說」的時代背景和現實指向。而王夫之以莊子既不屬於老子也不屬於孔子門下而「自立一宗」的觀點,則被看成是「曲折的反映出王夫之孤高獨立、壁立萬仞的人格精神」。遺民文化一直是現當代文史哲諸領域的研究熱點,將明末這股莊學熱潮與遺民精神相勾連是該書最大的創新處,問題在於,學術往往有其自身的發展邏輯,它與社會歷史現實之間並不總是呈現出直接映像關係。以創作反映論作為構思和論證主幹,有時不可避免地有牽強附會之嫌。

〔註45〕謝明陽:《明遺民的莊子定位論題》,臺北:臺灣大學出版委員會,2001 年。鄧聯合:《遺民心態與明清之際的莊子定位論》,《安徽大學學報》,2017 年第3 期,第23～29 頁。
〔註46〕鄧克銘:《明末清初〈莊子〉注解研究:以憨山德清、方以智、王船山為例》,臺北:文津出版社有限公司,2016 年。
〔註47〕楊儒賓:《儒門內的莊子》,上海:上海古籍出版社,2020 年。
〔註48〕謝陽明:《明遺民的莊子定位論題》,臺北:國立臺灣大學出版委員會,2001 年。

1.1.3 **國內研究評議**

　　經過上述對國內方以智研究成果的回顧，我們發現其中三個主要面向，即考據學與音韻學、自然科學與中西交流、哲學與思想，表現為彼此間相對隔離的狀態。導致這種狀態的原因，第一是近現代學科分類體制，第二是方以智著作的整理、出版進度，第三點，也是最重要的一點，是由於方以智這個人物的「被發現」是與乾嘉考據學、近代自然科學、現代唯物主義辯證法等各個歷史時期的主流背景緊密結合在一起的，在相當長的時期內，被打上了各種時代烙印。國內學界的這種獨特狀況，使得方以智這個人物的面貌往往呈現出模糊性和矛盾性：一方面，他的思想學說似乎與理學、實學、禪學、易學、莊學、考據學、自然科學乃至唯物主義辯證法等前前後後的時代思潮都有關係，另一方面又始終無法釐定其核心關注。方以智研究一方面看似自清中葉以後便不絕如縷，一方面又始終欠缺深入。

　　如今，《方以智全書》及其補編本陸續問世，我們對文獻資料的佔有和使用遠比前輩學者完整、方便；通過反思各個時期的方以智研究狀況，又使得我們在方法論上積累了更多經驗教訓。哲學是思想家個人及其時代精神的集中表達，它與現實社會生活有密切聯繫，但又超越於具體的歷史事件。從哲學史的研究來看，要整全、深入地理解方以智的思想學說，固然要重視其個人經歷和明末清初的轉折背景，更離不開對其全部留存著述的細緻體貼。從哲學創造的一面來講，要發展出方以智的思想實踐中對後世仍然具有啟迪意義的部分，不僅需要對當下的思想潮流和問題癥結有準確把握，更需要將這些問題引向終極超越的層面，從而賦予其哲學維度的普適性和根本性。

1.2 **西方學界相關研究述評**

　　西方學界對方以智研究的關注主要在於兩個方面：一是以明清儒學的內在轉型為脈絡，探究在儒家學術和士人理想的轉型過程中，方以智的學術思想及其個人經歷所具有的共性和殊性；二是以西學東傳為線索，勾勒晚明時期耶穌會士入華與士人之間的互動歷程，研究方以智如何在中國傳統學術基礎上接受西方自然科學。

1.2.1 **儒家學術和士人理想的轉型**

　　自余英時先生在上個世紀七十年代陸續發表了關於方以智生平和罹難的

考據成果以後，尤其是由錢穆先生作序的《方以智晚節考》發表以後，方以智研究在七、八十年代引起了一些歐美漢學家的興趣。1975 年，狄百瑞（W. T. de Bary）組織了一場以十七世紀中國思想為主題的學術會議，並彙編了由 13 位學者的 14 篇文章組成的論文集《新儒學的演變》〔註49〕，是當時歐美漢學界在明清學術轉型研究方面的前沿性和代表性作品。John D. Langlois 在幾年後的一篇書評中提到〔註50〕，這本書集可以視為由狄百瑞主編的另一本書集《明代思想中的自我與社會》〔註51〕之主題的延續，致力於把握新儒學（宋明理學）在十七世紀的內在動態趨勢。狄百瑞認為，中國歷史上的十七世紀具有思想變革上的重大意義，堪稱中國的「啟蒙」時代。以演變和啟蒙為主題，該論文集探索的這一時期中國思想史人物包括佛教方面的雲棲袾宏（1635～1615）、憨山德清（1546～1623），文學方面的王士禎（1634～1711），儒學方面的劉宗周（1578～1645）、王夫之（1619～1692），此外還有焦竑（1540～1620）、顏元（1635～1704）等。其中，方以智研究的專題文章由 Willard J. Peterson 撰寫，題為《方以智：西學與「格物」》；隔年，Peterson 發表了另一篇同主題文章：《從關心到冷漠：方以智與西方》〔註52〕。這兩篇文章都是從西學東傳的角度，以方以智為個案，研究士人階層接受西方自然科學的立場和態度。

1979 年，Peterson 推出了專著《匏瓜：方以智與思想變革之動力》〔註53〕，這是筆者所知目前唯一一部歐美學者以方以智為研究對象的專著。在《匏瓜》中，Peterson 的研究重心轉移到明清之際儒學轉型及士人選擇上來。他將到彼時為止學界對方以智的關注分為四個階段，一是在 20 世紀 20 年代，研究者一般認為方以智的主要貢獻在於開啟清代學術先河，尤其關注到他用羅馬字母標注漢字發音的創舉；二是在稍後一個時期內，學界將方以智視為早期中國知識分子學習西方科學知識的代表；三是在 20 世紀 5、60 年代，馬克思主

〔註49〕狄百瑞（W. T. de Bary）主編：《新儒學的演變》（The Unfolding of Neo-Confucianism），Columbia University Press, 1975.

〔註50〕John. D. Langlois, *Book Review, Journal of Chinese Philosophy*, Vol.7(2), 1980.

〔註51〕狄百瑞（W. T. de Bary）主編：《明代思想中的自我與社會》（Self and Society in Ming Thought），Columbia University Press, 1971.

〔註52〕Willard J. Peterson, *From Interest to Indifference: Fang I-chih and Western, Ch'ing-shih wen-t'i*, Vol.3(5), 1976, pp.72~85.

〔註53〕Willard J. Peterson, *Bitter Gourd: Fang I-chih and the Impetus for Intellectual Change*, Yale University Press, 1979.

義歷史學研究者將方以智詮釋為中國唯物主義，甚至是辯證法思想的先驅；最後是以余英時為代表的新儒學研究者，特別表彰方以智在明清時期政權轉移過程中表現出的中國傳統人文主義的忠義精神。Peterson 本人則將方以智定位為「士」階層的代表。青年方以智曾作《七解》一文，歷數士人群體在當時的社會政治條件下可能擁有的幾種生存選擇。Peterson 巧妙地借助這篇文章的線索，總結出方以智在幾個重要的人生路口所做出的抉擇，並分析其學術轉向背後的動機。他將中國思想史上的「十七世紀」界定為明萬曆（1573～1619）至清康熙（1662～1722）時期，認為這一時期以黃宗羲、方以智以及顧炎武三人為代表的「第一代」學者開創了一種不同於明代主流的學術路徑，即開啟了清代考據學的先河。這種新的學術路徑在知識論上以涉獵廣泛、注重實證和原創為特徵，並且具有開啟民智、建構「斯文」、承擔社會責任、建構社會秩序等道德倫理內涵。黃、方、顧三人都出生於官宦世家，他們接受了良好的教育但並未走上傳統的仕途，亦不甘於成為高懸而無用的「匏瓜」，最終選擇了既能夠遠離官場政治、保持思想獨立性，又能夠實現傳統儒學關懷的學者道路。作為獨立的學者，他們很少將自己視為某個既有學派的繼承者。他們不滿於當時流行的思想學說，在哲學上拒絕承認理學或心學所預設的某個基底性的、普遍的、不變的實體。雖然在思想史上，他們的思想往往被視為具有某種歷史進步的元素，但 Peterson 認為黃、方、顧等「第一代」考據學者的學術創造動機實際在於重塑士人階層的道德權威和社會地位，從而增強居於帝國政府和普通百姓之間的士人群體的力量。然而，隨著考據學的確立和流行，這種原初抱負逐漸喪失。直到十八世紀晚期，特別是到了十九世紀，考據學者們由於醉心古典文獻，遠離社會現實問題，招致越來越多的批評，正如明代士人由於普遍沉迷於形而上思考所受到的批評一樣。

　　作為西方學界迄今唯一一部方以智研究專著，《匏瓜》所提供的漢學和思想史視野對於本文寫作的參考意義毋庸置疑，但 Peterson 的研究思路亦不無缺陷。首先，正如墨子刻（Thomas A. Metzger）〔註54〕在書評中所指出的，歷史上，方以智從未嚴肅地選擇宋明理學作為學術立場，Peterson 將其視為明末士人和儒學轉型的代表人物，卻沒有充分論述明末士人身份和學術立場多樣性的問題。第二，Peterson 對方以智思想的解讀主要依據《通雅》、《物理小識》以及《浮山文集》，從現在學界掌握的方以智著述資料來看，他的依據顯然是

〔註54〕Thomas A. Metzger, *Book Review, The American Historical Review*, 1980.

不足的。Peterson 注重方以智等人對實學、清代文獻學、考據學的開創性作用，但由於缺乏方以智在易學、莊學、禪學等方面的著述文獻，他未能說明方以智思想對宋明理學的繼承關係，對其考據學背後的人文關懷和哲學理論也缺少系統的說明。

加拿大學者卜正民（Timothy Brook）通過對晚明社會——經濟史的研究〔註55〕表明，晚明士紳普遍面臨著在儒教與佛教之間的兩難抉擇，其經濟和社會基礎在於明中期以後商品經濟的發展和科舉制造成的大量不能進入仕途的地方生員的出現。對於那些在地方上有著殷實家境、考取了功名卻未能入選有限的官員名額的士紳來說，佛教寺院「在某種程度上被認做是士紳力求擴大的私人領域（私／我），而不是把他們排除出去的公共領域（公／官）。」由此，晚明時期儒佛之爭的特殊性在於，這一時期的儒教與佛教在廣大士紳階層中，分別象徵著公與私、國家與地方、帝國專制與地方自治等等。卜正民將16 世紀初至 17 世紀中葉的儒佛互動大體分為四個階段：首先是王陽明廣泛汲取佛教思想，反映了當時理學人士對程朱理學在義理上的一種普遍的不滿足心態；二是以王畿和李贄為代表的陽明第一代、二代弟子，以及其他泰州派學者如焦竑等，他們在推動儒佛融合的道路上走得更遠，「熱衷於建立更深程度的融合理論」，與此同時，他們也「承認晚明時代的三教合一必須建立在對儒教堅固的效忠之上」；第三階段是 17 世紀前幾十年，儒佛融合的氣氛「很快就鬆散下來」，明遺民中的部分士人「完全選擇了退隱的佛家生活」，他們把明朝滅亡的責任歸咎於泰州學派及其「狂禪」主張，例如，黃宗羲在《明儒學案》中「單挑出王畿及其泰州學派作為把王陽明思想引入歧途的罪魁禍首」；四是在 17 世紀「融通佔了上風」，士人中出現一種中間派立場，認為儒佛是不同的教義系統，對佛教的興趣只要「不剝奪士紳期望實現他們的社會倫理責任的儒家領地」，就不會對儒家構成任何威脅。卜正民在其研究著作中鮮少注意到方以智，雖然方以智的背景和經歷原本可以為他的研究成果進一步增加說服力。卜正民所採用的基礎文獻中，與方以智關係較大的只有《浮山文集後編》和《青原志略》。應該說，在他的晚明儒佛關係視野中，方以智的缺席也主要是受制於相關文獻尚未公開面世。

將從宋明理學到清代考據學的轉變視為儒學自身內部發展過程的歐美學

〔註55〕卜正民著，張華譯：《為權力祈禱——佛教與晚明中國士紳社會的形成》，南京：江蘇人民出版社，2005 年 11 月。

者還有艾爾曼（Benjamin A. Elman）〔註 56〕。艾爾曼認為，作為一種方法論的考證學，其根源可以追溯到宋代如王應麟（1223～1296）等學者，但直到明朝滅亡前後的 17、18 世紀，儒學主流才集中體現為從哲學向文獻學型態的轉變。這一轉變首先反映在研究方法上：清代考據學者強調具體的、多變的事實（concrete verifiable facts）而不是抽象的、概念性的範疇間對應關係（abstract conceptual categories of correspondence）；此外還反映在學者的自我認知上：17 世紀的考據學者承認自身與宋明儒學傳統之間的關聯，18 世紀的考據學者卻往往忽視或否認他們與宋明理學有繼承關係。以方以智為例，四庫館臣將他視為明代的考證學先驅（a fore-runner of k'ao-cheng scholarship during the Ming dynasty），卻幾乎忽略了方以智在宋明理學方面的哲思，這一現象反映的是四庫館臣自身將考據學視為儒學正統的態度，而不是對方以智學術貢獻的客觀總結。事實上，不管從這種歷史回顧式追溯的角度看起來明末考證學先驅們有多麼重要，他們的考據學研究在當時並不是主流。艾爾曼認為，直到 1750 年左右，以考據學為代表的復古思潮才廣泛流行於士人中，進而重構其理論與實踐知識。此時，雖然科舉考試仍然以程朱理學的正統觀念來解讀儒家經典，士人群體尤其是江南地區的士人卻只是將這種理學式的解讀視為「可以接受的教條工具」（an acceptable instrument of indoctrination）。不可否認，一些清代考據學者的具體文獻考證也有助於哲學範疇的確證，例如戴震《孟子字義疏證》、阮元《性命古訓》等，但他們並不致力於滿足那種對道德秩序和道德確定性的需求（without satisfying the need for some moral order and certainty）。不過，艾爾曼反對將清代考據學視為「儒學的墮落」的觀點〔註 57〕，這種觀點高估了清朝文化壓制政策的程度，想當然地認為清代文人是在高壓政策之下不得不放棄有意義的政治、道德課題，被迫轉向思想貧乏的文獻考證。根據孔子的「正名」思想，考據學者認為，社會秩序的建立要求規範化的語言，經典語言、講述古代典章名物的語言就是規範語言。艾爾曼提醒到，雖然 18 世紀之後，考據學往往與漢學復興運動聯繫起來，但考據作為一種學術方法並不是某一學派的專利。方東樹運用嚴密的文獻考辨寫作《漢學商兌》，進而駁斥考據學者、為程朱理學辯護就是一個例證。在解釋理學到樸學的轉換過程時，艾

〔註 56〕 Benjamin A. Elman, *The Unravelling of Neo-Confucianism: From Philosophy to Philology in Late Imperial China*，《臺灣清華學報》第十五卷，一、二期合刊，1983 年。

〔註 57〕 艾爾曼著，趙剛譯：《從理學到樸學》，南京：江蘇人民出版社，1995 年。

爾曼將傳教士引入的西方科學及其方法作為一個重要的刺激因素,認為西方科學的實證主義研究方法對考據學的產生具有促進作用。

1.2.2 晚明西學東傳

西學東傳是明代中晚期思想史上的一個重要背景,也是中國科學技術史上的重要環節。歐美學者對科學技術史的研究起步較早、成果豐碩,其中與本文主題相關的方面有三:一是西學在明末的傳播史以及方以智本人所受西學之影響;二是圍繞著「李約瑟問題」討論明末中國為什麼沒有像同時期歐洲那樣出現「科學革命」;三是是否存在著某種「科學革命」的一般型態,尤其是與科學發展相關的哲學觀念的變革規律。

耶穌會士在明中期所帶來的學問主要有基督教神學和自然科學兩類。由於方以智本人明確拒斥基督教神學,這裡便略去前者,重點討論西方自然科學對明末知識精英的影響。Peterson 在《晚明中國西方自然哲學著述》〔註58〕一文中,將 17 世紀耶穌會士在華出版自然哲學著作的過程詳細分為三個階段。一是從傳教士入華的 1605 年至 1615 年,這一時期以利瑪竇於 1607 年完成的《幾何原本》為標誌,其他重要的出版作品還有利瑪竇的《乾坤體義》,熊三拔的《泰西水法》和《表度說》,以及陽瑪諾的《天文略》。在此後的 1616 至 1622 年這一短暫時期內,幾乎沒有耶穌會士關於自然科學哲學的新作品問世。二是 1623～1629 年和 1630～1637 年。20 年代,耶穌會士將創作出版的重心轉移到天文學方面。艾儒略於 1623 年出版《職方外紀》標誌著這一時期的開始,接下來推出的重要作品有湯若望的《遠鏡說》,李祖白的 52 卷本《天學傳概》。1629 年,耶穌會士在崇禎皇帝主持的中西印三種方法預測日食的對決中獲得了勝利,從而推動了由徐光啟、李之藻以及數名耶穌會士組織成立以西方天文學為基礎方法的國家曆局,標誌著這一時期西學活動的高峰。1635 年編訂完成的《崇禎曆書》雖然直至明王朝倒臺都沒有發揮實質作用,但在整個清代歷史中卻是最重要的西方天文學知識來源。在 30 年代,耶穌會士出版了大量天文學以外的自然科學作品,代表性的有艾儒略根據 17 世紀歐洲大學中主流的亞里士多德著作改編的《性學觕述》,以及高一志的《空際格致》、《寰宇始末》等。此後,在清朝順治年間(1644～1661),幾乎沒有相關作品問世。第三個階段是從 70 年代以後,相關出版活動才重新開始興盛。

〔註58〕 Willard J. Peterson, *Western Natural Philosophy Published in Late Ming China, Proceedings of the America Philosophy Society*, Vol.117(4), 1973, pp.295~322.

　　總的來看，直至方以智去世（1671）之前，耶穌會士譯介的自然科學哲學
作品屬於當時歐洲主流的亞里士多德學派。Peterson 將這些作品涉及的學科範
圍分為主要四個方面：天學（the Heavens），月下世界（the Sub-lunar Realm），
人體生理學（the Human Being）以及義理（the Argumentation）。在天體物理學
方面，耶穌會士在早期宣揚的主要是托勒密地心體系的十二重天說，又於
1630 年後引入了第谷體系。第谷體系一方面避免了將地球視為宇宙中心，一
方面試圖以地心說來解釋五大行星的運行軌道。Peterson 認為，耶穌會士雖然
沒有向中國讀者提及當時最具有突破性的哥白尼或伽利略學說，但這是由於
羅馬教廷在 1616 年禁止了所有關於日心說的傳教，而非耶穌會士有意將即將
過時的西學知識傳遞給中國人。他還認為，在沒有創世論思想的背景下，當時
的中國知識分子很容易理解和接受關於天體懸浮的理論，但他們對於宇宙的
幾何模型卻缺乏興趣。因此，不管當時傳教士引入的是托勒密、哥白尼、第谷
還是伽利略體系，都不會對中國天文學的發展產生革命性的影響。

　　關於月下世界，耶穌會士譯介的最重要的理論是四元素說。四元素說產
生於約公元前 5 世紀的古希臘，一直到約 18 世紀都在西方思想中起支配性作
用。這一理論主張一切月下物質（material）或者有形體（corporeal）都是由
火、氣、水、土四種基本元素構成，基於此，耶穌會士對中國傳統的五行說進
行了激烈批評。在方以智的著作中，有多處對這種批評的回擊。在生理學、解
剖學、心理學方面，他們帶來的主要是古希臘蓋倫體系。在西方，蓋倫體系直
到 1628 年才受到哈維提出的血液循環論的挑戰。蓋倫體系在四元素說基礎上
主張體液說，認為生命存在是靠熱量（basic heat）與體液（basic dampness）來
驅動的，二者就如同火與油的關係一樣，任一者的缺失都會導致生命之燈焰
的熄滅。這一理論可能對方以智提出以火為中心的醫學和哲學思想產生了影
響。整體而言，Peterson 認為 17 世紀上半葉的歐洲「科學革命」有兩個主要
的積極方面，一是強調經驗主義，二是運用數學方法解釋自然現象，但這兩個
方面都沒有在 1660 年以前的耶穌會士的著述中體現出來。既然耶穌會士沒有
向中國讀者介紹西方科學哲學中這一由目的論向機械論的關鍵轉變，就很難
說他們已經嚮明末中國傳播了現代科學的基礎。然而，對於耶穌會士沒有向
中國讀者譯介當時正在發生的歐洲的科學革命最新成果這一缺失，並不應該
一味指責，因為他們已經基本準確地介紹了當時歐洲大學中普遍流行的自然
科學知識，而中國知識分子顯然沒有能夠在此基礎之上自行跨出科學革命的

關鍵一步。

前面提到，Peterson 於 1976 發表的論文《從關心到冷漠：方以智與西方》，是以方以智對待西方自然科學的態度轉變，來討論 17 世紀中國士人與西學的關係。Peterson 將方以智早年與熊明遇的相遇視為其西學興趣的萌芽〔註59〕，他認為，直到 40 年代早期，方以智至少對於西學中的天體現象學部分仍然抱有興趣，而方氏所涉獵的西學範圍，幾乎包括了在 17 世紀上半葉耶穌會士出版的所有西學書籍。Peterson 認為當時思想界有利於接受西方自然科學知識的條件有三，除了掌握實用知識的需求、尋求新知的思潮之外，他還討論了宋明理學對普遍性的重視。宋明理學認為，「理」內在於天地變化的過程之中，內在於萬物之中，天地之理並不受文化上的「自我」與「他者」的限制。既然「理」具有這樣的普遍性，那麼即便是「他者」，只要對「理」的實際運用有真知灼見，就應該認可其價值。

然而，在 50 年代之後，方以智對西學的態度完全改變了。在他落髮為僧之後，他對外部天地世界的知識興趣蕩然無存（Fang's interest in knowledge about the external world of heave-and-earth was reduced to nothing）。Peterson 將方以智的這種態度轉變與明王朝的垮臺聯繫起來——由於明清的對決在知識分子眼中意味著文化上的自我與他者的對決，明王朝的垮臺促使了明遺民更加強烈地追求自我文化的認同感。佛教和成為佛教徒作為現存的——儘管是次要的——一種「我們的傳統」（Buddhism and being a Buddhist were established parts, albeit subordinate ones, of "our cultural"），成為了此後方以智在現實和精神上的棲身之所。

根據方以智的這種經歷，Peterson 進一步推論，17 世紀中國有兩個重要的思想史現象：一是一種曾經廣泛存在的對主流價值和智力活動的懷疑精神消失了，取而代之的是正在興起中的一種認為恰當的模式正在被復興的自信和確信（a pervasive sense of doubt about values and intellectual endeavors was resolved into an emerging sense of confidence, even certainty, that the proper mode was being recovered）；二是一種社會動盪感通過社會秩序的重新確立被消解了（a sense of social turmoil was resolved with the reconfirmation of social order）。對此，Peterson 進一步通過更為廣泛的思想史背景加以論證。他注意到，在 17

〔註59〕討論熊明遇與早年方以智相遇經歷的文章還有臺灣學者徐光臺：《熊明遇與幼年方以智》，《漢學研究》，2010 年第 3 期，第 259～290 頁。

世紀前 40 年，知識分子面對著充滿可選擇性的思想環境：此時，劉宗周（1578
～1645）試圖重建王陽明學派的哲學基礎，佛教正在經歷一場思想上的復興，
印刷業則增加了實務性的、實證性的知識類書籍的出版，走出直覺主義成為
一種主流思潮。相反，到方以智去世的 1671 年，私人書院和文人社團不再是
批判政府和道德討論的中心，心學的地位更加邊緣化，佛教也在短暫復興之
後再次衰落，只有考據學在這一時期生根並逐漸成為主流學術。在 17 世紀晚
期，知識分子及官員對待西學的態度並不是「反對」（opposition），而是冷漠
（indifference）。於 1664 年刊刻發行的方以智《物理小識》並未產生較大影
響，正反映了這種知識分子關注範圍的縮小化（indicative of the narrowing of
intellectual concerns）。此後，學者們致力於探究屬於「我們的」文化證據，從
而使得「我們的」社會地位合法化，而不再關心一個充滿了各種人和現象的整
體世界，因為後者無助於說明「我們的」文化傳統。

　　Peterson 的這種見解實質上否定了明清之際的中國曾出現過「科學革
命」，也有歐美學者對此持相反意見。例如，席文（Nathan Sivin）提到，如果
根據傳統學術標準，17 世紀中國也曾出現過自己的科技革命，並且，清初遺
民知識分子由於遠離政治權力，恰恰是最有可能在耶穌會士引介的西方自然
科學的基礎上進行獨立科學研究的。〔註60〕可見，要深入理解方以智等明清
之際知識分子與西方自然科學的關係，離不開對這一時期中國是否出現了自
然科學革命的探討，也就是科學技術史上著名的「李約瑟問題」（the Needham
Problem or Needham's Grand Question）。

　　歐洲科學革命通常被認為以哥白尼於 1543 年發表《天體運行論》為開
端，到 1632 年伽利略發表《關於托勒密與哥白尼兩大世界體系的對話》，是科
學革命的第一階段；在伽利略之後，現代科學興起；1687 年牛頓發表《自然
哲學的數學原理》則標誌著科學革命的完成，其影響一直延續到 18 世紀。李
約瑟在上個世紀中期提出了中西科學比較史上的許多問題，其中被人們稱為
「李約瑟問題」的有這樣一些相關表述：「為什麼現代科學，即自然假說的數
學化，及其對先進技術的影響，僅僅迅速興起於西方的伽利略時代？（Why
did modern science, the mathematization of hypotheses about Nature, with all its

---

〔註60〕 Nathan Sivin, *Why the Science Revolution Did Not Take Place in China-or Didn't
it?*, *Chinese Science* 2005 (5), pp.45~66。在 1982 年首次發表的同名文章基礎上
修改而成。

implications for advanced technology, take its meteoric rise only in the West at the time of Galileo?）」「為什麼現代科學沒有在中國文明中發展出來？（Why modern science had not developed in Chinese civilization 跡）」「為什麼，從公元前 1 世紀到公元 15 世紀，中國文明比西方更能有效地將人類自然知識運用到人類現實需求上？（Why, between the first century B. C. and the fifteenth century A.D., Chinese civilization was much more efficient than occidental in applying human natural knowledge to practical human needs?）」〔註61〕李約瑟判斷，15 世紀以前中國的科學技術水平整體上高於西方，這顯然為李約瑟問題本身增加了戲劇性的魅力，但亦有不少專業科學家或科技史家質疑這一判斷。即便不承認中國在 15 世紀以前的科技水平高於西方，科技革命之後、新中國成立之前，中國與西方在科技發展水平上的懸殊差距卻是一個不可否認的歷史事實。因此，李約瑟問題仍然引起了海內外中國學研究者的巨大興趣。其所衍生出的話題之廣泛、意見之分歧、反思之深入，是本文不足以全面呈現的，在此僅選取部分具有概括性和代表性的、與本文較為相關的學術觀點加以論述。

Graeme Lang 對上個世紀歐美學者關於李約瑟問題的討論有一篇總結性文章〔註62〕，文中開門見山地指出，李約瑟本人的研究致力於建構前現代中國科學技術成就的編年體式的敘述，實際上已經拋棄了對李約瑟問題的回答。他認為，對這個問題的有效回答有文化主義理論（Cultrualist Theories）與結構主義理論（Structualist Theories）兩種。

關於文化主義理論，一個常常被提到的觀點是，儒家思想與自然科學探求知識的方法不相符，而在歐洲，基督教或清教神學，以及羅馬法的歷史遺產則有利於科學研究方法的產生。這種觀點的問題在於，當代社會學者通常不認為文化是一套靜態的觀念和規範系統，相反，在真實社會中，人們對於多種多樣的文化觀念具有主動選擇的能力，換言之，文化能夠創造性地適應不同社會群體的需求。此外，韋伯（Max Weber）關於中國近代資本主義問題的研究，對

〔註61〕 Joseph Needham, *The Grand Titration: Science and Society in East and West*, Toronto: University of Toronto Press, 1969, pp.16 and 190.

〔註62〕 Graeme Lang, *Structural Factors in the Original of Modern Science: A Comparison of China and Europe*, in Steven T. de Zepetnet and Jennifer W. Jay, eds, *East Asian Cultural and Historical Perspectives*, Edmonton: Research Institute for Comparative Literature and Cross Cultural Studies, University of Alberta, 01.1997, pp.71~96.

於一些科技史研究者回答李約瑟問題也有相當啟發。例如，Huff〔註63〕從社會組織機構的角度觀察到，當時的歐洲有相對自主的城鎮和大學，它們擁有特許權（charters），在一定程度上獨立於國家的行政管理，而古代中國即便有所謂私人書院和文人社團，也不過是為了培養科舉考試人才或者交流科考信息，實質上仍然隸屬於政府官僚系統。受益於古希臘哲學和科學的重新發現，以及羅馬法和基督教神學的思想遺產，當時的歐洲知識分子普遍認為世界是有秩序地、甚至機械性地構成的，他們相信人類能夠通過理性來理解自然和管理社會。相反，中國的思維模式（「Chinese modes of thought」）則傾向於不加質疑地接受古代知識，強調經典的優先性，並且避免激烈的社會討論，而沒有形成一種促進知識進步的討論傳統。

除了 Graeme Lang 提到的這些觀點，西方學者還提出了許多可能影響中國古代科技發展水平的其他因素。例如，由於嚴格的邏輯學、實驗、數學方法一度被認為是產生西方現代科學的重要因素，胡適、李約瑟還有 A. C. Graham 等人曾經試圖從先秦名家和墨家那裡尋找古代中國也擁有邏輯學傳統的證據，甚至清末民初唯識學的復興，也可以說潛藏著這一中西科技史比較的文化心理。此外，由於許多中國古代科技，如煉金術（化學）、醫藥、占星術（天文學）等，在道教傳統中佔有重要地位，一些學者認為相比於儒家，道教或道家思想更利於科技的發展。關於儒學對科學思維的影響，也廣泛存在著兩種自相矛盾的看法，即一方面認為儒家奉行道德倫理至上阻礙了自然科學的發展，一方面又認為儒家承認外部世界實存似乎有助於探究現實的科技問題。即便擱置中西文化是否歷史地存在著上述差異，Graeme Lang 評價到，這種文化理論的取徑有一個根本性的困難，那就是文化往往是受到物質性的和結構性的條件影響的，為了進一步解釋為什麼古代中西文化存在種種差異，就不得不繼續進行結構主義理論的追問。

Graeme Lang 認為，中國在南宋時期（1126～1279）出現了一種近似於「對自然界的系統實驗研究」（a systematic experimental investigation of nature）；到了晚明，受耶穌會士引入的科學理論、方法和器械的影響，學者—官僚群體（scholar-bureaucrats）發展出了更為理性的、經驗的自然科學研究方法，但最終並沒有真正發展成為現代科學。他提出了科學革命之前歐洲所具有、中國所

〔註63〕 Huff, Toby, *The Rise of Early Modern Science: Islam, China, and the West*, Cambridge: Cambridge UP, 1993.

缺乏的四個社會歷史條件：國家之間的競爭，自主的調查團體（communities of inquirers），適當的農業體系和資本主義經濟。這幾個條件似乎並不構成嚴格的並列關係，但 Graeme Lang 對它們的解釋形成了比較具有代表性的觀點。他認為，古代中國的灌溉農業要求一個強有力的政府來組織大規模基礎水利建設，此外，古代中國長期面臨來自北邊游牧民族入侵的威脅，需要一個專制政權來組織軍隊，修築防禦工事——這種持續受到周邊剽悍民族威脅的灌溉農業地區是最有可能產生專制帝國的。相反，歐洲農業主要依靠自然降雨，並不需要由國家統一組織水利修築。科學革命之前的歐洲已經存在著超過一千年的政治碎片化狀態，各國之間常年處於競爭關係，尤其在武器和軍事工程方面的競爭，使得各國願意鼓勵技術上的實驗和創新。古代中國的周邊並不存在真正能夠與之相抗衡的國家，知識分子對國家政權有強烈的依附性，而歐洲知識分子如果在一個國家不受禮遇，可以相對容易地去往另一國。總之，科學革命之前歐洲政治的碎片化與中國政治的統一化使得科學走向了不同的命運。此外，正在興起的歐洲資本主義的生產和思維方式也推動了科學革命的產生，因為資本主義促進了一種充滿算計的、理性經驗的（a calculating rational-empirical approach）解決問題和處理事務的方式，商業文化使得原本各自獨立的數學和自然知識融合到一起，商業盈利驅使受教育人士進入到商業和工業領域，原本存在於知識精英與技術和手工藝人之間的壁壘被打破了。相比之下，中國在晚明時期並沒有真正實現資本主義的經濟轉型，因為當時仍然沒有信用和銀行機構、保險系統，以及一整套保護和激勵工商業行為的法律體系。總之，在歐洲資本主義以及近代科學技術的孕育時期（11～17 世紀），中國缺少歐洲所具備的上述結構性社會歷史條件，從而未能產生近代科學革命。

除了上述對李約瑟問題的正面回答，亦有不少歐美學者指出李約瑟問題自身的缺陷，試圖限制、消解或超越其有效性。席文（N. Sivin）在回顧列文森（Benjamin Nelson）對韋伯和李約瑟的回應時，認為列文森對李約瑟問題的挑戰首先在於指出：科學革命以來歐洲相對中國所呈現出的優勢並不能通過類型學（typology）來解釋，它應該是完全屬於歷史學的問題。並且，歐洲科學之所以可能，其最關鍵的奠基階段是在 12 至 13 世紀，亦即建立在被重新發現的古希臘科學與哲學、羅馬法及政府理論的普遍性基礎之上。〔註64〕席文認

〔註64〕 N.Sivin, Max Weber, *Joseph Needham, Benjamin Nelson: The Question of Chinese Science, Civilizations East and West*, 1985 (Vol.10), pp.37~49.

定李約瑟問題僅僅具有「啟發價值」（heuristic value），也就是引起人們對這一問題的興趣，並提供初步的思考方向。然而隨著人們的理解愈發深入，這一問題本身就顯得晦暗不清了。最終人們將失去對它的興趣，轉而研究曾經究竟發生過什麼這個更加清楚的問題。席文還總結了學者們回答李約瑟問題時往往會犯的兩個錯誤，一是隨意假設，認為在科學革命時代西方思想所具有的某種被給予的特徵，例如「培根的」方法，即是能夠加諸所有文化的必要條件（the arbitrary assumption that a given feature of Western thought at the time of the "scientific revolution", for example, the "Baconian" method, amounts to a necessary condition applicable to all cultures）；二是因果混淆，他們把中國的許多傳統觀念，例如《周易》的卦畫系統，有時當作阻礙科學進一步發展的因素，有時又當作是近代科學缺失的結果。（the confusion that the absence of further scientific development of a set of ideas in China such as the hexagram system of the *Book of Changes*, is a result of its role as an "inhibiting factor"）。〔註 65〕

　　韓國學者金永植（Yung Sik Kim）提到，為了使李約瑟問題更加清晰和具有可操作性，一些學者嘗試對其進行修訂。例如，「為什麼中國如其所是地發展他們關於自然世界的知識，而不是像歐洲發展現代科學那樣？」或者，「為什麼僅僅在西歐，科學活動出現了功能分化和組織機構化，這種情況卻沒有發生在中國或世界其他地方？」另一位著名漢學家 A. C. Graham 則對於李約瑟問題表達了明確拒斥。〔註 66〕他認為，我們不應該提出「為什麼某個事件沒有發生」這種問題，除非有理由期待它的發生。然而，即便在 16 世紀歐洲的條件下，也沒有什麼正當理由認為「科學革命」作為一個事件，在不久的將來會必然發生。學者們對於中國未能產生近代科學的解釋，包括實驗方法，數學方法，語言中時態和數的變化，嚴格的、邏輯的、理性的論證方法，商人階層權利的興起等。Graham 反問道，「難道僅僅因為有一系列產生近代科學的集中條件出現在 16 世紀歐洲，並且因為這一系列條件傳播得如此迅速以至於近代科學在其他地方來不及獨立地產生，它就是我們能夠知道的唯一一套條件嗎？（Is it necessary to say more than that one set of conditions for the genesis of modern science came together in sixteenth century Europe, and that since it spread too fast

---

〔註 65〕Yung Sik Kim, *Natural Knowledge in a Traditional Culture: Problems in the study of the History of Chinese Science*, Minerva, 1982 (Vol.20), pp.83~104.

〔註 66〕Graham, A. C., *China, Europe, and the Origins of Modern Science*, in Nakayama, S. and Sivin, N (eds.), *Chinese Science*, 1973, pp.45~69.

to allow independent occurrence elsewhere this is the only set of conditions of which we can ever know?）」

Graham 的銳利詰問幾乎將李約瑟問題及其所得到的正面回應推向了消解的邊緣，他實質上要求進一步思考，所謂「科學」是否只能發展為西方近現代科學這一唯一可能形態。事實上，當李約瑟說，「所有種族和文明的古代和中世紀科學都像河流一樣匯入現代科學的大海（The ancient and medieval sciences of all the peoples and cultures as rivers flowing into the ocean of modern science）」，當他用現代科學學科來對中國古代自然知識的所有領域進行分類，他便已經明確肯定了「唯一普遍的科學」這種觀念（the notion of a single universal science）。〔註67〕由此可見，李約瑟問題最困難的地方並不是如何找到標準答案，而是如何論證它所預設的這種「唯一普遍的科學」的必然性。

1.2.3 西方學界相關研究評議

當然，要從邏輯上論證西方近代自然科學是科學的唯一可能形態幾乎是不可能完成的任務，就像我們亦無從證明「啟蒙」或「現代化」唯有在西方已經實現的那種歷史形態一樣——打破這種西方中心主義的話語有利於我們貼近中國的真實情境來建構新的歷史敘事。前述西方學者關於方以智本人，及其所涉及的明清學術轉型和明末西學東傳等思想背景的考察，同樣受到西方流行的諸多社會學和歷史學方法和理論的影響。這些方法和理論往往基於西方歷史經驗，以之解釋中國難免會有削足適履的問題，但不能不說為我們理解中國思想史提供了新穎的視角。

以啟蒙論的敘述框架來刻畫明清思想學術，固然是對同一歷史時期的西方啟蒙運動的比附，此外，在一些學者看來，諸如「私人領域」和「公共領域」等「早期近代性」觀念，也可以視作啟蒙論的一個變種〔註68〕。Peterson 關於方以智對西方科學的態度由「關心」轉向「冷漠」的說明，即「自我」與「他者」的文化傳統的區分，帶有西方思想史研究轉向民族國家化的影響痕跡〔註69〕。然而明清之際的中國尚未受到來自西方的直接壓迫，從方以智本

〔註67〕 Yung Sik Kim, 1982.

〔註68〕 楊念群：《近百年來清代思想文化研究範式的形成與轉換》，《上海交通大學學報（哲學社會科學版）》，2019 年 8 月，第 87～96 頁。

〔註69〕 李宏圖認為，思想史研究的「空間轉向」表現在民族國家化與國際全球化兩個層面。李宏圖：《歐洲思想史研究範式轉換的學術路徑》，《世界歷史》，2015 年第 2 期，第 135～143 頁。

人的表述中很難找出對西方科學帶有強烈民族主義情緒的評論。Peterson 本人也曾認識到，宋明學術重視「理」的普遍性，有利於突破文化上的「自我」與「他者」的限制。不可否認的是，在方以智出家以後的著述中，仍然延續著至少是對哲學上的「理」的普遍性追求，怎麼能說方以智在晚年退縮到了「我們的傳統」之中呢？更何況，如前文已經指出的，在出家之後，方以智曾令方中通向穆尼閣學習天文曆算，又鼓勵遊藝鑽研太西之學，可見其對西學的態度並非「冷漠」。卜正民關於晚明儒佛之爭的考察，尤其是對幾座具體佛教寺院受捐贈情況的細緻描述，則明顯受到西方思想史研究「空間轉向」的影響，即將佛教寺院描述為一個自治的空間，從而與帝國專制權威形成對抗。問題是，地方佛教寺院這種相對自治的狀況只有在中央專制權力的默許下才能得以維持，這與歐洲資產革命爆發之前形成的市民階級表達自身政治訴求的自治空間，在自治性的內涵上有根本不同。

　　至於中國科技史上的李約瑟問題，由於來自文化主義理論和結構主義理論兩方面的回答都無法令人滿意，學者們不得不從「為什麼某個事件沒有發生」逐漸回到「曾經究竟發生過什麼」這一思路上來。然而對西學東傳的歷史敘述，又常常陷入所謂「單向文化傳播論」的窠臼，即「完全以西方近代以來形成的科學觀與方法論為尺度，衡量中國步入現代化軌道的程度，並形成是非褒貶之標準」〔註70〕。要破除這種「後見之明」，就應該回到思想發生的現場，站在明清中國士人的立場上，瞭解他們以何種標準主動地選擇和揚棄西學，又以何種方式將其融匯並貫通到中國傳統學術體系中來。在此過程中，為了避免將中國士人的立場簡單化處理為積極、消極或關心、冷漠等表面「態度」，深入尋繹他們自身的思想體系就是必不可少的。然而此一工作已經越出了思想史或文化史的研究範圍，哲學或哲學史的方法在此登場了。

1.3「物論」：作為突破與核心

　　通過以上對國內外方以智研究相關成果的梳理和分析，我們發現，方以智思想的最大價值來自於他對古今中西之交的歷史變革背景的正面回應。這種回應不僅表現在自然科學實踐上，更反映在系統化的哲學理論建構中。方以智的哲學思想體系，既建立在家學、師承的基礎上，又集成儒釋道三家理論精

〔註70〕楊念群：《近百年來清代思想文化研究範式的形成與轉換》，第92頁。

粹，並且創造性地融貫了西方近代自然科學的精神。就像當時的傳教士所繪製的世界地圖對中國士人的世界觀念所造成的根本性的、全盤性的衝擊一樣，方以智的哲學系統描繪出了一幅全新的、遼闊的思想圖景。在這幅號稱「集大成」的思想圖景上，編排、交織著許多學術史的路徑。沿著這些名為易學、莊學、考據學、自然科學的等等路徑，或許都可以發現新奇的風景，或者辨識出局部的奇異想象、糾纏矛盾、殘缺留白，卻無法抵達它最重要的價值——一種基礎性的、整體性的改造、顛覆與重建。對這種價值的審視要求一種相應的視角，本書即從「物」字著眼，透過此一具有根本性的哲學範疇，重新理解和審視方以智的思想體系。

任何一種哲學都要回答如何看待「物」的問題，不同的思想體系能夠引申出不同的「物論」。在傳統中國哲學話語中，由「物」構成的道物、物理、物我、格物、事物諸範疇敞開了約略相應於西方哲學中的存有論、宇宙論、主客關係、認識論或工夫論、實踐論的各個論域。此外尚構成了無法比擬於西方哲學的獨特論域，如傳統所謂心物關係，即是中國哲學特有的對人與天、人生與宇宙、人文與科學、思想與存在等問題的一種綜合性表達。然而，從現當代中國哲學的發展情況來看，心性之學始終佔據重要地位，與之相對應的關於物的哲學研究相對缺乏。現代學科分類體系下的中國哲學成立至今不足百年，由現代新儒家幾代學者所創造的學科研究範式至今仍延續著重要影響。新儒家的返本開新之學以心性儒學為重點，以牟宗三先生為例，推崇陽明、貶抑朱子就是以心性之學為評判標準來重構宋明理學的結果。又如，新儒家學者中，最為重視物的問題的應屬唐君毅先生。但他對自然科學技術的深入考察，旨在說明人文對於科學的優先性，又將人文歸結於道德一端，這種道德中心主義的視角仍然是延續心性儒學而來的。近二、三十年來，大陸學界亦注重發掘古代心性思想學說，形成了相對成熟穩定的一套中國心性哲學話語體系。理論上，心與物本來是相對而不可分割的兩個面向，中國傳統思想資源中，關於物的思考在歷時性、文本體量和理論深度上都足以與心性之學相媲美。近現代自然科學技術的迅速發展及其對人文世界造成的挑戰，促進了西方哲學對於物的問題、人與物的關係問題深入持久的思考。科學理性強勢入侵人之生存領域的方方面面，知識向著實用技術的轉化增強了人控制、改造物的能力，技術與資本的結合又推動了社會、經濟的飛速發展。工具理性主導著人對物的認識，物從人之生存境況的意義世界中隕落，淪為滿足人之需求的手段。重新審視中

國歷史上這一前現代觀念與西方自然科學初次發生碰撞的時期，或將有利於啟發我們對當下和未來的科技與人文意義世界的關係的思考。

在方以智的思想體系中，關聯起自然世界與人文世界的橋樑正是關於「物」的思考和實踐。在以西方自然科學技術為代表的現代科學視野中，將自然物作為與人之存在相對立的客觀實在的研究對象，是確保科學之客觀性和獨立性的必然要求；然而，作為中國傳統思想主體的儒釋道三家，都以天人合一為潛在性、基礎性的邏輯起點、修養途徑和人生境界，以不落於物我對立的二元論為突出特點，其代表性觀點包括萬物皆備於我、乘物遊心、轉物或轉識成智等等。對待「物」的這種客體化和主體化兩種傾向，構成了科學世界與人文世界之間的核心張力之一。方以智號稱「坐集千古之智」，他不但繼承了本土自然科學知識、接受了西方近代自然科學，而且身體力行地進行科學研究實踐；不但出入於儒釋道三教，對三教都有切中時弊的深入思考，而且形成了一套獨特的、自洽的思想哲學體系。那麼，方以智哲學如何在物我關係的張力中處理物的科學和人文雙重身份問題？這是貫穿於本書始終的一個核心關注。

明末思想家常常簡明扼要地拋出自己的哲學第一命題，如王夫之的「天下惟器」，表明人的製作才是根本；黃宗羲的「盈天地間皆心也」，表明其陽明心學立場。在方以智哲學中，這個第一命題是：「盈天地間皆物也。」〔註71〕方以智的物論內涵極其豐富，從具象處說，他所廣泛涉獵的天文、律曆、地輿、禮制、數學、小學、器用、醫藥、動植、音樂等領域的研究對象都是物，至於更為抽象的天地、性命、心、道等思想範疇，也被歸入物的範圍〔註72〕。物的這種具象與抽象的雙重屬性，分別對應著方以智的質測與通幾說，物的範疇也因此成為銜接質測與通幾的關鍵環節，被他稱為「物通虛實」〔註73〕。在方以智哲學中，物的這種核心地位，除了表現在上述物的內涵大大增加之外，

〔註71〕王夫之又往往被視為由張載所開創的氣學的集大成者，黃宗羲也說過「盈天地間皆氣也」的話，然而正如韋政通先生所指出的，「氣一元論」在明末是「思想家們相當一致的看法」，方以智也有「一切物皆氣所為」、「塞天地間皆氣也」的講法。故而泛泛地從「氣」上看，並不足以顯示出他們各自的特點。韋政通：《中國思想史》，第 904 頁。

〔註72〕《物理小識自序》：「盈天地間皆物也，人受其中以生。生寓於身，身寓於世，所見所用，無非事也。事，一物也。聖人製器利用以安其生，因表理以治其心。器，固物也；心，一物也。深而言性命，性命，一物也。通觀天地，天地，一物也。」方以智：《方以智全書》第七冊，《物理小識》，第 96 頁。

〔註73〕「智曰：……《大學》析心而三之，胡為乎物？蓋三者皆虛而物通虛實也。」方孔炤、方以智：《周易時論合編・繫辭上傳》，第 1176 頁。

還表現在調和理學、心學分歧，整合三教關係，對治時代學術問題等現實訴求中。方以智對明末學風的基本判斷是，作為顯學的儒釋二家分別因為陽明後學和禪宗不立文字潮流的影響，出現了荒廢經典、冒舉性命、空談玄理的弊病。以象數易矯正理學、心學易，以程朱之質實矯正陸王之疏闊，以佛道破拘儒之執，以經典救不立文字之弊，是方以智通盤考慮三教關係所開出的藥方，而名物度數則是完善三教理論和實踐的共同需要，既是基礎，又是藥引子。《物理小識》與《東西均》的開篇序言都可以看作是以物為主題的論文，○∴卍、河圖洛書等圖式，交輪幾、統泯隨等模式都可以視為是對物理、物則的高度概括。方以智多次談到父親方孔炤的宰理、物理、至理之說。其中，宰理是宰物之理，至理貫通於物理與宰物之理中，究其實仍然落在物理上〔註74〕。王夫之嚴格守持儒者門戶，他不能贊同方以智融貫三教的立場，卻集中贊許了後者在格物之學方面的成就是「學思兼致之實功」〔註75〕。這些情況都可以表明，關於物的理論和實踐，是方以智哲學的核心所在。

〔註74〕「故老父分宰理、物理、至理以醒之，而宰理即宰其物理，即以宰至理矣。此所以為繼善成性之大業主也。」方孔炤、方以智：《周易時論合編・繫辭上傳》，第1210頁。

「聖人因物明物，而因以理之，因立宰理而即以物理藏之，此至理也⋯⋯故者廢宰理而任自然，早已不知物理矣。有守宰理而不窮物理者，觸途跋窒，固所不免。」方孔炤、方以智：《周易時論合編・序卦傳》，第1332頁。

「考測天地之家，象數、律曆、聲音、醫藥之說，皆質之通者也，皆物理也，專言治教，則宰理也；專言通幾，則所以為物之至理也，皆以通而通其質者也。」方以智：《通雅》，《方以智全書》第四冊，合肥：黃山書社，2019年6月，第75頁。

〔註75〕《搔首問》：「密翁與其公子為質測之學，誠學思兼致之實功。蓋格物者，即物以窮理，惟質測為得之。若邵康節、蔡西山，則立一理以窮物，非格物也。」王夫之：《船山全書》第12冊，第633頁。

第 2 章　方以智的學派觀念

　　學派歸屬問題向來是方以智研究中一個聚訟不已的話題。本來，方以智哲學廣泛吸收儒釋道三家思想的特點已經廣為人知，余英時先生亦早已指出，「密之於思想不喜立門戶」〔註1〕，然而對相關話題的討論仍不絕如縷。僅從近年來的博士論文看，相關主題的就有：周鋒利的《方以智三教會通思想研究》和彭戰果的《無執與圓融——方以智三教會通觀研究》以三教會通為方以智哲學的主要宗旨；劉元青的《方以智心性論思想研究》則認為方以智的「晚年定論」是延續了陽明心性之學的路徑，傾向於將其歸屬於儒學立場，這一傾向在張昭煒注釋的《性故》序言中得到進一步強化；廖璨璨的《方以智易學哲學思想研究》是以易學為方以智融會三教的基礎；邢益海的《方以智莊學研究》又稱方氏之學為「新莊學」，凸顯其道家色彩。〔註2〕為什麼學派歸屬問題是方以智研究中始終繞不開的話題？這一問題背後的實質是對方以智哲學的基本性質和終極關懷的定位；僅僅以三教會通這一表面現象為答案，無法滿足深入的追問。

　　換言之，在方以智學派歸屬問題的背後，學者們關心的其實是這樣的問題：方氏哲學會通三教的基礎理論是什麼？他如何以這個基礎會通三教？他

<hr>

〔註1〕余英時：《方以智晚節考》，第48頁。

〔註2〕周鋒利：《方以智三教會通思想研究》，北京大學博士學位論文，2008年。

　　　彭戰果著：《無執與圓融——方以智三教會通觀研究》，蘭州：民族出版社，2012年11月。

　　　劉元青著：《方以智心性論研究》，北京：北京師範大學出版社，2014年。

　　　邢益海著：《方以智莊學研究》，北京：北京師範大學出版社，2015年。

　　　廖璨璨：《方以智易學哲學思想研究》，北京大學博士學位論文，2015年。

會通三教的目的是什麼？基於此，此前的研究大多是通過分析、理解方以智哲學論述的內涵，來判斷他的學派歸屬，反而相對地遺漏了更為直觀的一些文獻證據，即方以智自己對儒釋道三教以及宋明理學諸家的評判、去取。其實，在方以智現存著述中，分散存有大量對歷史上各學派和思想家的評論。通過匯總、梳理這些評論，我們可以得出關於方氏學派歸屬問題的更為可靠的答案，從而對方氏哲學的基本性質和終極關懷有更為明晰的把握。

2.1 論儒釋道關係

方以智號稱「總持三教，烹炮古今」，他對歷代人物思想有著獨到的評判乃至批評，但對於孔子或由孔子所象徵的聖人人格，他卻從未有絲毫微詞。當然，方以智所論述的孔子實是他自己心目中的理想聖人，這種聖人形象又是以魏晉玄學化的聖人觀為基礎的。玄學化的聖人觀實際融合了先秦儒、道兩家的理想人格，其特點可一言以概之，即無為而無不為。在方以智的表述中，最高的理想人格無疑是「聖人」，而道家式的理想人格則是「至人」，就人格的任一方面而言，聖人都含括而又超越於至人，至人與聖人不同而又並行不悖。相比起玄學化的聖人觀，方以智論聖人的一大特點或發明在於，他強調聖人的「無為」乃是依託於「君子」或「賢人」的有為，換言之，理想人格中的聖人在現實層面，即體現為儒家的君子人格。方以智經常以聖人、至人、君子並舉，宣稱聖人不住於至人，進而實現於君子。他在談論《易》道之用的時候說，「誰少至人之體，而難者聖人之用。用之最大者，以君子宰萬世，安頓鼓舞，使萬世受用，乃學《易》者之受用也。」〔註3〕這句話表面上是以至人為體、聖人為用，但方氏易學強調「《易》無體」，而以開物成務、前民用、善世為用，體在且僅在於用中，因而作為體的「至人」僅僅虛有其位，並不具有聖人那般由體發用的功能。又由於聖人具有無為的屬性，他的發用是通過君子之有為實現的，所以方以智常常將「主宰」一詞拆分，以聖人為「主」，而以君子為「宰」：「天之坐視萬物也，以託聖人為至也；聖人之坐視萬世也，以君子宰其職也……且知聖人為主、君子為宰之天，即不知其主、不知其宰之天乎？」〔註4〕「聖人至至人而不住至人……大概至人明獨，君子明教，聖人明

〔註3〕方以智：《易餘（外一種）·三冒五衍》，第33頁。
〔註4〕方以智：《易餘（外一種）·時義》，第90頁。

貫，恒三而一、恒一而三，全矣。」〔註5〕「以至人為性、聖人為率、君子為
教。」〔註6〕君子的有為實際上又落實在「教」中，也就是以儒家的綱常人倫
之教養民、化俗。對社會秩序、道德人倫、民計民生的世俗關懷貫穿方以智哲
學始終，即便在落髮為僧、炮莊講禪的中晚年時期，也不曾動搖。

　　魏晉玄學中的本末之辯又延伸為跡與所以跡、名教與玄學之辯。在方以
智看來，「六經傳注、諸子舛馳，三藏、五燈，皆跡也」，名教與玄學皆有其
跡，但相較而言，「名教寓神於跡，跡之固非，猶可以循；真宗者，欲忘其神
跡，跡之則毫釐千萬里矣。」〔註7〕這裡的「真宗者」殆指道家式的以真為宗
者，即前文中的「貴玄者」。名教原本具有寓神於跡的特點，故其跡可以依循；
玄學則要求忘跡，其跡不可依循。方以智並尊孔子與老子，但他認為老子之道
只能應對上古之世，孔子之教才適宜於後世日趨複雜的情況：「自五帝以前，
道術止貴知足，而安於相忘。老子之言，先出於《管子・內業》篇，而《藝文
志》又別載《內業》之書，則上古久相傳者，明矣。醇醇悶悶之生民，防其嗜
欲，則知足為急，而易以相忘。其後智巧漸出，聖人不得不繁為節文以勞之，
使樂費其智巧以養生，而他亂不作；此以鑿救鑿之道也。」〔註8〕上古之民單
純質樸，僅以知足、相忘為教就可以防止其過度的欲望貪婪。然而人類的知識
和技術是不斷累積更新的，要應對後世智巧漸出的情況，就需要以儒家的禮
樂節度來規範行為、引導思想、合理調節欲望，從而使人們安居樂業。在對治
欲望這一點上，儒、道本是一致的，「聖人之教，以謹介致其淡然；至人之道，
以曠達致其淡然。其致一也。」〔註9〕雖然典型的儒家學者與道家學者在風格
上有謹介和曠達的區別，但二者都應當淡然於聲名利祿。

　　對於孔、老以下的先秦諸子的評判，方以智繼承了覺浪道盛的莊子託孤
說與三子會宗論，即以莊子為孔門傳人，並以孟子、莊子、屈原並宗。在《東
西均開章》中，方以智以「均」代指各家之「學」，「開闢七萬七千年而有達巷
之大成均，同時有混成均。後有鄒均尊大成，蒙均尊混成，而實以尊大成為天
宗也。」〔註10〕以「大成」稱孔子，顯然是推尊孔子之學的完備，異於諸子之

〔註5〕方以智：《東西均注釋（外一種）・全偏》，第208頁。
〔註6〕方以智：《東西均注釋（外一種）・尼山∴字》，第519頁。
〔註7〕方以智：《東西均注釋（外一種）・神跡》，第221頁。
〔註8〕方以智：《東西均注釋（外一種）・神跡》，第221～222頁。
〔註9〕方以智：《浮山文集・曠達論》，第253頁。
〔註10〕方以智：《東西均注釋（外一種）・東西均開章》，第23頁。

學各得一曲；以「混成」稱老子，取《老子》「有物混成」的狀道之言；「鄒均」孟子固然紹繼孔子，「蒙均」莊子表面上尊崇老子，實際也以孔子之學為宗。對《莊子》的儒學化詮釋自魏晉發其端，入宋以後不斷得到強化：以蘇軾《莊子祠堂記》中的「莊子助孔子」之說啟其緒，而以覺浪道盛「託孤說」為高潮。方以智自幼喜愛《莊子》，他曾借外祖父吳觀我之口，說自己幼時「全以莊子為護身符」〔註11〕，《藥地炮莊》又是方以智獨力完成的唯一一部注釋性作品，莊子之學對方以智思想的深刻影響毋庸置疑。然而，方氏所接受的莊學，乃是儒學化了的莊學，他所理解的莊子，是推尊孔子與六經的莊子，他對《莊子》思想的改造，也是以他所理解的儒家真義為標準。覺浪道盛認為，「《莊》實輔六經而後行」，「夫論《大易》之精微、天人之妙密、性命之中和、位育之自然，孰更有過于莊生者乎？」〔註12〕方以智對《莊子》的推崇，究其實，也是因為「《莊子》者，殆《易》之風而《中庸》之魂乎？」〔註13〕至於會宗孟、莊、屈的理由，覺浪道盛的說法是「怨怒致中和」，以屈子之怨、莊子之怒與孟子之中和相會通；方以智也同樣以儒家的「惟精惟一」為標準：「孟、莊、屈同時，屈礪人之惟危，莊礪天之惟微，孟合天人危微而以一懼礪萬世。」〔註14〕此外，孟、莊同時，孟子闢楊墨而不闢莊子，方以智把這一史實理解為是孟子有意為之：「孟子辨孔子時之楊墨，而不辨同時之莊子，謂孔子留楊墨以相勝，孟子留莊子以相救，不亦可乎？」孟子辯駁的對象亦非楊、墨本人，而在於那些託身楊、墨名下而行無君無父之實的門人。因此，可以說孟子的「闢楊墨」，並非意在攻擊楊、墨本人以使其學說徹底覆滅，故而並不違背孔子「攻乎異端，斯害也已」的訓誡。〔註15〕

先秦諸子以下，方以智還常常談論對魏晉玄學人士的看法。他援引業師王宣的話說：「蒙莊一生高隱，恬淡自得。阮籍媚司馬昭以達生，嵇康傲鍾會以橫死，皆失蒙莊之旨者也。」他不能贊許阮籍、嵇康的放達作風，相較而言，他欣賞的魏晉人士是向秀和戴逵，理由是「向子期頗能平心，不作詭態，肆顛倒之語」〔註16〕，「戴安道達士高隱，而深惡放達，以禮自處，此其和平之士

〔註11〕方以智：《易餘（外一種）‧象環寤記》，第217頁。
〔註12〕方以智：《藥地炮莊校注》，第125頁。
〔註13〕方以智：《藥地炮莊校注》，第185頁。
〔註14〕方以智：《藥地炮莊校注》，第127頁。
〔註15〕方以智：《東西均注釋（外一種）‧容遁》，第333頁。
〔註16〕方以智：《浮山文集‧前編‧清談論》，第167頁。

劑乎」，「戴逵深于老莊，而彈琴履禮，此真彌縫柱、漆于杏壇者乎」〔註17〕。由此可見，方以智始終以是否遵循儒家禮義作為臧否玄學人物的標準。

　　方以智曾引用前輩禪僧憨山德清的《觀老莊影響論》，認為在戰國亂世之中，孟子與莊子都有「超世之量、濟世之功」，而莊子又因為「具無礙辯，遊戲廣大」，而可稱為「破執之前矛」，即佛教破執精神在中國的先行者。因此，「老莊之大言，非佛法不足以證嚮之。」〔註18〕明末佛教以禪宗為主，憨山德清、覺浪道盛等禪宗領袖積極倡導宗、教合一，將義學融入參禪實踐，在叢林中興起學習佛教典籍的風氣，以此扭轉禪宗空疏不學之弊。由此，憨山所主張的佛學，不光有老莊式的「無礙」精神，更有「世間之學」的具體內容，例如，「《華嚴》五地，善能通達世間之學，陰陽、醫、數，辭賦該練，故能涉俗利生。等覺大士，現一切身，而應度之。佛法、世諦，由人不悟妙道而自畫內外也。」〔註19〕方以智所理解與倡導的佛法，也具有這樣不離於世俗學問的特徵。有人問他，如果說佛法不離於世間，那麼「佛於人倫政事何略耶？」方以智即以內明、外明之學作答，認為佛教內明之學以身心性命之理為主，但外明之學廣涉治世、資生、象數、聲明之事，修行佛法必須內外互濟，才能達到大乘菩薩善利眾生的境地，若只偏於自我解脫的內明之學，遺棄眾生，便落入二乘。〔註20〕經過這樣的詮釋，方以智的確認可三教精神原本相通。《東西均》的所謂「東西」，便有融貫東、西聖人之意：「佛生西，孔生東，老生東而遊西，言三姓為一人。」〔註21〕

　　以智曾祖父方學漸嚴守儒家門庭，曾立下「子孫不得事苾蒭」的訓誡，但另一方面，方氏家訓中又有「善世、盡心、知命」六字，並囑咐「貴得其神，勿泥其跡」。按照方以智的思路，從「善世、盡心、知命」的角度來看，儒釋道立教的宗旨原本相通，在這一點上，他受到外祖父吳觀我、父親方大鎮的影響更深。在《象環寱記》中，他借緇老人的口說：「吾總為三教聖人聲冤久矣。老子知人貪生，故以養生誘人，使之輕名利富貴耳，而今符籙煉丹者祖之，老子豈不冤？孔子知人好名，故以名引人，而今好色酗酒愛官者祖之，孔子豈不冤？佛知人畏死，故以死懼人，而今逋逃粥飯滑稽鬥捷者祖之，佛豈不

〔註17〕方以智：《藥地炮莊校注》，第 51 頁。
〔註18〕方以智：《藥地炮莊校注》，第 115 頁。
〔註19〕方以智：《藥地炮莊校注》，第 113 頁。
〔註20〕方以智：《藥地炮莊校注》，第 135 頁。
〔註21〕方以智：《易餘（外一種）‧象環寱記》，第 222 頁。

冤？」〔註22〕緇老人的原型即提倡三教合一的吳觀我。從立教宗旨來看，老、孔、佛都是為了遏制人慾，又分別依循世人貪生、慕名、懼死的心理予以誘導，使人們出離生死、揚善抑惡。然而後世修習三教的人卻遺忘了聖人立教宗旨，所以才造成混亂、墮落的局面。方以智認為，佛教對於善惡之辨或天理、人慾之別同樣有嚴格的規定，「如曰真如、涅槃、菩提即是天理；曰生死、命根、妄想、業識即是人欲」。一些人借著佛教的幌子，以證空的說辭泯除一切世俗善惡分別，肆意造惡為害，其實並不符合佛學真義〔註23〕。

雖然儒釋道聖人在立教之初宗旨相通，本意都是善利眾生，但另一方面，方以智又常常流露出儒家義理優勝於其他二家的意思。例如他說，「佛好言統，老好言泯，大成攝泯於隨、貫而統自覆之」〔註24〕，從教化的手段或言說的方式上來看，儒家具有更為圓融的優勢。總地來說，方以智肯定儒釋道在立教之初的善世目的，認為三教遏制人慾、懲惡揚善的德性教化作用原本相通，但原始儒家的教化手段更具有圓融的優勢，在誘導中人以下的大多數人立志向善的實際功能上也優越於其餘二家。三教立言宗旨不異，在方法上可以互相借鑒、取長補短，而最終以儒家為歸依，便是方以智統會三教的基本立場。

2.2　論理學各家得失

張永堂先生在談到方氏家學的理學淵源時，認為自方學漸以下，方氏理學有三個特點：主性善，主崇實，藏陸於朱〔註25〕。明末心學流弊漸長，崇實之風與朱學復興一時並起。如果稍加分疏，方以智雖然尊崇朱子，但他並不自許為朱子門人，在一些具體觀點上他也會表達對朱子的反對；雖然總體上批評王門左派「四無」之說，但也採納他們的一些合理觀點，要之，以智品評理學諸家實有不尚門派，亦不因人廢言的特點。

在《東西均·所以》一篇，方以智集中表達了對於宋明理學各系的態度。總體上，他認為氣學、理學、心學，乃至易學與老莊之學，雖然命名和講法不

〔註22〕方以智：《易餘（外一種）·象環寤記》，第 219 頁。
〔註23〕方以智：《東西均注釋（外一種）·容遁》，第 340 頁。
〔註24〕方以智：《東西均注釋（外一種）·全偏》，第 209 頁。
〔註25〕王壽南主編：《中國歷代思想家·清》，北京：九州出版社，2011 年 3 月，第 89～92 頁。

同，但各家之所以氣、所以理、所以心的根源則是相通的。他明確表示，「氣也、理也、太極也、自然也、心宗也，一也，皆不得已而立之名字也。」又，「所以為心者，即所以為理、所以為氣、所以太極、所以自然者也。」本來，從天地之間的實際情形來說，「天地間凡有形者皆壞，惟氣不壞」，然而「言氣而氣有清濁，恐人執之，不如言虛；虛無所指，不如言理；理求其切於人，則何如直言心宗乎？近而呼之，逼而醒之，便矣。」由於氣有清濁之分，若以氣為本體，則恐偏執於清、濁的二重分判，所以張載從氣中提煉出一本之「太虛」；然而太虛之「虛」對常人來說難以把握，所以二程與朱子以相對篤實的「理」來說明本體；既然以「理」來說明本體是為了易於人們把握，則陸王認為不如以「心」言之，更切近於人們自我省察。方以智認為，氣、理、心只是對同一個道理的不同表述而已，三者落實在工夫實踐上也是一致的：「明心者，明此無善惡、不生滅之心，適用其善統惡之心；養氣者，養此無清濁、不生滅之氣，適用其清統濁之氣；窮理者，窮此無是非、不生滅之理，適用其是統非之理。」〔註26〕對於心學、氣學、理學各家修養工夫的這種把握，實際上植根於方以智自己的「一在二中」理論，這一理論的內容將留待後文具體展開。總之，方以智並不直接貶抑心學或推崇氣學、專主朱子，他對宋明理學各系學說的價值是等而視之的。

當方以智單說「理學」時，他是將宋明新儒學各派系視為一個整體。他認為，在興起之初，「理學怒詞章、訓故之汩沒，是也」，唐代和北宋理學家批評漢儒恪守詞章、訓詁而汩沒先秦儒家義理，這是正確的見解；然而在接下來的發展中，理學家「慕禪宗之玄，務偏上以競高，遂峻誦讀為玩物之律」，即仰慕禪宗不執著於固定標準的玄談，競相追逐越來越玄遠高妙的本體，以至於漠視儒家典籍。所謂「遂峻誦讀為玩物之律」，當指程顥斥責謝良佐的記誦之功是「玩物喪志」而言。方以智曾在多處批評當時一些理學人士以讀書為玩物，以至束書不觀的習氣。理學照著這個方向發展的結果是，「禮樂精義，芒不能舉；天人象數，束手無聞。俊髦遠走，惟收樵販。」禮樂制度和象數易學在宋明理學中逐漸邊緣化，博學強識的讀書人不能發揮所長，以至王門後學收入許多目不識丁的漁樵走販。因此，方以智認為理學發展中最大的問題不在於派系之爭，而在於忽視了典籍的學習，「理學之汩沒於語錄也，猶之詞章訓故也」；同樣的問題也存在於明末禪宗，「禪宗笑理學，而禪宗之汩沒於機鋒也，

─────────────────

〔註26〕方以智：《東西均注釋（外一種）・所以》，第312～313頁。

猶之詞章、訓故也。」〔註27〕他援引袁宏道的話說，「禪者見諸儒汩沒世情之中，以為不礙，而禪遂為撥因果之禪。儒者借禪家一切圓融之見，以為發前賢所未發，而儒遂為無忌憚之儒。」〔註28〕

禪宗與理學的彼此影響發展到明末已經流弊四起，非但未能互相取長補短，反而成為許多趨易避難之人的藉口。對此，方以智為二家開出的藥方都是讀書、志學，即便出家以後，他也依舊在僧侶之中倡導這一主張。在為《青原山志》所作要旨中，方以智感慨，「青原比於白鹿、石鼓、嶽麓，歆與盛哉！」他期望重建青原書院的講學盛況，「藏理學於經學，依胡安定之分科育士，以備世用」〔註29〕，甚至對僧侶的教育也要採用六經，作為他們善利眾生的知識儲備。當時有些人把世間一切常識、常習當成「習氣」予以摒棄、化除，方以智在教化佛門弟子時，為此分辨道：「若以差別言之，有必不免之習氣，饑必食、寒必衣、倦必眠之類，節之而已。有必當化之習氣，驕妒、鄙倍之類是也。當仁不讓，見義不避，堅志不移，好學不厭，是亦謂之習氣乎？」〔註30〕方以智主張寬嚴相濟，並不鼓勵身體上的苦修，但他對心性修養的要求極為嚴格，甚至對佛門弟子也以儒家的仁、義、志、學等為修行標準。

在《東西均開章》中，緊接著前文引述的「蒙均」莊子之學以下，方以智論述道：「千年而後有乾毒之空均來，又千年而有壁雪之別均來。至宋而有濂、洛、關、閩之獨均。獨均與別均，號為專門性命均。」其中，「空均」代指佛教，「別均」即自稱教外別傳的禪宗，而以濂、洛、關、閩稱「獨」，又與禪宗並列，似乎暗示方以智接受了獨承孔孟心傳的理學道統論。在方以智看來，理學與禪宗一樣，都以「專門性命」為主要內容。孔子作為「大成均」，其學無所不備，迄乎宋以下，儒家學術則各分專門：「後分專門性命、專門事業、專門象數、專門考辨、專門文章，皆小均，而非全均也。」〔註31〕面對這種學術分化、互相傾軋的情況，方以智的態度是「必知其全，偏乃合權」。在學術發展過程中，學者從事的具體專業越來越精細化是自然現象，然而學者必須明確意識到學術本來的整全面貌，如此才能夠在發展一門具體專業時，符合權變不離經常的要求，進而符合學術的整全性要求。基於這樣的立場，方

〔註27〕方以智：《東西均注釋（外一種）·道藝》，第253頁。
〔註28〕方以智：《藥地炮莊校注》，第164頁。
〔註29〕方以智：《浮山文集·輯佚·青原志略發凡》，第513頁。
〔註30〕方以智編：《青原志略·室僚正訓》，第135頁。
〔註31〕方以智：《東西均注釋（外一種）·東西均開章》，第23頁。

以智能夠接納並肯定理學各個派系的思想貢獻,他對理學人物的品評也不以門派為限。

在宋明思想家中,方氏家傳易學最為推崇邵雍,方以智也特別拈出邵雍予以肯認,稱之為「安樂先天均」。但按照《東西均開章》中的次序安排,方以智最為推崇的仍然是「大成明備」的孔子,他並沒有將邵雍的地位拔高到超出濂洛關閩以上,更沒有以邵雍之學直承孔孟。在氣學、理學、心學之外,方以智亦肯定事功、考據與文章之學,「道德、事功、學問、文章,本一也」,「道德寓於文章,學問事功,皆不容以多偽」〔註32〕。他認為,王安石改革以富強為目的,以管子、商鞅之法術,救宋之弱、破諸儒之庸泥,其尋求富強的動機本身不應該被詆毀。然而,「欲收青苗錢,而縱民私鑄,豈能及桑、孔之善計乎!」王安石改革的問題在於他所採取的措施不符合經濟規律,「不達物理,不知因物」〔註33〕,故而未能達到預期效果。《周易時論合編》與《藥地炮莊》常常引用蘇軾的觀點,例如,蘇軾對待《莊子》的態度有正負兩面,一邊盛讚「今見莊子,得吾心矣」,一邊又在《擬對御策》中直陳莊學之弊,這種「一讚一棒」的辯證分析態度深得方以智讚賞〔註34〕。與此同時,對於東坡「偏愛玄蕩」的傾向,方以智也常常直指其流弊,並不諱言。

晚明時期,學者在朱子學與陽明學之間爭議極大。對於朱熹和陽明二人的學問,方以智在大端上都予以同情之理解。有人問他,朱子與新建的格物之說孰是孰非,方以智回答說:「朱子以窮理盡至為存存之門,未致乃蹉磨也,已致乃飲食也。新建之致良知,是上冒也;其言格去物慾,則偏說也。」〔註35〕關於方以智物論中的格物部分,後文將專章論述;僅從此處來看,他既同意朱熹由格物窮理而成性的路徑,也認為陽明的致良知、格去物慾之說作為一種概括性原則是可以成立的。在為業師王宣所作傳記中,方以智稱其「不局局紫陽之模範,而恒以紫陽之好學勸人」〔註36〕。事實上,方以智本人所接受的朱子學中,最為核心的也是這種考究事物、求取知識的「好學」精神,並在此基礎上,系統性地闡發了「學」的哲學內涵。在當時,有人駁斥陽明所謂「無善無惡心之體,有善有惡意之動」,但方以智認為這話本身並沒有問題。他說「無

〔註32〕方以智:《東西均注釋(外一種)·神跡》,第226頁。
〔註33〕方以智:《藥地炮莊校注》,第58頁。
〔註34〕方以智:《藥地炮莊校注》,第59頁。
〔註35〕方孔炤、方以智:《周易時論合編·兩間質約》,第356頁。
〔註36〕方以智:《浮山文集·後編·虛舟先生傳》,第353頁。

善惡可言者,善至矣」〔註37〕,並進一步以自己「至善統善惡」的理論,為陽明學做辯護。

　　陽明後學之中,方以智似乎並不否定王畿等人講「四無」的本意,但「近見人習龍溪、海門之說者,不知其苦心,而竟謂有頓無漸,乃大誤也。」〔註38〕後人學習王畿「四無」說,以為只有頓悟才能成聖人,這並非王畿本意。除此之外,如果僅僅講個「四無」,斷絕其他治理天下國家所需要的實際學問,也是行不通的,「四無之不可專標以教世,斷斷然矣」〔註39〕。在劉宗周與王畿之間,方以智認為二者主張的對立只是表面上的,「近世劉念臺先生以誠意為主,而宗龍溪者定言無意;咬牙爭辯,未免執指忘月。」〔註40〕「誠意」與「無意」看似水火不容,所指之「月」卻原本相通。

　　通常而言,方以智贊許學術主張的多樣性,因為這既是人類思維求新求變的自然結果,也有益於學者之間互相砥礪。不僅實踐如此,他在《容遁》、《全偏》、《神跡》等文章中,還從理論上論證了容納學術多樣性的必要性。對於那些在世人評價之中爭議性較大的人物,方以智也往往能夠就事論事地看待。在宋以下的學者之中,方以智似乎唯有對李贄尤為不滿。李贄有這樣一段對儒者的議論,「成大功者,必不顧後患,故功無不成,商君、吳起是也。顧後患者,必不肯成天下之大功,莊周之徒是也。而儒者皆欲之,又有居朝廷則憂其民,處江湖則憂其君之論,非兩頭馬耶?」方以智認為這段議論表明,李贄根本不能理解儒者憂君憂民,以天下為己任的擔當精神,他罕見地激烈批評道,「溫陵官不稱意,憤激庸俗,偏宕潑嫚有之;而後此效嚬,群托隱怪,以罵名而捷轟矣。」〔註41〕即便如此,對於李贄的一些具體主張,他也能夠平易對待。例如,他認為「童心」說基本符合於「直」的標準,只不過在講法上過於現成。

　　宋以下學者的主張之中,另一尤為方以智所批評的,是疑經、刪經的風氣。他說:「永叔疑《文言》,象山、慈湖疑《繫傳》,至今郝京山、何元子信文王八卦而疑伏羲先天圖,豈不可笑?」〔註42〕方以智認為,古代典籍的重

〔註37〕方以智:《東西均注釋(外一種)·公符》,第149頁。
〔註38〕方以智:《東西均注釋(外一種)·一貫問答注釋》,第487頁。
〔註39〕方以智:《易餘(外一種)·約藥》,第177頁。
〔註40〕方以智:《東西均注釋(外一種)·問忠信》,第459頁。
〔註41〕方以智:《藥地炮莊校注》,第83頁。
〔註42〕方以智:《通雅》,《方以智全書》第四冊,第5頁。

要性並不僅僅在於記錄、傳遞聖人的言意，亦有保存歷史、辨當名物、考察語言流變等等作用。因此，即便是秦漢以後所造所附的文字，亦有其自身價值，不應斷然刪除。此外，部分學者疑經的理由本身也經不起推敲。例如，楊簡聲稱，「《大學》正心誠意、《孟子》存心養性、《易翼》窮理盡性，皆非聖人之言」，不過是憑藉在義理上的一己之見來剪裁經典文本，並沒有確鑿的考證依據〔註43〕。他認為，陸象山所謂「六經注我」，本來是「甚言當求諸己耳，正公逼人篤信耳」，慈湖等人卻藉此懷疑六經，其流弊至於「師心無忌憚者群起」，絕非象山本意〔註44〕。

　　總體而言，不管評論儒釋道三教，還是評議宋明理學各家得失，方以智都秉持著比較寬容的態度。對於當時的社會分工和學者著書立說，也就是社會物質和思想層面表現出來的日益精細化、多樣化，他能夠比較切合實際地看待，肯定其合理性。相比起《莊子》「道術將為天下裂」的悲觀，方以智對待社會和知識發展、分化的態度要積極得多，他說，「全者不可得矣。百家眾技，天地皆容而養之，未嘗不可以一偏一曲自遂也」〔註45〕，「天容物之芸芸也，猶道容百家眾技之效能也。雖不全之偏，何所不可？」〔註46〕當我們回過頭來，再看看方以智對自己的學術期待，所謂「總持三教，烹炮古今」，與其說是一種自信的狂言，毋寧說體現了他以更加困難的「全」的標準來進行自我要求。

〔註43〕方以智：《東西均注釋（外一種）·反因》，第 139～140 頁。
〔註44〕方以智：《東西均注釋（外一種）·道藝》，第 263～264 頁。
〔註45〕方以智：《東西均注釋（外一種）·容遁》，第 325 頁。
〔註46〕方以智：《東西均注釋（外一種）·全偏》，第 205 頁。

第 3 章　方以智所論「物」的內涵

　　本書所謂「物論」，廣義上泛指一切與「物」這一概念相關的言論；以「物論」指稱與「物」相關的言論，其用法即如學界慣常以「心性論」指稱與「心性」相關的言論。方以智在《〈齊物論〉總炮》中說：「謂以無我齊物乎？無物齊我乎？格物、轉物乎？皆物論也。」〔註1〕方氏本人既然有此「物論」的用法，那麼用「物論」指稱方氏本人及其所引用的有關物的言論，應該是恰當的。

3.1 諸家物論通說

　　與其融攝三教、折衷理學各派的整體思想風格相適應地，方以智所談論的「物」，也潛在地具有豐富的內涵和層次。方氏語言風格洗練，又具有隨掃隨立的特點，他在行文中往往直接使用他所提煉出的哲學史上的物論範疇，而不再對這些範疇的出處作說明和分析，若不留心，讀者很容易將他著作中散見於各處的物論輕輕帶過。本節從方以智慣用的各家物論之中，摘取部分具有代表性的觀點，結合方氏本人的使用習慣，解釋、說明其內涵。這樣做的目的一則在於將諸家物論與方以智本人的物論稍作區分，便於後續行文；二則從側面反映方氏物論的豐富內涵，以示其集大成的治學格局。

3.1.1「不過乎物」

　　在先秦儒家典籍中，方以智最常引用的物論包括孔子「不過乎物」、《易傳》「開物成務」與孟子「萬物皆備於我」。「不過乎物」一語見於《禮記·哀

〔註1〕方以智：《藥地炮莊校注》，第213頁。

公問》，原文為：

> 公曰：「敢問何謂成身？」孔子對曰：「不過乎物。」公曰：「敢
> 問君子何貴乎天道也？」孔子對曰：「貴其不已。如日月東西相從而
> 不已也，是天道也。不閉其久，是天道也。無為而物成，是天道也。
> 已成而明，是天道也。」公曰：「寡人惷愚、冥煩，子志之心也。」
> 孔子蹴然闢席而對曰：「仁人不過乎物，孝子不過乎物。是故仁人之
> 事親也如事天，事天如事親。是故孝子成身。」〔註2〕

其中首出的「不過乎物」，據朱熹考訂，當從《孔子家語》「夫其行已也不過乎
物，謂之成身。不過乎物，是天道也」，方與下文哀公問「天道」相連貫。在
這段文本中，孔子以「不過乎物」為「成身」、為「天道」，明確是就儒家仁
人孝子的主體行為準則而言。鄭玄注曰：「物，猶事也。」郝懿行進一步明確
道：「有物必有則。小而言動不過也；大而綱常，夫婦別，夫子親，君臣嚴，
是即不過乎物也。」〔註3〕以「事」訓「物」在儒家典籍中是常見現象，在這
裡，郝懿行以「言動」和「綱常」進一步規定「事」的內容，分別就個體與群
體的道德人倫規範而言。從原文來看，「不過乎物」的內容也可以理解為即下
文所說的成身、事親、事天。孫希旦援引真德秀的解釋，認為成身、事親、事
天的一貫性同樣構成了後來張載作《西銘》的邏輯線索。〔註4〕據此可以推
測，方以智之所以反覆提及孔子「不過乎物」，從其宋明理學的思想淵源上來
說，可能是受到張載的影響；而且，方氏父子也的確是基於儒家倫理規定來引
用這句話的。

《繫辭》有「六爻相雜，唯其時物也」一句，方孔炤在《時論》中說：「孔
子曰『不過乎物』，必以雜時而物之。」〔註5〕「物」字本可以兼物與事，但從
「時」的角度講「物」，多指「事」而言；這是因為，物與事雖然都具有時間
與空間兩個維度上的延展性，但相對來說，物側重於空間性，而事側重於時間
性，因而又有物側重於存在義，事側重於活動義的區分。方以智在論及儒家

〔註2〕陳澔：《禮記集說》，第393～394頁。
〔註3〕郝懿行：《郝懿行集》第二冊《鄭氏禮記箋》，齊魯書社，2010年4月，第1513
～1514頁。
〔註4〕「真氏德秀曰：仁人之事親如事天，事天如事親，此與《孝經》明察之指略同。
先儒張氏作《西銘》，即事親以明事天之道。……愚謂仁人之事親如事天，事
天如事親，此二語實張子《西銘》之所自出。」孫希旦：《禮記集解》，中華書
局，1989年2月，第1265～1266頁。
〔註5〕方孔炤、方以智：《周易時論合編·繫辭下傳》，第1269頁。

時，亦曾引用這句話：「哀公問成身，孔子曰『不過乎物』……正用在南，火薪其物，禮所以物其仁義智信而形其無形也。」〔註6〕「聖人表此心之條理，用中於民，物物不過乎物，斯中節而兩忘矣。」〔註7〕按照五行配五方理論，南方屬火，而在方以智的哲學隱喻中，「火」又因其自身無體、經由他物之體而成用，故象徵著虛體實用、即用即體的特性。火依賴於薪而得以延續，正如抽象的仁義智信等心之德目必須寓於實有其事的「禮」之中，通過倫理行為的適宜節度來表現自身。能夠以禮恰如其分地表現仁義禮智，使得禮樂的形式與道德的內容合宜，那麼身處其中的人便不會有過與不及的牴牾感受，從而將形式與內容「兩忘」，避免對自然人性的戕害。「禮所以物其仁義智信」，也就是將無形的德目制度化，這裡作為動詞的「物」，即將抽象概念落實到行為規範之中。

3.1.2「開物成務」

　　《易傳》中有許多關於物的表述，方以智習慣引用的包括開物成務、象其物宜、百物不廢等，其中「開物成務」一語尤為具有概括性。《繫辭上傳》在羅列「天一，地二」以至「天九，地十」之後，引述了孔子的一句話：「夫《易》，何為而作也？夫《易》，開物成務，冒天下之道，如斯而已矣。」象數派易學家通常認為這裡的「開物成務」是解釋前一句取法天地之數的原因，陸績更明確地把「開物」與卦爻之數聯繫起來，認為庖犧重六十四卦之後，爻策有萬一千五百二十之變，「以當萬物之數」，此即開物之意。朱熹在《周易本義》中也認為這一段文字是以筮法為主題，「開物成務，謂使人卜筮以知吉凶而成事業」；然而在語錄中，他又說這裡的「物是人物，務是事物」，開物成務意味著聖人將天下道理和知識融入龜卜卦爻，引導人民開化，從而成就事業〔註8〕。義理易學家，如王弼與孔穎達，則通常將這裡的開物成務與上下文中的「通天下之志、定天下之業」或「通萬物之志、成天下之務」關聯起來理解，並進一步將其解讀為「聖人所以極深而研幾」的表現〔註9〕。

　　方氏家傳易學固然重視圖書象數，但始終視圖書與象數為義理的載體。方氏父子在使用「開物成務」一語時，借助其中所蘊含的象數原理，突出規則

〔註6〕方以智：《東西均注釋（外一種）・全偏》，第 213 頁。
〔註7〕方以智：《藥地炮莊校注》，第 362 頁。
〔註8〕李光地：《御纂周易折衷》，成都：巴蜀書社，2013 年 10 月，第 517～518 頁。
〔註9〕朱熹：《周易正義・繫辭上傳》，第 239 頁。

性、條理性的含義，更重視它所體現出的務實精神。由於方氏易學與物理、數學關聯密切，他們所理解的「數」較少沿襲卜筮傳統中的神秘主義傾向，而更多地具有條理性、秩序性、節度性的意味：一方面，「數」的形成是人對具體的天地萬物之規律的歸納；另一方面，「數」的推衍在人的理性中又代表了分析性的思維方式。《時論》有以象數學解釋樂器發音原理的內容，方孔炤在論數與聲的關係時說：「惟聲難定，而聲之所協，數即符之。故因數以考其聲焉，而所中之數度，即為開物成務之矩，即寓制器尚象之宜，非徒為諸管設也。」〔註10〕對樂器發聲規律的歸納可以總結為「數」，「數」所內含的規律性又可以進一步運用到樂器以外的其他名物制度上。方以智也說，「聖人體道而遯於開物成務之用中，深幾變化，非數何徵乎？」〔註11〕聖人之道即寓於開物成務之用中，極深研幾即徵驗於數中。他還認為，開物成務正是其父作《時論》的現實關懷所在：「以故天地生成之實法差別，開物成務，深幾神明，少有抉微示後者，此老父所以晚年摹據不休也。」〔註12〕從虛與實的角度講，如果說義理屬虛而象數屬實，那麼當時的士人風氣傾向於避實就虛。方氏父子認為，儒者鮮少能通象數之學，是造成儒者不能處理現實事務、規範社會秩序的原因。他們相信，聖人所領會與傳授的道體，在且僅存在於現實的名物制度之用中。

3.1.3「萬物皆備於我」

宋以後，《孟子》成為顯學，其中「萬物皆備於我」一句也是理學的常用話語，自陽明晚年創發「萬物一體」之說後，類似的話語更流行於陽明後學之中。然而在《孟子》原文裏，「萬物皆備於我」的論斷是為了引出下文的反身而誠與推己及人的恕道，因此「萬物」的範圍實則必須限於道德倫理領域，也就是倫常之理，或者他人之所欲、所不欲。朱熹把這句話中的「萬物」解釋作「大則君臣父子，小則事物細微」，把「皆備於我」解釋為「其當然之理，無一不具於性分之內」〔註13〕，有將這裡的「萬物」範圍擴大化之嫌：「事物細微」一語包含了自然物，「性分」一詞又暗含生來具有的屬性之意，而自然物的具體物理屬性，即便在陰陽五行等中國古代自然物理解釋體系中，也不可

〔註10〕方孔炤、方以智：《周易時論合編・黃鐘空圍九分圖說》，第299頁。
〔註11〕方孔炤、方以智：《周易時論合編・極數概》，第360頁。
〔註12〕方孔炤、方以智：《周易時論合編・繫辭下傳》，第1228頁。
〔註13〕朱熹：《四書章句集注・孟子集注・盡心章句上》，第350頁。

能內在於人的性分之中，更不可能經由反身自察的德性修養途徑來獲得。此外，將這裡的萬物理解為自然物，還可以從我與萬物皆天地所生，因而我與萬物之性相通的角度來解釋「萬物皆備於我」，然而這樣做的困難在於，若這樣理解的話，這句話同樣可以改寫成「萬我皆備於物」。換句話說，「萬物皆備於我」只有在道德倫理領域內挺立行為主體時才具有其獨特價值，一旦越入自然物理領域，這句話的有效性就要大打折扣。

正是由於這句話運用在人倫與物理領域具有截然不同的效力，方氏父子在引用這句話時，也往往表現出正反兩面態度。他們有時強烈批評時人對這句話的濫用，例如，方孔炤說：「邵子觀物，朱子格物，始是陸子注我。……不知細格，善用物宜，則蠻橫一萬物皆備之我，忌諱強恕精義，正是情霧毒煙，安知如何注我耶？」〔註 14〕方以智說：「日日曰『萬物皆備於我矣』，曾知萬我皆備於物乎？我亦物也，天地亦物也，不過一彼一此而已，可曰彼備於此，亦可曰此備於彼。」〔註 15〕他們的批評是針對著當時儒者藉口「萬物皆備於我」、「六經注我」，因而束書不讀、事業盡廢，只講反觀自省、自我膨脹的風氣而發。方以智曾引用晚明時期另一位主張三教合一的學者管志道的話說：「所痛疾力挽者，則在狂、偽二端。今日當拒者不在楊墨，而在偽儒之亂真儒；當闢者不在佛老，而在狂儒之濫狂禪。」〔註 16〕這種「狂」與「偽」的風氣，表現為當時士人荒廢經典、不務實事的現象。對此，方孔炤強調孟子此話的原義是要人「強恕而行」，時人卻恰恰以此為藉口，放棄了需要勉力行之的恕道；方以智則從天地生成的角度反說此話，讓人們不如通過認識萬物的屬性來認識自我。

與此同時，方以智也充分肯定孟子這句話在道德修養領域內的正確性和重要性，他說，「聖人之所需同於人，何所慕之異於人乎？無他也，知身非我之身，而親之身也；身非獨親之身，而天下之身也。……要必知萬物皆備之我，乃能喪其需物慕遷之我；必資師友教學之慕，如以礪其知天明倫之慕。」〔註 17〕這是通過結合前述先秦儒家和《西銘》等宋明理學經典所內含的成身、事親、事天的思路，進一步規範、限制「萬物皆備於我」這句話的運用範圍，從而避免由主體越界所導致的狂、偽之流弊。

〔註 14〕方孔炤、方以智：《周易時論合編・說卦傳》，第 1326～1327 頁。
〔註 15〕方以智：《東西均注釋（外一種）・象數》，第 290 頁。
〔註 16〕方以智：《藥地炮莊校注》，第 159 頁。
〔註 17〕方以智：《易餘（外一種）・孝覺》，第 145 頁。

3.1.4「極物」

《莊子》中最著名的關於物的論述當屬「齊物」,然而方以智解《莊》,最為重視的物論似乎並非齊物,而是「極物」。其子方中通說:「極物而止,此莊所以齊物也。」〔註18〕其師王宣則謂:「漆園寓言游心,歸于極物而止。」〔註19〕這兩個說法基本與方以智本人的思想相符,即把「極物」視為「齊物」的原因,並作為「遊心」的實踐途徑,由此可見此一範疇的重要性。「極物」語出《莊子·則陽》篇,文中假設了「少知」與「大公調」二人的問答:

> 少知曰:「四方之內,六合之裏,萬物之所生惡起?」大公調曰:「陰陽相照,相蓋相治;四時相代,相生相殺。欲惡去就,於是橋起;雌雄片合,於是庸有。安危相易,禍福相生,緩急相摩,聚散以成。此名實之可紀,精之可志也。隨序之相理,橋運之相使;窮則反,終則始。此物之所有,言之所盡。知之所至,極物而已。睹道之人,不隨其所廢,不原其所起,此議之所止。」〔註20〕

少知的提問是關於萬物的宇宙起源,因此這裡所討論的「物」不再側重於儒家人倫意義上的「事」,而是天地間一切存在物。大公調的回答卻從陰陽、四時開始,延伸到人、事、物的發展規律,頗有答非所問的意思──陰陽相生、四時相代以至雌雄、禍福、聚散、窮反等等都是對萬物生成之後的天道與人道運行規律的描述,而不是對宇宙起源問題的正面回應。稍後,大公調拋出「知之所至,及物而已」一句,實則是為人的理性認知範圍劃定邊界:人的理性認知只能以「物」為對象;換言之,萬物之所生起的源頭必定不是物,因而超出了認知的極限,也超出了語言的極限。

與這種「極物」思想相關的表述,在《莊子》文本中還有多處,其中最廣為人知的是《齊物論》中的「六合之外,聖人存而不論;六合之內,聖人論而不議。」然而《齊物論》的這句話本身只涉及語言的問題,尚未否定宇宙起源可認知而不可言說的可能性;《則陽》篇的「極物」說,則更為明確地限定了,宇宙起源不僅不可言說,且不可認知。另外,《知北遊》篇的「物出不得先物」一段,也可以視為對「極物」論題的補充說明。在《知北遊》中,有一段假設冉求與孔子之間的問答。冉求的提問是「未有天地可知耶?」同

〔註18〕方以智:《藥地炮莊校注》,第344頁。
〔註19〕方以智:《通雅》,《方以智全書》第四冊,第188頁。
〔註20〕方以智:《藥地炮莊校注》,第835～836頁。

樣是關於天地生成之前的起源問題。孔子的最終回答是「有先天地生者，物耶？物物者非物，物出不得先物也，猶其有物也。猶其有物也，無已。」關於存在於萬物之先的那個「物」，即「物出不得先物」中的後一「物」字，陳鼓應先生認為即是「道」，其用法同於《老子》「有物混成，先天地生」一句中的以「物」指「道」。然而按照原文文本，如果要選出對「道」的指稱，應該在於「物物者非物」一句。由此形成了此處道與物之間在指稱上的弔詭：物與非物均是指道而言。如果說以「物」指「道」是語言在進行對象化描述時的不得已為之，那麼「非物」的否定性指稱則提示讀者注意「道」本身的非對象化、非實體化特徵。「猶其有物」之「猶」，通常釋為通假「由」字，但這一句的意思仍不十分明確。陳鼓應援引林希逸的說法稱，「既曰有物，則物之相物無窮已矣」。〔註21〕按照這個解釋，萬物之無窮生滅源自於以「物」指「道」的對象化描述，那麼這段話就是從語言和認識的角度來談萬物起源問題——道本非物，是人在經由認識和語言把握道的過程中，不斷引起了物的生成。其中潛藏的意思是，語言和認識的極限仍然是物，而不是非物的道本身。

　　《莊子》文本中的這種「物出不得先物」、「物物者非物」的思想在郭象的注本中得到了進一步強調，並演化成為後者「崇有」說的核心思路。郭象對《知北遊》這一段文本的注釋，集中論述了他的獨化自然說：「誰得先物者乎哉？吾以陰陽為先物，而陰陽者即所謂物耳，誰又先陰陽者乎？吾以自然為先之，而自然即物之自爾耳；吾以至道為先之矣，而至道者乃至無也，既以無矣，又奚為先？然則先物者誰乎哉？而猶有物，無已。明物之自然，非有使然也。」〔註22〕關於天地生成的起源，人類的理性認知所能達到的極限就是陰陽。人們常常假定，自然或至道在陰陽之先。然而，所謂「自然」不過是指萬物自己如此，而非某一生成之起源「使」其如此。總之，天地萬物之存在並沒有一個時間序列上的開端，沒有造物者使得萬物存在，萬物無始無終地自己如此、自我生化。

　　在《莊》學史上，郭象注《莊》可以說是《莊子》儒學化詮釋的第一座里程碑。方以智極為欣賞這一詮釋路徑，他在援引郭象《莊子序》後，評價到：

〔註21〕陳鼓應：《莊子今注今譯》，北京：中華書局，2009 年 2 月，第 625～626 頁。
〔註22〕郭象注，成玄英疏：《南華真經注疏》，北京：中華書局，1998 年 7 月，第 435頁。

「莊多忿設溢巧、自責自毀之詞，而郭《註》平和，恰是賢智消心、用中之妙藥。造物無物與《易》無體、緣生無自性同參。」〔註23〕事實上，方以智本人的炮莊事業也是沿著這一「平和」化的路徑進行的：「極物而止」——將認知對象限定為天地生成之後的萬物，而不再「好高騖遠」地去追問某一終極根源——正是對《莊子》詮釋的「平和」化的體現。造物無物、《易》無體、緣生無自性，分別是方以智對《莊子》、《周易》和佛學思想的根本性認定，也是他會通三教的理論基礎之一。正是由於方以智賦予了「極物」範疇如此重要的內涵，與之相關的表達在他的各類論著中隨處可見，而不僅限於《炮莊》。如《物理小識總論》謂「莊子言虛無，然歸于極物而止，則曰：以有形者象無形者而定矣」〔註24〕，又如《通雅》所收錄方中德對父親的記述，「老父則曰：析理、舉事、極物，文之正用也。」〔註25〕由此亦可見方以智生平思想的前後一致性。

3.1.5「歷物」

方以智用「歷物」一詞指稱惠施的學說主張，語出《莊子・天下》篇所記惠施之學：自「歷物之意」以下，原文列舉了「至大無外，謂之大一；至小無內，謂之小一」以至「泛愛萬物，天地一體也」共十個命題。注家多以「歷／物之意」斷句，如王先謙的解讀是「歷指事物之意」〔註26〕，郭慶藩也解讀為「物之意，分別歷說之」〔註27〕。方以智單提「歷物」，是為了突出肯定惠施之學，但他對惠施評價的「翻案」，並非基於學術史的證據，而是藉此彰顯實際考究物理的質測之學。

在《惠子與莊子書》一文中，方以智杜撰惠施寄給莊子的信，以惠施的口吻說：「僕之歷物，物本自歷。舍心無物，舍物無心。後世必有希高眇、厭當務，專言汪洋之心，而與物二者矣。」「歷物」的意思是，分別究析事物之理。〔註28〕在《炮莊・天下篇》中，方以智又補充到：「觀『黃繚問天地所以不墜不陷、風雨雷霆之故』，此似商高之《周髀》與太西之質測，核物究理，毫不可鑿空者也。豈畏數逃玄，竊冒總者所能答乎？又豈循牆守常、局咫尺者所能

〔註23〕方以智：《藥地炮莊校注》，第 49 頁。
〔註24〕方以智：《物理小識》，《方以智全書》第七冊，第 99 頁。
〔註25〕方以智：《通雅》，《方以智全書》第四冊，第 88 頁。
〔註26〕王先謙撰：《莊子集解》，北京：中華書局，1987 年 10 月，第 296 頁。
〔註27〕郭慶藩撰：《莊子集釋》，北京：中華書局，2012 年 2 月，第 1103 頁。
〔註28〕方以智：《藥地炮莊校注》，第 197 頁。

道乎？」〔註29〕結合這兩處評論，方以智顯然是將惠施歷物解讀為對自然界事物、現象之屬性和原理的研究，而這種解讀又具有強烈的現實針對性：一是針對明末或空談心性、或局守成法的士人學風問題；二是藉此倡導明中葉以後引入的太西質測之學。

除了將歷物解讀為質測、實學，方以智還將惠施的辯論技巧與他自己的「顛倒」的方法論相結合。他認為，惠施歷物的技巧就是將世人習以為常的對立的兩端互相交換：「自老子正言若反，而惠施交易之。其歷物也，大其小，小其大，長其短，短其長，虛其實，實其虛而已。」〔註30〕「歷物皆以小大、長短、虛實互換，而顯其道通為一耳。」〔註31〕而這種言說技巧，其實就是方以智自己所總結的「顛倒」方法。在《東西均》中，專門有《顛倒》一文論述這種方法。龐樸先生對這篇文章的「題解」是，「能捉住貫之者，則不為字面的顛倒所縛」〔註32〕，對其意圖把握得很準確。方以智認為，不僅對人物的陰陽、善惡等相反性質的判斷常常可以互換，就連體用、先天後天等對舉範疇也是可以顛倒著講的。這樣的講法可以破除人們習以為常而不自知的成見，通過言說方式的變化，來發現其中不變的道理，這就是「於變異無定之權，而有一定不易之權。」〔註33〕

方以智為惠施「翻案」的第三個理由，是認為惠子相梁體現出了政治才乾和「忠諷」品格，且惠施在戰國亂世中得以善終，也無愧於莊子「全其天年」之旨。史書對惠施其人其事的記載很少，惠子相梁事見《呂氏春秋》，方以智特意標舉出，也是為了從反面批評莊子「不能治事」：「莊子不能治事，而大言譏世，惠子故意嚇之，何為不可？」〔註34〕批評《莊子》文本中獨善其身、忘世出世的傾向，也是方以智為《莊子》炮製的一劑良「藥」。

3.1.6「以物觀物」

宋明易學家中，方氏易學尤為推崇邵雍，而方以智本人對邵雍學說的自覺吸收，至少包括體用論、象數易學、元會運世的歷史觀，以及「以物觀物」

〔註29〕方以智：《藥地炮莊校注》，第 947 頁。

〔註30〕方以智：《通雅》，《方以智全書》第四冊，第 77 頁。

〔註31〕方以智：《藥地炮莊校注》，第 942 頁。

〔註32〕方以智：《東西均注釋》，第 166 頁。

〔註33〕方以智：《東西均注釋（外一種）·顛倒》，第 171 頁。

〔註34〕方以智：《藥地炮莊校注》，第 695 頁。

的方法論等。其中,「以物觀物」既是邵子之學的一個重點,也是令現代學者聚訟不已的疑點:學者們的主要分歧在於,「以物觀物」究竟是屬於儒家式的德性修養工夫,還是道家式的認識天地萬物的原則。應該說,在現存邵子著述中,這兩種解讀都可以找到相應的文本依據。簡單來講,如果把「以物觀物」理解為德性修養工夫,其內涵即近似於程頤所謂「物各付物」,也符合於孟子由「萬物皆備於我」推導出恕道的思路,意即以他人之所欲、所不欲來對待他人,而非以我之所欲、所不欲強施於人。如果把它理解為認識論原則,其內涵則近似於老子所謂「以天下觀天下」,意在強調認識、尊重、順應事物自身規律,不要干涉、妄為。在中國哲學史上,一旦談到自然、無為的層面,儒、道二家的分際似乎只在毫釐之間;就像通常來說,道德心祈向於善,認知心祈向於真,而善與真之間的分際,似乎再難明言。因此,我們暫且假定邵雍本人的「以物觀物」學說作為一種方法,包含了修養論與認識論兩個面向,在此基礎之上,主要討論方以智的觀點。

方以智常常提到邵子觀物說,卻鮮有對這一說法的直接論述,我們主要只能通過解讀相關文本中的上下語境,來確證方以智所理解的「以物觀物」的內涵。簡而言之,他主要是從認識論意義上的能所關係——即認識主體與認識對象的關係——來講以物觀物的,但亦兼及道德修養問題。之所以說「兼及」,是因為方以智哲學在整體上,是以物理之學統攝性命之學,以認知心統攝道德心,近似於「自明誠」的路徑。他曾明確提出:「或分物理之學、性命之學,曾知性命亦一物理耶?」將「性命」視為「物理」,也就意味著將性命客體化為理性認識的對象,通過對性命之理的認知、分析,來獲得關於性命問題的正確知識。緊接著這一以物理統攝性命的思路,他說:「《易》是一部大物理也。以道觀天地,天地一物也;以天地觀道,道一物也。以物觀物,又安有我于其間哉!一法不明,一法受惑。」〔註35〕「道」與「天地」都可以作為彼此之「物」,亦即彼此的觀照對象,強調將認識對象客觀化。方以智所說的「安有我於其間哉」的「我」,不是道德意義上的私我,而是認識意義上的主觀性。無論是把《易》視為「大物理」,還是把「以物觀物」作為認識原則,其目的都明確在於獲得關於認識對象的正確知識,從而免於理性上的「受惑」。

方以智的以物觀物說,還有一點值得關注的,是其現實針對性。他曾說:「《觀物篇》曰:物覯物而已,安有我于其間哉!則謂我注我,物注物,六經

〔註35〕方孔昭、方以智:《周易時論合編・兩間質約》,第 356 頁。

注六經可也。」〔註36〕由以物觀物延伸到「六經注六經」，顯然是就「六經注我」的話題發表意見。前文談到，方以智批評楊簡曲解了象山說「六經注我」的用意所在，以至疑經、刪經；他之所以提倡「六經注六經」，其現實目的就是要替代「六經注我」，扭轉學風，以期尊經、尊證。

3.1.7「意之所在便是物」

在陽明心學的物論之中，最具獨特性、也是爭議最大的觀點當屬其「心外無物」的命題。這裡主要討論其中的「意之所在便是物」一句，因為這一句「是要為『物』下一個定義」〔註37〕，而此定義不僅是理解陽明心學的一大難點，也與方以智將物視為認識對象的基本觀點有著明顯分歧。前文談到，方以智很少直接否定王陽明本人的觀點，那麼，他又如何處理這一分歧呢？以下便集中討論這個問題。

《傳習錄》中記載過陽明本人兩條近似的說法，一是「身之主宰便是心，心之所發便是意，意之本體便是知，意之所在便是物」〔註38〕，一是「指其充塞處言之謂之身，指其主宰處言之謂之心，指心之發動處謂之意，指意之靈明處謂之知，指意之涉著處謂之物」〔註39〕。可見心、意、知、物四者在陽明思想中是一套較為穩定的概念，與《大學》「正心、誠意、致知、格物」四條目相應，其中，「意」是關聯起心、知與物的關鍵。在《傳習錄》中，陽明還肯定了「物字即是事字」，並給出了關於「意之所在便是物」的實例，即事親、事君、仁民愛物、視聽言動等，但這些例子還算不上是解釋。在《答顧東橋書》與《大學問》中，陽明才給出了此一定義的理論解釋，即「凡意之所用無有無物者，有是意即有是物，無是意即無是物矣」〔註40〕，「凡意之所發必有其事，意所在之事謂之物」〔註41〕，可以簡化為「離心無物（事）」。現代學者一般認為，陽明的本意在於說明，由人的意識、意志而產生了屬人之事，他所關注的是意義、價值、審美的領域，而非存在領域。

〔註36〕方孔昭、方以智：《周易時論合編·說卦傳》，第 1327 頁。
〔註37〕陳來：《王陽明哲學的心物論》，《哲學研究》，1990 年第 3 期，第 67～76 頁。
〔註38〕王陽明：《王陽明全集·語錄一》，上海：上海古籍出版社，2012 年 12 月，第 5 頁。
〔註39〕王陽明：《王陽明全集·語錄三》，第 80 頁。
〔註40〕王陽明：《王陽明全集·語錄二》，第 42 頁。
〔註41〕王陽明：《王陽明全集·續編一》，第 802 頁。

　　方以智並沒有直接反對「意之所在便是物」這個定義，甚至也肯定「離心無物」這個解釋，但他在「離心無物」之後巧妙地加上了一句「離物無心」。「離（捨）心無物，離（捨）物無心」和類似的表述在方以智著作中反覆多次出現，若不留心，讀者很可能只把它當成方以智隨掃隨立的言說風格的一種表現，但在明末思想背景之下，此一語實有破除「離心無物」論的針對性。若事件的發生依賴於人的意志，那麼反過來說，人的意志同樣必須經由事件的發生來徵驗；離開了事件，意志無法直接確證其自身。總之，方以智順著陽明的定義和解釋往前推進，用非常輕鬆簡明的方式就證明了，心、意並沒有相對於事、物的優先性。從方法論上講，方以智把這種論辯或思維的方式稱為「互換」，也就是前面提到的「顛倒」。陽明曾說「戒慎恐懼是本體，不睹不聞是工夫」，將本體與工夫對置，方以智認為這就是用了「互換」的方法。〔註42〕可以說，方以智將同樣的方法用在了陽明「離心無物」的說法上，進而將重心轉移到了物上來。

3.1.8「轉物」

　　方氏父子往往提及「轉物」，方以智更明確指出他們所說的「轉物」出自《首楞嚴經》：「《楞嚴》曰：『若能轉物，即同如來。』」〔註43〕在《首楞嚴經》中，佛向阿難開示修行正法，相關原文為：

> 一切眾生從無始來迷己為物，失於本心為物所轉，故於是中觀大觀小；若能轉物則同如來，身心圓明不動道場，於一毛端遍能含受十方國土。〔註44〕

延壽《宗鏡錄》對這段文本的解讀相對平易切實：「夫云轉物者。物虛非轉。唯轉自心。以一切法皆從分別生。因想而成。隨念而至。……但心離分別為正

〔註42〕方以智：《藥地炮莊校注》，第 673 頁。此一句是方以智對陽明話語的轉寫，他在上下文中並以「戒慎恐懼」指心，以「不睹不聞」指性，認為陽明將此二者倒置體現了《莊子》「兩忘」的精神。此一轉寫的原文應該來自於《傳習錄》卷下：「問：『不睹不聞是說本體，戒慎恐懼是說工夫否？』先生曰：『此處須信得本體原是不睹不聞的，亦原是戒慎恐懼的，戒慎恐懼不曾在不睹不聞上加得些子。見得真時，便謂戒慎恐懼是本體，不睹不聞是工夫，亦得。』」按陽明此語自有其特殊語境，倒置本體與工夫的前提條件是「見得真時」，在修養次序上應屬入道以後的境界。

〔註43〕方以智：《東西均注釋（外一種）・一貫問答注釋》，第 511 頁。

〔註44〕《首楞嚴經》卷 2，CBETA 2021. Q1, T19, no. 945, p.111c25~28。

智。正智即是般若。周遍法界。無有障礙。……如今但得離念。便同如來真實知見。」〔註45〕所謂「物虛」，即按照大乘佛教緣起性空的根本教義，萬法由因緣和合而生滅，僅在現象層面存有，在現象背後並無一恒常、自足的自性。在延壽的解讀中，「物虛」，也就是緣起性空說，是《楞嚴》「轉物」得以成立的根本理論：萬物本性是空，自身沒有能動性，因此「轉」的主體只能是人，即在心上做轉物工夫，這一工夫的實質就是離念、息念。

我們不需要再做進一步的深入，就能看出《楞嚴》「轉物」說與方以智的整體思想有兩大格格不入之處：其一，《楞嚴》「轉物」否定物的本體性、根源性存在，而方以智通常並不否認物的實存性，又在實踐上極為重視對物理、物則的研究；其二，《楞嚴》「轉物」要求息念、不作分別，而方以智極為重視人的認識能力，注重分析性、演繹性思維，反對「顢頇」式的整全直觀。無論緣起性空，還是息念、離念，與方以智的整體思想都不甚契合，那麼，當他提及《楞嚴》轉物的時候，所側重的究竟是什麼呢？一言以蔽之，就是「作得主宰」。從多處文本中，可以看出方以智是將「轉物」與「主宰」結合在一起闡發的：「通達之知，所以遍物者也；主宰之知，所以轉物者也。」〔註46〕「第一作得主宰，不被物轉。」〔註47〕有時，方以智也將這種「主宰」性稱為「全體作用」：「直、塞二字，即志仁之狀也，即轉物之全體作用也，即放下之一際真空也。」〔註48〕「『若能轉物，即同如來』，以此合參，更見全體作用，一直輥去，自然不落兩邊。」〔註49〕由於萬物之存在的雜多性，心在把握物的時候容易陷入散亂狀態，因此在極物、歷物的同時，還需要通過「轉物」，來保持心志的安定。

然而，相關上下文並沒有明確提示我們，方以智所謂轉物之物是側重於存有義的、靜態的物，還是側重於活動義的、動態的事，這一作得主宰、發揮全體作用的心是智識心，還是道德心。根據上述方以智以物理之學統攝心性之學的思路，筆者傾向於認為，他所說的轉物的主宰性和全體作用，主要仍是在認識論意義上保持一清明、通透的心靈狀態；認識主體在此心靈狀態中得以全面、正確、客觀地把握認識對象之理，再將此理運用到改造現實的實踐活動

〔註45〕《宗鏡錄》卷 82，CBETA 2021. Q1, T48, no. 2016, p.870a6~19。
〔註46〕方以智：《易餘（外一種）‧性命質》，第 202 頁。
〔註47〕方以智：《易餘（外一種）‧易餘小引》，第 7 頁。
〔註48〕方以智：《東西均注釋（外一種）‧一貫問答注釋》，第 511 頁。
〔註49〕方以智：《東西均注釋（外一種）‧一貫問答注釋》，第 442 頁。

中，由此發揮人的能動性。方以智從反面描述了，如果心靈處於昏沉的狀態，則不能實現轉物：「知由意運，亦由意昏；意由知起，亦由知化；一覺則萬慮自清。而石火電光一曲之明，作不得主，透不過事，轉不動物，為勢所眩，利害所阻，表裏不洞達，心境不圓通，施為不恰當，即是知不能格物矣。」〔註50〕

　　方以智之所以使用《楞嚴》「轉物」說來形容這種作得主宰和全體作用的心靈狀態，而不取其在經文的本來含義，從術語演變的角度來看，可能是由於這一術語在禪宗語錄中的頻繁使用，使得其含義逐漸泛化了。例如，楊仁山認為，禪宗中常說的「轉得山河歸自己，轉得自己歸山河」，「老僧轉得十二時，汝諸人被十二時轉」，「拈一莖草作丈六金身，拈丈六金身作一莖草」，這些話頭「皆轉物之義也」〔註51〕。總體上，這些話頭說的都是我轉物，還是物轉我的問題，是在物我關係中誰占主導的問題。主張由我轉物，而不被物轉，換另外一句方以智常引用的《莊子》原文來表達，也就是「物物而不物於物」，也就是主體對待客體的態度應該做到「不徇不遺」：既不能被外物所牽引，也不能漠視外物之實存，應在物我關係中保持主導性。

3.2 方以智物論的基本內涵

　　物字是中國哲學文本和話語中的常見字，但現當代中國哲學研究以心性論、倫理學、人生哲學為主導，與物相關的研究則處於邊緣地位。相對來說，學界對於物的哲學內涵挖掘、總結得比較少。在文字訓詁上，《說文解字》說：「物，萬物也。牛為大物，天地之數起於牽牛，故從牛，勿聲」〔註52〕，但按照目前的考古學發現來看，許慎的這一講法恐怕失於不實。王國維提出，物字的原初意思是雜色牛，「由雜色牛之名，因之以名雜帛，更因以名萬有不齊之庶物。」〔註53〕以物字的原義為雜色牛，此說得到裘錫圭的支持，但後者不同意由雜色牛引申至雜帛、庶物。裘錫圭認為，物字在甲骨文中作牦字由「勿牛」合文演變而成，其聲旁釋為「勿」，從「刀」，本義為分割、切斷。又，古書中

〔註50〕方以智：《東西均注釋（外一種）‧一貫問答注釋》，第 439～440 頁。
〔註51〕楊文會：《楊仁山全集》，合肥：黃山書社，2000 年 1 月，第 407 頁。
〔註52〕許慎撰，段玉裁注：《說文解字注》，上海：上海古籍出版社，1988 年，第 53 頁。
〔註53〕王國維：《釋物》，《觀堂集林（外二種）》（上），石家莊：河北教育出版社，2001 年 11 月，第 174～175 頁。

的物字有動詞物色、名詞物類的意思，裘錫圭說，這兩個意思都是從「分別」引申而來，「有分別、類別等義的物字，用來名『萬有不齊之物』，是很自然的事情。與『雜色牛』一義糾纏在一起，反而不好理解了。」〔註54〕也就是說，裘錫圭認為，物字的本義雖然是雜色牛，但以物指稱「萬物」這一後世最常見的用法，是直接從「勿」之「分別」的原初字義引申而來的，而不是像王國維所說的那樣，由雜色牛而雜帛、而萬物。王、裘二位先生關於「物」字如何衍生出「萬物」這一意思的不同看法，從哲學上來說，意味著應該由「條理」還是「雜多」來理解作為萬物之物的基本內涵：分別之義內含萬物本具條理，或人為賦予萬物以條理、依據條理分類的意思；而雜色牛、雜帛的致思理路則內含雜多的意思。

　　春秋戰國時期，物字所具有的哲學意味更加凸顯。諸子百家之中，《荀子・正名》篇對物的定義較為明確：「故萬物雖眾，有時而欲遍舉之，故謂之物。物也者，大共名也。……起於總，謂之物，散為萬名，是異名者本生於別同名者也。」〔註55〕《公孫龍子・名實論》對物的定義也較為具有代表性：「天地與其所產焉，物也。物以物其所物而不過焉，實也。」〔註56〕《莊子・達生》篇中關尹子對物的界說亦常為後世所提及：「凡有貌象聲色者，皆物也。」〔註57〕合而言之，天地及其所生成的一切都是物，但作為「大共名」的物強調萬物之總和，作為被名指稱的「所物」通常是某一類型物，而具有為人可感之物理屬性的物則應該是具體的實存物。儒家講物又特別有「事」的含義，如上文所舉孔子之「不過乎物」、孟子之「萬物皆備於我」。個體之物、類型之物、總和之物以及「事」基本是在有形的層面，在無形的層面，也可以用物來指稱思想觀念，其中最典型的，莫過於《老子》以物指「道」：「道之為物，惟恍惟惚」，「有物混成，先天地生」。雖然《老子》對道的描述是不得已而為之，但畢竟使用了物這個字來指代道，這似乎意味著，一切進入人之反思領域的對象，都可以稱為物。總之，在諸子百家那裡，物字已經具有了極為廣泛的外延，它可以用來指天地及天地間的一切存有，也可以指人的所作所為及其所思所想。在這一意義上，物幾乎可以與「有」相對等，而與「無」成反義──

〔註54〕裘錫圭：《裘錫圭學術文集・甲骨文卷・釋「勿」「發」》，上海：復旦大學出版社，2012 年 6 月，第 140～154 頁。

〔註55〕王先謙：《荀子集解》，北京：中華書局，1988 年 9 月，第 419 頁。

〔註56〕黃克劍譯注：《公孫龍子（外三種）・名實論》，第 84 頁。

〔註57〕方以智：《藥地炮莊校注》，第 713 頁。

即便是道家所謂的「道」，一旦勉強言說出來，也落入了「有」的領域。

　　前文文獻綜述部分提到，蕭萐父、許蘇民先生在二十多年前就曾指出，相比於「氣」範疇，方以智「更注意的是實在的『物』」，此說極有洞見，可惜未能引起學界重視。嚴格說來，方以智物論的內容不僅僅是實在之物，而是綜合繼承了中國哲學傳統中對於「物」觀念的廣泛運用，並表現出高度的自覺性。在其現存著述中，《物理小識·自序》最能反映「物」觀念在方以智思想中所具有的基礎、核心、統攝地位：

> 盈天地間皆物也，人受其中以生。生寓于身，身寓于世，所見所用，無非事也。事，一物也。聖人制器利用以安其生，因表理以治其心。器，固物也；心，一物也。深而言性命，性命，一物也。通觀天地，天地，一物也。推而至于不可知，轉以可知者攝之。以費知隱，重玄一實，是物物神神之深幾也。寂感之蘊，深究其所自來，是曰通幾。物有其故，實考究之，大而元會，小而草木蠢蠕，類其性情，徵其好惡，推其常變，是曰質測。質測即藏通幾者也。〔註58〕

　　《物理小識》一書的主體部分或許自方以智青少年時期就開始收集、記錄，但《自序》一文則是他在思想已經成熟的中年時期寫成。文中，方以智明確表示，事、器、心、性命、天地都是物。這裡的物字不可理解為實在物，而只能是就認識論意義上的主客關係而言：事、器、心、性命、天地都是人的理性思維的認知對象，是「可知者」。「盈天地間皆物也」這一判斷也就可以釋讀為：天地及其之間的一切都是人的理性認知對象。而所謂「不可知」者，在方以智思想中，也就是「所以」，也就是他用「所以」來代指的道、自然、太極以及最高層級的心、氣、理等終極範疇。方以智認為，三教及其各派系都認為終極本體本身是「不可知」的，同時又是萬事萬物的根本依據，那麼人們只能夠從「可知者」即「物」中去「深究其所自來」。這一思路就是方以智描述、分析道—物關係時所遵循的基本思路，其中既包含宇宙生成論，也包含了本體論。此外，《東西均》書名中的「東西」既有東方、西方的意思，也有「物」的意思，是對物的俗稱，《通雅》也有關於俗語「謂物曰東西」的記載。《東西均開章》直截了當地說「道亦物也，物亦道也」，可見道—物對舉在方以智的思想和話語中是一有意識的用法。在其現存著作中，討論道物關係問題的主要是《周易》類作品，即《周易時論合編》、《易餘》等，相關主題有太極、陰陽、

〔註58〕方以智：《物理小識》，《方以智全書》第七冊，第96頁。

五行、乾坤、中五說、先天後天說、體用論等，這是本書第一、二章將要呈現的主要內容。

進一步，方以智把身、心、性、命都歸屬於物，也就是把自我也視為了理性認識的對象。在這樣的物—我關係中，「我」既是認識主體，又是認識對象，從而實現向內的反觀自省。本文第三章即以個體之反觀內省活動的兩個方面——認知與道德——為主要內容，相關話題包括：知與行、仁與智、性命、善惡、生死，以及修養工夫論等。再次，器與天地，亦即人造物和自然物，相對於自我而言是屬於外在的他者。對於外在於人的實在之物，方以智雖然也主張「製作」，但在士、農、工、商的社會階層制度下，他實際只能從事對於外物之理的研究型工作，也就是所謂質測之學。方以智的物理研究實踐，總體上不出於中國傳統博物學的範圍，但他善於總結研究方法，主動吸收西方自然科學的內容，並且在許多具體的自然科學問題上提出了正確的創見。更重要的是，作為思想家，他對科學與哲學的關係問題有深入思考，提出「寓質測於通幾」的主張，為宋明理學格物論的發展開闢了新的途徑。

本書的最後一章集中討論方以智思想中最具有代表性的一些法則，以圓∴說為主，分析其中的一在二中、相反相因、交輪幾、統泯隨等原理，歸結為其寓庸、用中的「中庸」說。這一章寫作的問題意識是理之存有與活動的關係。牟宗三先生曾經提出，在宋明理學中，周敦頤、張載、程顥所論道體性體是「即活動即存有」，而程頤、朱熹所論則是「只存有而不活動」的靜態的存在之理，又斷言「此為言道體性體之根本的轉向。」〔註59〕本文以方以智為主要研究對象，並不直接回應牟先生這一觀點，但其所論理之存有與活動的關係問題，則啟發了本章關於圓∴說之意義的思考。方以智是通過對存有物之理的歸納，得出以圓∴說為代表的一系列法則。這些法則雖然源自於存在之物，其自身卻並不是靜態的，而表現為兩個層面上的活動狀態：一是法則內部的動態性，即交輪幾、統泯隨的不斷流轉；二是源於存在之物的法則可以由人而運用到活動之事上，需要考慮常變、經權、時宜等變動性因素。總之，本章試圖沿著方以智的思想精粹，在物與事之間、存有與活動之間、自然科學與道德人倫之間尋求聯結與溝通。

〔註59〕牟宗三：《心體與性體》，上海：上海古籍出版社，1999年，第70頁。

第 4 章　道物：本體與顯用之間

　　本書用「道物論」合稱中國哲學中的宇宙生成論和體用論。任何自成一系統學說的中國哲學家，無不有其關於道物問題的論述。其論述或者重視時間序列上的道之衍生、化育萬物，而成一宇宙生成論；或者重視邏輯序列上的道之本體表現為物之顯用，而成一體用論面貌。考察道物問題亦是切入方以智哲學體系的一個關鍵。雖然方氏本人鮮少直接論述「道物」，但其整個物論學說乃至其整體思想都離不開釐定道物問題這一基礎。概略地說，方以智哲學在體用論上的基本主張是虛體實用，在生成論上則主張陰陽以上不可知。由於陰陽以上不可認知，故人只能從理、氣、象、數等陰陽及其以下的層面來格致物則，通過對物則的歸納形成普遍性的原理，進而將此原理施用於人事。下文將按此虛體—實用之思路，依次展開對方以智哲學道物論的分析。

　　關於方以智哲學中的體用問題，此前論者有「圓融」說〔註1〕，「四分用三」說〔註2〕，「正餘」說〔註3〕等，而關於方以智體用思想的來源，論者則多重視邵雍「體四用三」說與程頤「體用一源」說。然而，這些說法都只談到了方氏哲學中物則、理則的層面，實未及於根本性的、道物關係意義上的體用層面。從根本上說，方以智的體用觀主張虛體實用，因而歸實於物。所謂一在二中的圓融說法、四分用三、以正用餘，都是對於具體物則的普遍性歸納，而非由道體本身所發顯出來的作用。將方氏體用論歸結為「虛體實用」，是就其道

〔註1〕 劉元青：《方以智易學思想研究》，《周易研究》，2010年第5期，第74～80頁。
〔註2〕 廖璨璨：《體用互餘：論方以智易學哲學的「四分用三」說》，《周易研究》，2018年第4期，第31～38頁。
〔註3〕 張昭煒：《正餘的吞吐成環及雙向開掘——論方以智的體用觀及其創新》，《安徽大學學報》，2020年第3期，第49～57頁。

物關係意義上的體用論而言：由物之所以然只是一人為懸設的形式範疇故稱「虛」，由物以及物理在當下世界之中實存故稱「實」。方以智虛體實用思想的來源，一是《易》無體，二是郭象的造物無物，三是邵雍的「一非數」。

4.1 至體無體，惟有前用

虛體實用的體用論典型地體現了方氏哲學強烈的實證主義傾向。方氏將「至體」設定為「無體」，根本上是出於終極本體不可徵驗的認識論上的理由。故而，其所謂無體似乎更近於不可知論：關於至體本身的內容人們不可能有任何知識，這就是他們所說無體之無的含義。雖然至體的內容不可知，但它仍然具有發用為萬物的意義，因為在理性上，人們需要追問到萬物之規律的終極來源問題。因此，方氏所謂作為至體的無體，可以說只是懸設一終極本體的形式，其自身不具有任何實質性的內容，人們只能通過經驗這一至體所發用而成的萬物，來推測其存在的可能性。

4.1.1 虛體

在解讀《周易》「繼善成性」一段時，方以智引用了其外祖父吳應賓的一段關於道物關係的論述：「道之生物，非若祖父子孫也，生之而與之同時者也。道之成物，非若工於器也，成之而與之同體者也。道之函物，非若筐於實也，函之而與之同處者也，無先後能所內外而一者也。」道與物同時、同體、同處：時與處，是就時間和空間而言，體指的是具體存有物的形質。道非在物外，而是具體而微地內在於物中，這是方氏家學對於道物關係的基本認定，也說明他們主要是從體用關係角度來解說道物論的。又，方以智曾引述方大鎮《確辨》曰：「有體質之體，有主統僕之體，有無體之至體。」〔註4〕「體質之體」指形體、形質，強調有形之體質，其發顯則為無形之功用；「主統僕之體」指為主之體，即一整體內部的主要方面，被其統治的則是次要方面。而「無體之至體」才是指的終極性的道體，其自身無體而寓於個體之物中。至體無體，這一觀點亦得到方以智父子的繼承，成為其體用論的基點。方氏父子的體用觀，集中於他們對《周易》文本的解讀之中，茲將與其易學相關，且直接論「無體」的表述部分引證如下：

〔註 4〕方以智：《藥地炮莊校注》，第 122 頁。

（1）神貫費隱，易貫寂感，曰無方無體者，無奈何之形容耳，執無則遠之遠矣。其幾惟在損益盈虛，與時偕行。（方以智《時論·繫辭上傳》「故神無方而易無體」）

（2）此天地生成之表法乎？其所以然，誰見之乎？孫淇澳謂康節子半猶言用始，不知體始，然不知至體無體，其始不可見，若有即是無，則處處是始。（方孔炤《時論·地雷復》）

（3）易無體而隨處寓體，此天之大用即大本也。（方以智《時論·上下皆艮》）

從經典依據來看，方氏所論作為終極本體或道體的「無體」範疇，是來自於《繫辭傳》的「故神無方而易無體」一句。在材料（1）中，方以智之所以要求讀者勿執著於「無」，其目的首先在於要與王弼《周易注》中關於「無」的論述區分開來。王弼注《易》之本意雖並不見得在於證成以無為本或以無為體，但在魏晉玄學談有論無的背景下，王弼注對無的強調確有將無實體化的傾向。方氏所說的無體之「無」則作動詞用，表否定，而絕非以無為體之義。但是當方氏說「無體」是一無奈何之形容的時候，又並非完全否定「體」之存在的可能性。在材料（2）中，方氏借著為邵雍辯護，簡明直捷地表達了以無體為至體的理論原因：人們只能通過觀察、歸納萬事萬物的規律，總結出天地生成的「表法」，即其「用」，至於萬物之所以如此的終極依據，即「至體」，實際上並沒有人真正經驗過，因此，人們的認知對象必須限於其「親見」的、可徵驗的範圍內。這段材料典型地體現了方氏哲學強烈的實證主義傾向——將「至體」設定為「無體」，根本上是出於至體不可徵驗的理由。故而，其所謂無體似乎更近於不可知論：關於至體本身的內容人們不可能有任何知識，這就是他們所說無體之無的含義。雖然至體的內容不可知，但它仍然具有發用為萬物的意義，因為在理性上，人們需要追問到萬物之規律的終極來源問題。因此，方氏所謂作為至體的無體，可以說只是懸設一終極本體的形式，其自身不具有任何實質性的內容，人們只能通過經驗這一至體所發用而成的萬物，來推測其存在的可能性。由於仍然保留了作為萬物之統一基礎的形式，方氏體用論並非徹底否定「體」之存在的可能性及其意義，因而可以更準確地將其稱為「虛體」。

如果說（1）、（2）兩則材料對於「無體」的釐定尚帶有不可知論的無可奈何的意味，那麼材料（3）則表明方氏試圖將這種無奈轉化為一積極態度。其

態度得以轉化的根源在於，至體本身雖不可認知，但由於道與萬物同時、同體、同處，故至體又能「隨處寓體」。需要注意的是，至體所寓之「體」並非道物關係意義上的體用之「體」，而近於上文所引述《確辨》中的「體質之體」，指有形之體。比如，就《周易》來說，「易無體，而寓卦策象數以為體而用之。」〔註5〕這裡的「以為體」之「體」，就是指有形的卦策象數。至體這種無體而隨處寓體的特性，方以智常常以「火」喻之。他的「五行尊火」說，其哲學隱喻就在於五行之中，惟火無體，又能「因物為體」，從而實現「無體傳神」之功用。〔註6〕

4.1.2 **實用**

由於至體虛無，能夠言說的甚少，方氏又常常將虛體與實用兩個方面關聯起來表述，側重於彰顯其發用。從文本來看，對「用」的彰顯亦集中反映在其《繫辭傳》注釋中。《繫辭傳》有多處寫「用」，如「百姓日用而不知」，「顯諸仁，藏諸用」，「以前民用」，「制而用之謂之法」，「利用出入、民咸用之謂之神」，「精義入神，以致用也；利用安身，以崇德也」等等。《時論》對這些「用」的注釋著墨甚多，有時也直接將之與「至體」聯繫起來，如方孔炤謂：「此重在制用咸用，無非至體也。」〔註7〕相對而言，在《繫辭傳》的這些表述中，方以智似乎更傾心於「前用」一語。他在《易餘》中有時直接將無體與前用相對：「易無體，而惟有前用」〔註8〕，「前用無體，惟重當然」〔註9〕，這是他關心社會秩序、百姓民生的體現。

更為重要的是，在這些帶有限制語的諸多「用」的基礎上，方以智抽象出了直接與「無體」相對的「大用」：「強以無體謂之至體，而至體實在大用

〔註5〕 方孔昭、方以智：《周易時論合編·崇禎曆書約》，第 327 頁。

〔註6〕 「火無體，而因物見光以為體；猶心無體，而因事見理以微幾也。」方以智：《物理小識》，《方以智全書》第七冊，第 116 頁。

「火無體而因物為體，人心亦然。」方以智：《方以智全書》第七冊，《物理小識》，第 129 頁。

「『五行尊火，無體傳神』，前人所未發也，誰傳之乎？」方以智：《藥地炮莊校釋》，第 126 頁。

「火無體，心亦無體，即物即心、即辨即同。」方孔炤、方以智：《周易時論合編·天火同人》，第 574 頁。

〔註7〕 方孔昭、方以智：《周易時論合編·繫辭上傳》，第 1209 頁。

〔註8〕 方以智：《易餘（外一種）·一有無》，第 68 頁。

〔註9〕 方以智：《易餘（外一種）·繼善》，第 129 頁。

中。」〔註10〕如此之「大用」，顯然與生活之日用、社會之民用，德性之仁用、秩序之法用乃至《易》之神用有著層級上的不同：它既表現為具體之用，又是一切具體之用的共性與總和。《易餘》中有《體為用本　用為體本》一篇，有論者以這篇文章為主要依據，論證方以智哲學中「體用互本」的特點〔註11〕。說到底，方以智哲學之所以能夠做到徹底的「體用互本」，尤其是能夠做到「用為體本」，根本上是因為他將至體設定為了無體，其唯一的形式上的設定——所以然——只能是萬物或其用之所以然。因此我們看到，在《體為用本　用為體本》一篇中，方以智一以貫之地堅持了「無體」的基本設定：

　　　　（4）但表其入用之體，而無體之用藏其中。（方以智《易餘·
　　體為用本　用為體本》）

　　　　（5）知此時之體，因知無體之體即天地未分前之體，因知天地
　　未分前之體即在此時之用中。（方以智《易餘·體為用本　用為體本》）

　　材料（4）中所謂「入用之體」是指有形的體質，因其有形，故而能「表」。這句話意在說明，只有通過考察具體形質之用，才能認知至體的大用。材料（5）中所謂「此時之體」亦是指時空之中的具體事物。就具體事物而言，其自身之功用與至體之大用是重合的。從邏輯上講，人的認知順序是先認知具體事物之功用，進而認知大用，最後懸設一作為終極所以然的至體。在這個意義上說，與至體之大用相重合的事物之功用，乃是懸設至體的依據，此即「用為體本」。此外，材料（5）所提到的「天地未分前」，指的就是方以智哲學中的「先天」，相對地，「此時」即指後天。重視後天有形有質的事物之體用，亦是方氏易學思想推崇「時」的一種表現。

4.1.3　先天與太極

　　將「先天」作為易學哲學中的重要範疇，方氏這一做法可以說是繼承了邵雍的先天學，然而方以智關於先天的思想實際上與邵雍差異頗大，後文將再論二者的比較。這裡要說明的是，方以智所說的先天，實質上等同於他所說的天地未分前、卦爻未布前，而與後天、天地已分後、卦爻已畫後等是相對的概念。如《易餘》有謂：「《易》無體而前用者，善用餘也，即餘而一其體用者也。……捨日無歲，捨餘安有易乎？幾其畫後之有餘，必深其畫前之無體；

〔註10〕方以智：《易餘（外一種）·小引·繼善》，第 9 頁。
〔註11〕廖璨璨：《體用互余》，《周易研究》，2018 年第 4 期，第 31～38 頁。

幾深其後即前,則神其無前後矣。」〔註12〕畫前無體、畫後有餘,也就是先天無體、後天有餘,先天之體即在後天之餘中,故只有通過用後天之餘,才能實現無體之大用,即一其體用。「用餘」之「用」的主體只能是人,人的價值和能動性就在於制用後天之餘,或具體有形的事物,也就是「此時之體」、「此時之用」。

至於由畫前、畫後推至「後即前」、「無前後」,則運用了絕待、對待的思維。要言之,方以智認為,先天即絕待,而後天無非對待,又,絕待即在對待中,先天即在後天中;進一步,絕待與對待亦相對待,而無對待者即在相對待中,即先天、後天亦相對待。嚴格來講,先天之絕待乃是相對之絕待,由此又懸設一無對待者,超越於先天、後天之對待。此一無對待者,方以智名之曰「中天」。中天與先後天的關係是不落亦不離:中天不落先後天,而又在先後天之中,也就是所謂「一在二中」。又因為先天、中天根本只是形式之懸設,所以歸實只有後天,這就是所謂「二虛一實」:「可知三冒若蹴鞠然,常二虛而一實。故曰:止有一實,餘二非真。」〔註13〕(如圖1所示)

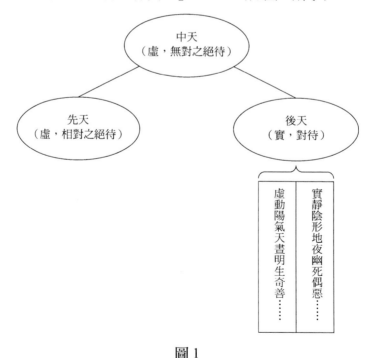

圖1

〔註12〕方以智:《易餘(外一種)·小引》,第1頁。
〔註13〕方以智:《易餘(外一種)·二虛一實》,第123頁。

　　明白了方氏哲學中對待與絕待之間的這種關係，也就明白了其推導「太極」的基本思路：

　　　　（6）太極者，猶言太無也。太無者，言不落有無也。後天卦爻已布，是曰有極；先天卦爻未闡，是曰無極。二極相待，而絕待之太極，是曰中天。中天即在先後天中，而先天即在後天中，則三而一矣。……不落有無，而我以「無」稱之，尊先也。此本無對待之無，而周流對待之環也，故曰「太無」。（方以智《東西均・三徵》）

這裡的「太極」，基本是按照上述「中天」的思路，經由對待、絕待的邏輯推導出來的；相應地，這裡的有極與無極，分別對應上述後天與先天。值得注意的是，方以智以「太無」指稱「太極」，而太無的「不落有無」，並非是指後天中相對待的有與無，而是對有極與無極這一層次的簡稱。按照方氏哲學的氣論，後天由氣充塞，只有氣之已凝、未凝或物之顯隱，並沒有真正的「無」。此外，方氏之「太極」乃超越於有極和無極，而早期理學家周敦頤的「無極而太極」說，則至少在表述上以無極在太極之先。方以智亦解釋了他與周子太極觀的這一齟齬處：

　　　　（7）周子方論始終、虛實、有無、道器之大綱，則虛中有實，實中有虛，有之前為無，無之前為有。有卦爻與無卦爻對，而太極無對也。太極之前添無極，則不能顯不落有無之太極矣。故愚從而三之。（《東西均・三徵》）

方以智一方面試圖調和他與周子的太極觀，一方面又不得不承認他的太極觀是對周子的改造。他似乎將周子的「無極而太極」解釋為宇宙生成論上的無—有—無—有的無限循環，有借用邵雍元會運世循環宇宙論的痕跡。然而即便如此解說，實際上仍然無法將「無極而太極」與方氏自己的太極說調和起來——這是因為方氏的太極說純然是通過邏輯推演的方式懸設的，它與「有極」之間並不具有宇宙生成論上的聯繫。

　　既然方氏的太極觀是經由對待—絕待的邏輯推導出來的，那麼太極與無極、有極之間的關係，依然符合圖 1 所示，也就相應於方以智的圓∴說。與此同時，方孔炤還曾用另一圖式——三層同心圓◎——來說明三極之間的關係：

　　　　（8）論聲以◎為本，今取以象三極之貫。太極在無極有極中，而無極即在有極中。……中一自分為二用，而一與二為三。諸家之

圖皆用三立象以範圍之，三即一也。（方孔炤《時論‧圖像幾表‧諸
家冒示》）

按這個說法，則內圓象徵太極，中圓象徵無極，外圓象徵有極，又太極之體分
為無極、有極之用，則方氏的三極說，似乎是自太極而推演出有、無二極。問
題是，方氏並沒有解釋太極之一如何「分為」二極（例如像此前理學家用動靜
來解釋所做的那樣），故而其三極說的實際邏輯起點乃是可徵驗的有極，而非
太極。方孔炤所立三層同心圓的目的，並不是要說明推導三極的過程，而是要
強調「三即一」：用方以智「二虛一實」的話說，正是由於太極、無極是虛設，
歸實只有一有極，因此三極才能在內容上完全重合。

　　方氏所構建的這一太極理論，其現實指向非常明確，就是為了消解當時
士人對一超絕本體的追求，凸顯當下事物的價值，倡導面向事物自身之學。方
孔炤在《時論》一開頭就說：「必表寂歷同時之故，始免頭上安頭之病；必表
即歷是寂之故，始免主僕不分之病。……故深表兩間之所以然曰太極，而太極
之所以然，原自歷然。」〔註14〕寂歷就是寂然和歷然的縮寫，大略分別指形而
上、下；所謂寂歷同時，意謂形而上就在形而下之中；所謂即歷是寂，而不反
說即寂是歷，是強調人只有通過形下之器才能認識形上之道，其中「歷」是
「主」，而「寂」是「僕」。「免頭上安頭之病」大意是指的不要另立一與現實
事物無關的本體，有一點奧卡姆剃刀的意味。說到底，方氏懸設一「太極」只
是為了應對人們追問所以然的思維慣性。他們的太極觀，從邏輯起點到實踐導
向都是面向現實事物的。正因為「太極」的實質就是「所以然」，方以智乾脆
直接用「所以」一詞還原了包括宋明理學各派系所主張在內的一切終極本體：
「所以為心者，即所以為理、所以為氣、所以太極、所以自然者也。」〔註15〕
自然、太極、氣、理、心都是人們為了追問「歷然」之「所以然」而設立的種
種「寂然」，實際上只需要保留其中共性的「所以」這一形式就可以了，因為
真正重要的只有「歷然」的現實事物及其法則：

　　（9）物其物，則其則，時其時，事其事，莫非無體之體、因體
　　寓體者也。（方以智《易餘目錄》）

　　（10）惟其藏一，惟其無體，故不必聒聒其太極，而隨處可以
　　物其太極矣；不必呰呰其心，而隨處可以物其心矣。（方以智《易

〔註14〕方孔炤、方以智：《周易時論合編‧冒示》，第3～4頁。
〔註15〕方以智：《東西均注釋（外一種）‧所以》，第312頁。

餘・三冒五衍》）

　　「所以」即無體之體，它在不同情境下可以分化為自然、太極、氣、理、心等本體，如菩薩隨類顯身，而自身並無規定性限制。任何本體都須得將自身寓於事物之中，通過具體事物來顯現自身，這就是引文中作動詞的「物」字的含義。所謂物其物、物其太極、物其心，前面省略的主語可以說是太極、心等本體，即太極、心將自我寓於事物之中。其實質意義則是主張人應當面向物、認識物、規範物、運用物，於此「用」物之中，實現人的價值。

4.2 虛體實用說的思想來源

　　本節將方氏體用論歸結為「虛體實用」，是就其道物關係意義上的體用論而言：由物之所以然只是一人為懸設的形式故稱「虛」，由物以及物理在當下世界之中實存故稱「實」。方氏有時也將有形之體質與其無形之功用對舉為體—用，主要是在分析事物內部之理的時候使用，這種「體質之體」當然是屬於「實」體，而非「虛」體了。相較而言，道物關係意義上的虛體實用說是方氏體用論的大端所在，亦是確保形下事物之實有性的基礎。這種虛體實用說的思想來源，從經典文本上看，主要是《周易・繫辭傳》的「易無體」，以及諸種有「用」之說。若追溯到中國本土的體用論產生之初的魏晉玄學中來看，則近於郭象由注《莊》而彰顯的崇有傾向。

　　說方氏所言道物關係與郭象相近，並非是說方氏自覺繼承了郭象崇有論，至少在《時論》主要作者方孔炤那裡，《莊子》或郭象的影響並不突出。然而，如果我們把方以智的個人思想與其家傳易學稍作分離，那麼在此引入郭象就顯得依據更為充分，且更有理論上的必要。文本依據上看，方以智對郭象崇有論的理解主要反映在《藥地炮莊》，而從理論上講，引入崇有論的意義在於填補方氏宇宙生成論在起源問題上的空白。換句話說，在方氏哲學體系中，若追問萬物何以如此，尚可以「所以」作答；若追問萬物在時間序列上的起源，由於他們的太極觀純然是一體用論，故而無力作答。可以說，郭象崇有論與方氏體用論之間的契合是一種學緣的巧合，之所以要在此特別拈出這一巧合，是出於完善方以智哲學體系的需要。

　　郭象崇有論的核心主張，簡而言之，即其《莊子序》中所謂「上知造物無物，下知有物之自造」：由於造物無物，所以真實存有的只有萬物本身；萬物自生自化，自然如此，並沒有什麼東西使之如此。方以智在《炮莊・總論》中

援引了《莊子序》此段文字，且評注曰：「造物無物與《易》無體、緣生無自性同參。」〔註16〕「同參」並不意味著同質——造物無物是在生成論上說並沒有一個起源使得萬物如此，而易無體在方氏哲學中指向的是本體論意義上的沒有什麼東西可以被實證為終極的所以然。然而在虛體實用的思想框架下，似乎亦只能用造物無物來解釋萬物起源問題，故而方以智對郭象此說表現出完全接受的態度。在《藥地炮莊》中，方以智集中引述、評價郭象崇有思想的有兩處文本，一是在《齊物論》的「大塊噫氣」一段，二是在《知北遊》的「物物者非物」一段。

《藥地炮莊》在引述郭《注》時往往有增刪改動，由此亦可見方氏援引的重點所在，如《齊物論》的「大塊噫氣」一段，方氏所引郭《注》為：

> 郭云：「大塊者無物也，噫氣者豈有物哉？塊然自噫耳！物莫不塊然而自生，則塊然之體大矣。」「……無既無矣，則不能生有，有之未生，又不能為生。然則生生者誰哉？塊然而自生耳！生非我生也，我既不能生物，物亦不能生我，則我自然矣。自己而然，謂之天然。以天言之，所以明其自然，非有為也。」

用「自己而然」來解釋莊子的「自然」這是郭象的創造，但造物無物、萬物自生自化的思想在《莊子》文本中亦有源頭，集中反映在《知北遊》的「物物者非物」一段。《炮莊》在這段文字之下，所引郭《注》改變頗多，幾可視作方以智的夫子自道：

> 郭曰：「……思求則更致不了，故自古無未有之時也。……死生無待，獨化而足，各自成體，誰得先物者乎哉？吾以為先物，而陰陽即所謂物耳，誰又先陰陽乎？吾以自然為先之，而自然即物之自爾耳；吾以至道為先之矣，而至道者乃至無也。既以無矣，又奚為先？然則先物者誰乎哉？而猶有物，無已。明物之自然，非有使然也。」

關於萬物的起源問題，人所能證知的極限就是陰陽二氣；陰陽既是氣，便屬於可感知的物的領域，而非與物相對的「非物」。此外，自然、至道亦不可以作為先於物而生物的源頭，因為自然就是物自己如此，而至道在玄學語境下就是至無，無意味著沒有內容、不在時空之中，是不可能生出時空之中的形質來的。這種造物無物的思路，亦否定現實世界之外別有一獨立世界，從而將人們

〔註16〕方以智：《藥地炮莊校注》，第49頁。

的目光引導向唯一實存的當下事物，就這一點說，它與方氏體用論同樣具有肯認現實世界的傾向和效果。然而郭象的造物無物，或曰獨化，由於輔之以「性分」的規定，最終導向了安命逍遙的結論，主體的能動性讓位於既定的性分之命。通觀《炮莊》，方以智並沒有採納郭象對於萬物「性分」的約束，而是採取實證主義的態度，經由物理來認知萬物。

　　北宋諸子中，方氏向來推崇邵雍，在論虛體實用問題時亦時常引用邵雍的觀點。當時學者對方氏家學易學的評價，也是認為其主要依循的是邵雍易學：「潛夫方先生續承家學，著為《時論》，紹聞則祖明善而禰廷尉，集說則循康節而尊考亭。」〔註 17〕邵雍論體用最著名的當是「體四用三」說，但「體四用三」本身並不是方氏虛體實用說的直接來源。方氏論道物關係意義上的體用問題，所吸收的邵雍思想主要是「一非數」和「地體天用」兩個方面，並融合了朱熹的「理一分殊」。

　　關于邵雍的體四用三說，有學者稱之為「形質論」的體用論，「其所刻畫的乃是事物內部整體與部分的關係問題，更具體地來說，是事物整體與自身當中發用、發顯、主動、可感知的部分的關係問題。」〔註 18〕邵雍用體四用三來說明事物內部的結構，又將用之三與不用之一抽象為體用對待的形式，來說明事物之間的關係。他所關心的始終是物的問題，體四用三也始終只是對物理的說明〔註 19〕。至於道物關係意義上的體用論，在邵雍學說中是不能以體四用三來表達的。方氏所吸收的主要是其「一非數」與「地體天用」的觀點，進而改造成虛體實用說。

4.2.1　從「一非數」到「無體之一」

　　方氏經常把邵子所謂「一非數」直接當作「無體之一」來看待。如方孔炤說：「所言皆大二也，即大一也。故邵子曰一非數也。無體之一即不落有無、不離有無者也。」〔註 20〕方以智說：「無體之一，即大一也，有無之極也，以其不落有無，在有無中也。曰大一者，非數也。」〔註 21〕大一與大二，分別對

〔註 17〕方孔炤、方以智：《周易時論合編·序（李世洽）》，第 2 頁。
〔註 18〕李震：《邵雍體用論的淵源、特色與定位》，《中國哲學史》，2020 年第 2 期，第 91～97 頁。
〔註 19〕李震：《邵雍哲學的體用論》，《哲學研究》，2020 年第 9 期，第 59～68 頁。
〔註 20〕方孔炤、方以智：《周易時論合編·邵約》，第 239 頁。
〔註 21〕方以智：《易餘（外一種）·易餘小引》，第 5 頁。

應上述方氏思想中的太極與有、無二極，或中天與先、後二天。邵雍所謂「一非數」原本並不是直接就本體而言的，方氏卻將其視為對無體的證明。方氏有時也將邵雍的體四用三改造成為其虛體實用的形式：「《觀物篇》曰：四者有體也，而其一者無體也，是謂有無之極也。用之者三，不用者一，而總為無體之一。蓋不落有無者不離有無，故曰有無之極也。」前文提到，邵雍本人亦有時將體四用三抽象為用與不用兩端，方氏則進一步將此用與不用抽象為有與無，又按其絕待一對待的模式，假設一不落有無、不離有無的「有無之極」，也就是太極或所謂「太無」，即在圓∴下兩點之對待的基礎上再立上一點。而將用與不用共同視為無體之一，形式上則更近於方孔炤的三層同心圓強調大一與大二的相即不離，其圖式雖與∴不同，但都是對虛體實用說的表達。這也從側面證明了，方氏思想中確實具有超越于邵雍「形質論」的體用論，即具有道物意義上的體用論一層。

事實上，即便對于邵雍形質論意義上的體四用三說，方氏也只是視情況運用，並不堅持將其貫徹到對一切物理的解釋中。方孔炤說：「邵子悟知一在二中，其可言者皆方體適值者也。故一切物且以四破言之，其實三之皆可三也，五之皆可五也，六之皆可六也。」〔註22〕方氏所吸取的主要是邵雍體四用三說中所蘊含的體用對待的道理，若堅持質測物理，從物的實際情況出發，那麼三分之、四分之、五分之、六分之都是有可能的。從這一點上講，王夫之謂相比於方氏的質測之學，邵康節的格物實際上是「立一理以窮物，非格物也」，可謂卓見。

4.2.2 從「地體天用」到「即用是體」

「地體天用」是對邵雍「天主用、地主體」的簡稱，亦代表邵雍思想中一種特殊的體用對待關係——簡言之即體用顛倒，以通常人們認為是體的一方為用，用的一方為體，相關的表述還有「聖人主用、百姓主體」等等。要之，邵雍所論體用之所以能夠被顛倒，主要還是因為他的體用論是就事物內部的結構來談的。事物內部通常有用與不用兩個部分，但在特殊情況下，是由用的一方佔據主動地位，而不用的一方居於被動的從屬地位。那麼，這種解釋事物內部結構關係的體用顛倒說，有沒有可能被運用到道物論上來呢？

方氏就是通過改造這一體用顛倒說，來發揮自己的虛體實用說的：「邵子

〔註22〕方孔昭、方以智：《周易時論合編‧邵約》，第235頁。

以天為用，地為體。體生於用，體亦生用。故《易》無體，因謂之無體之體耳。總之，即用是體，而逼人親見至體之方便，原不可少。」〔註23〕前文談到，方氏虛體實用說的現實指向就是為了消解對一超絕本體的追求，肯認當下事物的價值，因此，通過借用邵雍體用顛倒論中對通常居於從屬地位的一方的強調，方氏開創了其虛體實用說的「即用是體」思路。從方氏哲學自身的推導邏輯來看，「即用是體」本來是從「二虛一實」的結構中得出的結論：大一是虛，大一所生之大二中，大二之無也是虛，惟大二之有是實，因此大一隻能通過大二之有來顯現自身，而大二之有同時也是人之生活世界，人只能通過大二之有來推測大二之無和大一的存在——從其自身顯現與人的體認這兩個維度來講，大二之有即是大一之體。因此，可以說邵雍的體用顛倒說在引申意義上可以與方氏的虛體實用說相契合，但並非方氏構建虛體實用說的必要思想資源。

4.2.3 從「加一倍法」、「理一分殊」到「一在二中」

方氏體用結構中的大一、大二說，容易令人聯想到邵雍易學中的「加一倍法」，但二者從內容到旨趣，實有不同。「加一倍法」是程顥對邵雍由太極展開為六十四卦的衍生秩序的方法論總結，相應的原文為《觀物外篇》中的「是故一分為二，二分為四，四分為八，八分為十六，十六分為三十二，三十二分為六十四」〔註24〕。然而方氏所論體用，自太極以下，只是將一分為二的模式貫徹到底，其說實際更近於朱熹在《易學啟蒙》中表述的太極生化觀：「自太極而分兩儀，則太極固太極也，兩儀固兩儀也。自兩儀而分四象，則兩儀又為太極，而四象又為兩儀矣。」〔註25〕比較邵雍與朱熹關於太極生化次序的說法，其不同之處在於，「朱熹是在加一倍法的基礎上融入理一分殊而形成其一分為二觀點」〔註26〕，這一做法的實質即用道物關係意義上的體用觀來詮釋邵雍的宇宙生成論。朱伯崑先生亦認為，方孔炤對邵雍先天卦次橫圖的解說，「亦取《易學啟蒙》義，並非邵雍加一倍法之本義。」〔註27〕然而朱熹論太極生化，畢竟有「太極固太極也，兩儀固兩儀也」這樣的表述，有將太極與兩

〔註23〕方以智：《易餘（外一種）‧三冒五行》，第 27 頁。
〔註24〕邵雍：《邵雍集‧觀物外篇》，北京：中華書局，2010 年 1 月，第 1064 頁。
〔註25〕胡方平：《易學啟蒙通釋》，北京：中華書局，2019 年 8 月，第 67～68 頁。
〔註26〕李育富：《邵雍先天易學探析》，《周易研究》，2019 年第 3 期，第 60～69 頁。
〔註27〕朱伯崑：《易學哲學史》，第 478 頁。

儀、理與陰陽二氣分離的趨勢。方氏則以其「一在二中」說，試圖克服本論學者體用分離的問題：

> 智曰：《禮運》曰：禮本於大一，分為天地，即太極兩儀也。自此兩儀為太極，而四象為兩儀；四象為太極，而八卦為兩儀，雖至四千九十六亦兩儀也。故自一至萬謂之大兩，而太極者大一也。大兩即大一，而不妨分之以為用。(《周易時論合編・諸家冒示》)

方以智父子講一二，常常從《禮運》「禮本於大一」講起，但其表述與前引朱熹在《易學啟蒙》中的講法幾乎是一致的，都是以一極與二儀的模式貫徹太極生化之始終。不同之處只在於，方氏講太極生化之一二，最後一定要落在「大兩即大一」上，如方孔炤亦謂：「自儀象八卦以至四千九十六，皆大二也，大二即大一也。」〔註28〕這是因為他們的「大一」或太極自身是沒有內容規定的，沒有朱熹所建構的那種「潔淨空闊底世界」。大一作為虛體，其內容是與當下世界中實存的萬物之用完全重合的。

4.2.4 對先天學的改造

易學中發源于邵雍的先天學，略有廣、狹二義。狹義上，先天學是圍繞著先天圖等易學圖式創發的；而廣義先天學則既包括先天易學，也包括對後天事物秩序的研求，講究推天道以明人事。方氏易學以象數為基礎，重視宋以來的圖書傳統，對於狹義上的先天學，如河圖如何變為洛書等等，自有一套說辭。本文對方、邵先天學的比較，是以體用論為中心，故只就廣義的先天學而論。

前文已述，方氏所講的先天，不離於其圓∴圖式所展現的中天、先天、後天的結構。在此結構中，惟有後天是實，先天、中天都是依據絕待、對待原則所懸設的虛體，其設立只是為了在邏輯上終結對於後天事物之所以然的追問，自身並無實質內容。又由於一在二中、絕待即在對待中，所以人能且只能通過對後天事物的認識來體認先天、中天，這種通過後天認識先天的認識方法，在方氏哲學中稱為「逆知」：「逆知先天而順理先在後中之天。」〔註29〕然而先天本身並不是方氏體用論的理論重心，也不是其認識論的主要對象。相反，就像朱熹以體用論含括了邵雍的加一倍法一樣，方氏體用論亦引發了消解先天學

〔註28〕方孔炤、方以智：《周易時論合編・繫辭》，第 1210 頁。
〔註29〕方孔炤、方以智：《周易時論合編・序（白瑜)》，第 11 頁。

的效應。

　　就《周易》文本而言，「先天」語出乾卦之《文言傳》：「夫大人者，與天地合其德，與日月合其名，與四時合其序，與鬼神合其吉凶。先天而天弗違，後天而奉天時。」《時論》解釋這句話時，引入了方大鎮在《易意》中的觀點：

> 《易意》曰：「……非可銜一先天之名于後天之上，別立一宗也。深徹幾先，則無先後矣。四與字中，即造造化，豈徒聽之造化己耶。」[註30]

方氏反對一獨立的先天，表面看起來就像理學家幾乎都堅持形而上下不可分一樣，除了造語生僻一點，並沒有什麼獨特處。然而方氏之所以能夠進一步講出「無先後」，是因為其所謂先天並不含有任何超出後天以外的內容，這一點就與理本論、心本論學者拉開了距離——後者總是不得不為其本體附加上從理或心中抽象出來的某些內容規定。此外，方氏反對一獨立的先天，也就是反對有什麼支配性的角色作用於後天事物，這種支配性對於事物形成了某種與「命」相關的「造化」。就像郭象哲學引入「性分」之後推導出來「安命」的結果一樣，若引入某種既定的先天或造化，那麼人的主體能動性最終會遭到這一自己所設定的命運的反噬。方氏哲學對於人對當下事物的能知、能用具有充分信心，肯定後天其實就是肯定人知物、用物的能力。「先天後天止有一用」，「先在後中，止有善用」，諸如此類表述中，「用」既可以說是體用之用，也可以說是人之用。在方氏體用論的究極處，太極本體之顯用與主體能動性之發用，是渾然難辨的。

〔註30〕方孔昭、方以智：《周易時論合編·乾》，第 433 頁。

第 5 章　物理：象數與理氣之間

　　本章討論方以智物論中的物之理，以其對現實存有世界的描述性說明為主要內容，用象、數、理、氣等範疇來搭建起論述框架。象、數、理、氣這一組範疇在邏輯上介於終極本體與具體物之間，又由於方氏哲學中以「無體」為至體，此終極本體並不具有實質內容，則其所論物理主要是來自對具體物的考察和對具體理則的歸納。在這組範疇中，象、數通常是放在易學體系中來談的，而理、氣在宋明以後思想話語中的使用遠比象、數普遍。由於前一章論道物關係是以方氏易學為基礎，本章將首先處理象、數問題，然後討論理、氣範疇及其與象、數的關係，最後說明方氏哲學體系中物理、宰理與至理的區分。

　　綜觀方氏哲學中理氣象數四者的關係，需要把握幾個要點。首先，以虛實論，理為虛，氣為實，象、數則介於虛實之間，所謂「象數正有無、交輪之幾」〔註1〕。第二，由虛實而可分物與物理，象數氣屬物，理皆是物之理，單舉物字則包含物理。第三，在道物關係框架中，物與理對舉時，物屬有，理屬無，但由於理皆為物之理，故物與理又皆屬於有，換言之，象數理氣均屬於有；此有與無相對，又另假設一無對之太無，太無即有無而不落有無。最後，「盈兩間皆氣」，「兩間皆氣也，而所以為氣者在其中」，「虛空皆象數」。此「有」之世界皆為氣所充塞，有氣則有象、數、理，故此兩間、此宇宙、此當下世界時時處處皆為象數理氣所充盈。（如圖 2 所示）

〔註 1〕方以智：《東西均注釋（外一種）・象數》，第 294 頁。

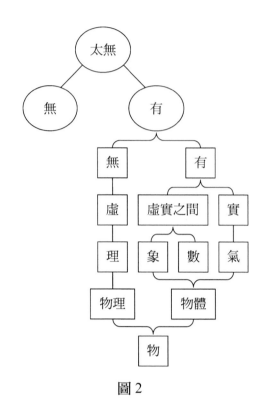

圖 2

5.1 象數

易學史上，象數二字連用首先使人想到象數學派，與義理學派相對。明末學《易》的人，大概偏於象數或義理之一端，這種分離現象深為方氏父子所批評。他們反覆說到，「世非任數失理者，即談虛日之理而遺數者，誰研極而通變乎！」〔註2〕「學《易》家或鑿象數以言占，或廢象數而言理，豈觀其通而知時義者哉！」〔註3〕「質皆氣也，徵其端幾，不離象數。彼掃器言道，離費窮隱者，偏權也……其言象數者，類流小術，支離附會，未敷其真，宜其生厭也。於是乎兩間之真象數，舉皆茫然矣。」〔註4〕以這些話來推測，時人要麼離開象數空談義理，要麼執著於象數而不顧義理，以至於變成占卜算命一類的術數。方氏心目中的「真象數」，應當是排除其中的神秘主義因素而保留理性精神，因而與義理相即不離的象數。二者的關係就像相反又相因的大二，「義

〔註2〕方孔昭、方以智：《周易時論合編・太玄》，第228頁。
〔註3〕方孔昭、方以智：《周易時論合編・時論後跋》，第17頁。
〔註4〕方以智：《方以智全書》第七冊，《物理小識》，第111頁。

理與象數皆大一之用也」〔註5〕，俱不可偏廢。

5.1.1　象：寓象與觀象

　　朱伯崑先生認為，在象數之間，《時論》尤為重視象，其為《說卦傳》中各卦所補充的象極其繁多，僅補充八卦所取之物象就有三百多例。〔註6〕方氏對易象的重視，與他們質測物理的興趣分不開。方以智說：「時時事事有當然之卦爻，無非象也。卦爻命辭所取之象，此小象也。」〔註7〕當下世界中的一切事物都有其象，相比之下，卦爻辭之取象只是其中的一小部分。為行文方便，即將前者稱為物象，後者稱為易象。在易象理論上，方氏似乎並沒有太大發明，主要是繼承了張載和邵雍的一些精要觀點。如張載謂「欲觀易，先當玩辭，蓋所以說易象也」〔註8〕，方氏亦重視象與辭的互相闡發。邵雍將易象分為意象與言象、像象與數象、內象與外象〔註9〕，方氏所補充的象也不出於這幾類。方氏由易象而引申出的理論，較為值得注意的大概有兩點，一是由「象」而「寓」，二是觀象的方法。

　　《繫辭》有言：「是故《易》者，象也；象也者，像也。」《時論》引用蘇軾的話說：「像之言似也。其實有不容言者，故以其似者告也。達者因似以識真，不達則又其似似者而口遠矣。」這一解讀傾向於認為易象即擬真之象，易象與真雖相似，卻又有損於真。《時論》又引朱熹的話說：「三百八十四皆自然之象，如鏡相似，物來能照。」這一解讀則認為易象是擬自然之象，易象對物的反映即如鏡子一樣直接，在形象上沒有缺損。在蘇、朱之後，方以智說：「象也，如也，寓也，皆明其二而一也。」他其實是借用了蘇軾的訓釋，再加上朱熹的鏡喻，強調象者與象之者是完全重合的關係。他接著又說：「上下貴賤，一切歷然，皆是冒象，皆是實象。」〔註10〕歷然是合稱當下世界中的森森萬物，冒象指理，實象指個體之物。原來，方以智在這裡發揮的仍然是虛

〔註5〕　方以智：《易餘（外一種）・體為用本　用為體本》，第 123 頁。

〔註6〕　朱伯崑：《易學哲學史》第三卷，第 393 頁。

〔註7〕　方孔昭、方以智：《周易時論合編・凡例》，第 22 頁。

〔註8〕　張載：《張載集・橫渠易說》，第 176 頁。

〔註9〕　《時論》解讀《繫辭傳》「聖人設卦觀象，繫辭焉而明吉凶」一句時，引述邵雍觀點。「邵子曰：《易》有意象，立意皆所以明象；有言象，不擬物而直言以明事；有像象，擬一物以明意；有數象，七日八月三年十年之類是也；有內象，理致是也；有外象，指定一物是也。」方孔炤、方以智：《周易時論合編・繫辭》，第 1154 頁。

〔註10〕方孔昭、方以智：《周易時論合編・繫辭下》，第 1234～1235 頁。

實相即不離的道理，一物之理即內在於其自體之中。「寓於」是方氏哲學中的常用語，如其謂「先天之所以然寓於不得不然」，「道德寓於文章」，「道寓於藝」，「性寓於氣」等等，都是指的無形即內在於有形中，無形不能獨立於有形之外。

由於理寓於象，方氏所謂觀象，其實就是觀理。「變通為象，而推究其象之所自，闔而闢，闢而闔，往而來，來而往，所以為闔闢往來者以示人，而使人觀之者，即觀此象也。象本於理，以此理措乎日用，即制器也，是象之顯設也。制器尚象，皆謂觀象之學。」〔註11〕觀察易象之往來開合的變化，思考其變化的原因，從而把握寓於易象之中的理，又將此理運用到對當下世界之物的改革、創造之中，就是製器。在方氏思想中，聯結起觀象與製器、經典與現實的是分析性的理，而非某種整體呈現的直觀，由此可窺其強調理性思維之一斑。

言易象可以暫且擱置氣的因素，言物象則不得不論氣。關於《繫辭》「幽明之故」一句，方氏極為欣賞朱熹對「幽」、「明」、「故」的解釋：「朱子曰：陰陽之成象成形者，明也；其象其形之不可測度者，幽也；有所以為象為形者，故也。程子所謂體用一原，顯微无間，其原、无間處是故也。朱子此語最確。」〔註12〕物象之質由陰陽二氣生成，物象之所以生成的原因即是理，「所以」與「故」均是理之別名。朱子這裡提到的象與形，在方氏的話語習慣中有時稍作區分：「曰象謂可見者，曰形謂可見又可執者，曰器則用也。見器即見形，見形即見象，見象即見理。」〔註13〕物象之「象」是物向著人之視覺呈現，「形」向著視覺、觸覺呈現，「器」則是符合人之實用目的的物。從象到形、到器，意味著物與人的關係逐漸密切，在虛實座標上漸趨於實。反過來說，器必有形、形必有象、象必有理，故理在一切象、形、器中。

5.1.2 數：分限與節度

方氏論數，就其整體哲學思想來說，最顯著的標誌是常用數來概括理則，如方以智講太極的道理，一口氣舉出許多數來：「然不知有太極，不以函三明太極，不以二虛一實核太極，不以舉一明三用太極，不要歸于旋四藏一，

〔註11〕方孔昭、方以智：《周易時論合編・玩易雜說》，第 265 頁。
〔註12〕方孔昭、方以智：《周易時論合編・繫辭上》，第 1162 頁。
〔註13〕方孔昭、方以智：《周易時論合編・繫辭上》，第 1209 頁。

四用其三，則太極不可得而知，知之猶无知也。」〔註14〕單從數字上看好像很複雜，其實表示的道理是一貫的。函三、二虛一實、舉一明三就是從不同維度講前述太極、無極、有極的關係；四用其三是說明一物內部用與不用的結構；旋四藏一是提取河圖、洛書的中間五點⚬⚬，以中間一點為太極，此一河洛中五說將留待後文討論「中」的問題時詳解之。總之，方氏常常用一到十的數字來概括原理，「聖人舉十字示人，易簡極矣」，他們認為這樣可以從繁複的、雜多的物理中歸納出來簡明扼要的原理，所謂「動蹟皆易簡」。這一類通過易象和易數來表達的理，在方氏哲學中屬於「至理」，即「至理以象數為徵」〔註15〕，它具有最高的抽象性，可以普遍運用於自然界與人類社會。

方氏論數另一值得關注之處，就是尤為重視「度數」。「度」由具體物上起，包含自然與人文兩個世界中的具體物。方氏哲學雖然並不以氣為本，但承認氣是構成現實世界的基本資料，氣化的過程就是萬物生生的過程。又，「數者，氣化分限節度也」〔註16〕，數表徵著氣化過程中的「分限」與「節度」。其中「節度」的人文意味比較濃，節度之數與社會規則和德性、倫理有關，具有可規定性、可調節性；「分限」則相對側重於自然物，分限之數有確定不移的意思。

分限之數內在於具體的自然物之中，人能夠通過把握自然物之數，從而製作人造物之象。從這個角度來講，「數之理在象先，而人心之幾，因倚乃極也。」「倚數」語出《說卦傳》「參天兩地而倚數」，即相倚而用數的意思。相倚既包括併倚、乘倚、除倚、方立倚（即開方和立方）等今人所用基本運算法則，也包括損益倚、追差倚、方圓倚、比推倚等當時一些特殊的運算法則，還包括「方圓開立比推」中與三角、弦弧、切線等等相關的幾何學定理。〔註17〕象與數本來是對等的，但在認識論意義上，數比象更具有優先的價值，因為數才是人的理性能力所能把握的對象，象則往往與人的製作、創造活動相關，所以又有「極數定象」的說法。一個典型的例證是音律與樂器。方以智認為，萬物之中最難測度的是聲音，而天之聲與地之音的互相唱和又最能體現萬物之間的互相感應，所以他很重視「聲數」：「知聲音之數，而萬物之數睹矣；知聲音之理，而萬物之理得矣。」音樂與四時、緯曜、策卦同屬於不能以人力強為

〔註14〕方孔昭、方以智：《周易時論合編·繫辭上》，第 1211 頁。

〔註15〕方孔昭、方以智：《周易時論合編·崇禎曆書約》，第 327 頁。

〔註16〕方孔昭、方以智：《周易時論合編·說卦》，第 1295 頁。

〔註17〕方孔昭、方以智：《周易時論合編·極數概》，第 376 頁。

之的自然物，它們的規律必須通過數來把握。只有正確掌握了音階之數，才能製作樂器、協調演奏。〔註18〕

節度之數表征人倫社會的應然之理，只有聖人才能掌握節度之數，並寓之於開物成務之用，從而建立秩序、設立法度。周易筮法中，對蓍草進行分合產生了數量上的變化，方氏相信，筮法中數的變化潛藏著聖人的微言大義，聖人通過數來傳達天地的真實消息，從這個意義上講，「聖人乃是一抄書客耳」〔註19〕，從根源上講，天地本身就具有數所表徵的節度，「天地之節，不得不中於數，而聖人即以數中天地之節」〔註20〕。由於數起於天地之節度，方氏論數又尤為重視《節》卦。《節》卦《大象傳》有「制數度，議德性」一語，方以智認為這說明了「數本天之度」，方孔炤認為這句話說明了「因數起度以節之，由德為行而倡之，約之於制，以為節也。」〔註21〕總之，聖人通過數來向世人傳達天地的節度，並按照天地的節度來制定社會的節度，規定德性原理和人倫要求。

數是人的發明還是發現，這本來是個有爭議的問題。方氏基於象數學立場，主張數內在於萬物之中，卻缺少對這一主張的論證，有時候不得不借助於信仰的權威。比如《時論》引用王宣的話說：「一切物數，信其理自如此，豈遍數毛孔而知之乎！河洛百點，周公九章，實天之節度也。」〔註22〕天地萬物符合於河圖洛書之數，河洛之數就是天規定的節度，經典已經提供了關於萬物的一切真理，因此人要認識萬物應該通過經典閱讀、理解聖人之意，而並不需要直接去觀察、研究萬物的實際情形。這種對於經典的信仰，應該說是與方氏哲學整體上的實證氣質不相符合的。方以智在《通雅》和《物理小識》中對自然物理的記錄表明，他在實踐上已經通過實際觀察、研究甚至實驗的方法，來認識物的自然屬性。那麼應該如何理解方氏對於數作為「天之節度」的觀念呢？

將數與自然科學關聯起來，以數學作為研究自然的基礎，是近現代科學

〔註18〕方孔炤、方以智：《周易時論合編・邵子聲音概論》，第305頁。

〔註19〕「混沌之先，先有圖書象數，聖人乃是一抄書客耳，以無分別智知一切差別。」
　　　　方以智：《東西均注釋（外一種）・象數》，第303頁。

〔註20〕方孔炤、方以智：《周易時論合編・繫辭上》，第1202頁。

〔註21〕方孔炤、方以智：《周易時論合編・極數概》，第360頁；《周易時論合編・節》，
　　　　第1088頁。

〔註22〕方孔炤、方以智：《周易時論合編・極數概》，第360頁。

才具有的特徵。方氏講數雖然在在與自然物相關聯，似乎企圖用數來解釋天地自然，但其論數的理論指向其實仍是人倫社會。將數信仰化為天地自然之本然，不過是沿著推天道明人事的慣常思維，證明其社會主張的合理性。方氏通過數來表達的是什麼樣的社會主張呢？總體而言，就是建立穩定的社會秩序，使得每個人各樂其業、各安其生。然而方氏思想在政治哲學或社會理論方面的論述是比較薄弱的，他們雖然有著建立一秩序社會的強烈願望，有時候也根據其大一大二的理論講一些「政府統君民」之類的原則，卻大都過於粗略。通過天地之數來組織一有秩序的人類社會，似乎只是他們思想中偶爾閃爍的花火。

5.2 理氣

　　方以智論理氣關係，要點有二。一是理與氣在實存狀態中不可分離；二是從認識論上講，理的價值優先於氣。由於理具有遍在性，又方氏反對建立一個獨立的理的世界，故其論理並非一概而論。本節所謂理氣，主要是指就氣而言氣之理。值得注意的是，宋明理學中所說的「氣」近似於今人所說物質，或者構成物體形質的基本要素，方以智所說的「氣」則既含有普遍的物質的含義，也含有物理學或者自然科學中的大氣、氣體的意思。方以智雖然也有「一切物皆氣所為」，「塞天地間皆氣也」（《通雅・脈考》）一類的講法，但他與王廷相等氣本論學者對「氣」的認定是根本不同的。最主要的區分在於，方以智思想中並沒有一個創生性的「元氣」範疇，而且不管在邏輯上還是時間上，他都不認為氣先在於理，甚至在認識論的意義上，他認為理的價值反而高於氣。

5.2.1 理：物理、宰理、至理

　　方孔炤將理區分為物理、宰理與至理，這一區分為方以智所沿用。在他們的話語習慣中，「物理、宰理、至理」，「質測、通幾」，「格物、知行」這三組概念經常交替、組合使用，以至於現代研究者也往往不作細緻區分。最明顯的區別在於，「物理、宰理、至理」這一組概念是用來區分知識的門類的，「質測、通幾」這一組是從認識論上講的不同方法，這兩組都是方氏哲學的原創，「格物、知行」則是沿襲宋明理學話語，是在理學語境內來談做聖賢的工夫問題。

簡單地說，物理就是有形之物的理，主要指自然科學；宰理是政治和教化的理，相當於今天的政治學、社會學、道德倫理學；至理是所以為物、所以為宰的究極原理。具體來講，物理的內容包括象數、律曆、聲音、醫藥等等，從事物理之學的人叫做「考測天地之家」〔註23〕，他們的研究對象有形有質，可以用數字來測量，可以實際徵驗和重複實驗。由於物理是直接面向具體物的考察，物即已凝形之氣，所以物理就是考察具體物之氣的「陰陽剛柔」的性質及其「動躓屈伸」的運動。

方氏父子對「宰理」講得比較粗略，又混雜著否定和肯定兩種不同態度，使其內涵不甚明確。從文本上看，宰理的內容至少包括「仁義」和「治教」，並落實於個體道德修養中的繼善、成性、安心等工夫。照這樣的內容，則宰理應是宋明理學的主要內容，但方氏多次批評，「宋儒惟守宰理，至於考索物理時制，不達其實，半依前人」〔註24〕，「儒者守宰理而已。聖人通神明，類萬物，藏之於易；呼吸圖策，端幾至精，曆律醫占，皆可引觸」〔註25〕。在方以智看來，宋儒就仁義論仁義的路徑並不能盡其精蘊，因為「在物為理，處物為義」，仁義必須實踐於日用，表現為恰當地使用物，即轉物而不為物所轉的「主宰」之義，對物則為「宰制」之義，故而「宰」是實現道德、規範秩序的題中之義。除了把握宰理，理想中的聖人還應該「通神明，類萬物」，即同時把握至理與物理，將上達之道貫徹於具體而微的下學之中。「宰即宰其物理，即以宰至理矣。此所以為繼善成性之大業主也。」〔註26〕在方氏看來，「繼善成性」並非完全不可徵驗的個人境界，善的德性必然表現為現實功業。因此，德性與物理的聯結點就在於，德性即表現為對物理的正確認識和恰當運用。只有通過宰制物理，才能落實宰理，而至理並非外在於宰理與物理，至理的意思就是宰理即在物理之中。按照這樣三理必須一時圓融、共同實現的標準，則「惟守宰理」非但未能體認至理故不知變化，未能認識物理故無法落實，且並不能真正實現宰理本身。

「至理」有二義，一是從理氣關係上講，「至理統理氣」，理氣對立兩端相反相因是當下世界中的實然狀況，拈出「至理」以統攝此對立兩端，是人為地

<hr>

〔註23〕「考測天地之家，象數、律曆、聲音、醫藥之說，皆質之通者也，皆物理也。」
　　　　方以智：《通雅》，《方以智全書》第四冊，第 75 頁。
〔註24〕方以智：《通雅》，《方以智全書》第四冊，第 3 頁。
〔註25〕方以智：《物理小識》，《方以智全書》第七冊，第 96 頁。
〔註26〕方孔炤、方以智：《周易時論合編・繫辭》，第 1210 頁。

推尊「理」在認識價值上的優先性。二是在前述物理、宰理、至理的結構中，「至理」即意味著宰理就在物理之中，又物理總是表現為陰陽剛柔、動蹟屈伸等對立兩端的相互關係，可以說宰理為一、物理為二，故「至理」就是一在二中，就是相反相因。「聖人因物明物，而因以理之，因立宰理而即以物理藏之，此至理也。」〔註27〕聖人所立宰理應當主要指社會秩序和人倫規範，這些規則必須遵循物理的客觀要求，能夠做到這一點就符合了至理。若依照「事有終始」的模式，則正確認識物理是始，宰制、運用物理是終，至理則貫穿終始。可以說，三理之中，物理最為重要，「宰理、至理即在物理中」〔註28〕。

5.2.2 氣：陰陽與五行

陰陽與五行是中國古代科學哲學闡釋、說明氣之具體性質的基本範疇，氣的性質以及陰陽、五行之間的關係構成了氣之理的基本內容。方以智論陰陽與五行，在性質的規定上基本遵循傳統，其發明在於對傳統五行與太西四行進行了比較與溝通；在幾者的關係問題上，方氏是按照真陽統陰陽、陰陽生五行來說明的。

在方氏哲學中，真陽統陰陽與「一陰一陽之謂道」都是按照一分為二、一在二中的體用模式來論說的。陰陽二氣是當下實有世界中最為基本的元素，而「真陽」的設定則是價值選擇的結果，是為了凸顯對陽所代表的價值的尊崇。真陽統陰陽的模式與太無統有無、大一統萬一、至善統善惡、至理統理氣是一樣的，相對待的兩端才是現實存有物，統之者只是一形式上虛有的人為設定。從當下世界之實有的角度來說，「直謂陰陽為有極可也」〔註29〕，與之相對的是陰陽不分的無極狀態，而太極與有無二極則是不一亦不離的關係，即表現為前述圓∴圖式的三極之說。《繫辭》的「一陰一陽之謂道」也統攝於此一模式之中，但兩個「一」字表明陰陽二氣處於不斷的代錯運動之中。有趣的是，方以智用當時的天文學知識來說明這種陰陽代錯運動。「代而錯者，莫均於東西赤白二丸。白本於赤，二而一也。」〔註30〕二丸指日月，日月的往來交

〔註27〕方孔炤、方以智：《周易時論合編‧序卦》，第 1332 頁。

〔註28〕原文為：「申明宰理以宰物，而至理不違也，知之乎？宰理、至理即在物理中，知之乎？通而言之，理明於心，心一物也，天地性命，總為一大物理而已矣。」方以智：《藥地炮莊校注》，第 78 頁。

〔註29〕方以智：《易餘（外一種）》，第 64 頁。

〔註30〕方以智：《東西均注釋（外一種）‧東西均開章》，第 19 頁。

替是陰陽代錯運動最為顯著的表徵,「白本於赤」則是說月球自身不能發光,依靠對太陽光的反射作用來發光,由此說明尊陽的合理性。

當時耶穌會士傳入中國的學問中,關於月下世界的基礎理論是四元素說。四元素說產生於約公元前 5 世紀的古希臘,一直到約 18 世紀都在西方思想中起支配性作用。這一理論主張一切月下物質(material)或者有形體(corporeal)都是由火、氣、水、土四種基本元素構成,基於此,耶穌會士對中國傳統的木、火、土、金、水五行說進行了激烈批評。方以智則認為四行與五行並非不可調和,其理由大略有兩點。首先是按照他自己一在二中的模式,把四行與五行一概還原為相對立的二氣。他在回答如何取捨四行、五行的問題時說,「謂是水、火二行可也,謂是虛氣、實形二者可也。」〔註31〕在方以智看來,四行、五行都是按照相反相因的原則來區分氣的性質,這種二分的邏輯才是最基礎的,因此可以說四行、五行之同大於異。虛氣、實形分別指的是未凝之氣與已凝之氣,同樣是一氣二分。方以智認為,唐代高僧、天文學研究者一行的「氣形光聲」四分也是建立在二分的基礎上:「氣凝為形,蘊發為光,竅激為聲,皆氣也,而未凝、未發、未激之氣尚多,故概舉氣、形、光、聲為四幾焉。」〔註32〕形、光、聲是已凝、已發、已激之氣,與之相對之氣則是未凝、未發、未激之氣。基於二分的邏輯,方以智非但不認為四行、五行有不可會通的矛盾,反而認為四行、五行乃至一行的氣形光聲說都有其合理性,可以並行不礙。

第二是對五行說作出一定調整,使之更好地適應太西四元素說、一行的氣形光聲說,乃至隨同佛教傳入的印度地水火風四大之說,還有邵雍水火土石四分之說。雖然方以智認為這些說法全都建立在二分的邏輯基礎上,但五行說最終分為五,而後幾者都分為四,使他不得不考慮如何協調五與四的數量差別。他的辦法是從五行中取出水、火表燥氣與濕氣,金、木表生氣與殺氣,這樣就形成了兩組二分之氣,而「土蘊沖氣」,表示燥、濕、生、殺互相沖合的屬性。然後用水、火二行統攝金、木,即「舉南北之水火,而東西之金木寓矣」〔註33〕。方以智對五行說作出的這一調整,最主要的一步是把土單列出來,土從有形的元素變成無形的性質,歸入四行之間的運動作用,四行

〔註31〕 方以智:《物理小識·四行五行說》,第 124 頁。
〔註32〕 方以智:《物理小識·四行五行說》,第 124 頁。
〔註33〕 方孔炤、方以智:《周易時論合編·兩間質約》,第 355 頁。

又歸約為水、火二行，更進一步，水火相對待而以火為主，這就推導出了「五行尊火」的結論。方氏所作下圖直觀地展現了他們如何調整五行以適應諸四行說：

圖 3〔註 34〕

值得一提的是，其中氣形光聲的四分法與其餘以元素分類的方法似乎有較大區別。在科學技術史上，僧一行主要是以《大衍曆》及其中的測量法和曆法聞名，方以智所提到的這一氣形光聲之說，筆者尚未在一行著作中找到文本依據。可以明確的是，這一分類法在傳統和現代學者的研究中受到的關注很少，方以智把它單拎出來，可能也是意識到此說頗為獨特，尤其是形、光、聲三項，反映的不是物質元素，而是物理屬性。《物理小識》在首章《天類》中單列光論和聲論，按照方以智的實證主義思想傾向，他應該是有意識地認為聲、光屬於一切存有物的基本物理屬性。《物理小識》引用揭暄的話說「無物不含光性」、「氣本有聲」，都是將光、聲作為內在於物體的屬性。這種觀念與現在的一般物理觀念不同，然而直到民國時期，接受了西方科學知識的中國學者仍然認為這一觀念具有解釋效力。以光為例，陳文濤在《物理小識箋證》中，舉出方以智所說「人身有光，特不概見」一語，用當時前沿的西方醫學影象技術加以說明，即之所以能夠在暗室之中將物體拍攝成影，就是因為物體自身含有放射之光。有現代學者認為方以智發現了光並不總是沿直線傳播，即「光肥影瘦」現象，對於改進測量技術的精確性有一定理論意義，這確實是方以智的歷史貢獻。但有的學者說方以智「所描述的是一種樸素的光波動學

〔註34〕方孔炤、方以智：《周易時論合編・五行雜變附》，第 251 頁。

說」，恐怕是將方以智對物理經驗的總結過度拔高了。我們知道，在西方物理學史上，牛頓於 17 世紀提出了粒子學說，稍後又出現了波動學說，直到 20 世紀，科學家們普遍是將兩者結合起來，用波粒二象性來解釋光的性質。方以智對光的一些現象的經驗觀察和總結，與波動學說的解釋原理有本質區別，不能因為兩者處於東、西歷史上的同一時期就不加考察地以西釋中。

5.2.3 象數理氣之關係

《物理小識》有《象數理氣徵幾論》一篇，集中講四者的關係，其中說：「為物不二之至理，隱不可見。質皆氣也，徵其端幾，不離象數。」〔註 35〕「幾」指事物變化之初的細微徵兆，所謂「幾者，動之微」。方以智這句話說明，理、象、數皆寓於氣之形質中，又由於至理即無體之至體，不能直接認知，故需要通過氣或象數，來考察其變化的徵兆。由於具體事物是象、數、理、氣的結合體，所以在實際考察事物變化的過程中，這幾個因素都是需要考慮的。方大鎮說：「氣為陰陽，象為天地，數為奇偶，而貫者與之同時同體，故孔子常言往來，以用二即一也。」〔註 36〕氣、象、數都屬於物，物必有對，如陰陽、天地、奇偶之類，其對待兩端之往來升降的變化之所以然就是理，即物理與物相即不離的意思。又由於象、數的象徵性其實是指向理的，所以又可以將四者化約為理氣兩端。

方氏論理氣關係，要點有二。一是堅持理氣不可分離。就一般的理來說，「所以者即在氣中。如一壺水，即一壺潤，潤與水不可分。」〔註 37〕潤的性質與水的形質不可分離。就太極或至理來說，「即萬物共一太極，而物物各一太極也。」〔註 38〕雖然宋明理學家都肯定理氣不可分離，但理本論和氣本論學者在論本源或本體時，要追溯到一「潔淨空闊底世界」或一「太虛」之氣。由於方氏自覺地將本體設定為一僅具有形式而無實質內容的「所以」，故其理論具有徹底融合理氣二者的優勢。雖然作為本體的「所以」表面上仍然與「理」近似，但「所以」者必為某物之所以，因此這一範疇具有避免與物相割裂的特點，其自身不易被實體化。第二，理氣雖然在實存狀態中不可分離，但從認識論上講，理的價值優先於氣。「以泯理氣之氣而專言氣，則人任其氣而失理

〔註 35〕 方以智：《物理小識》，《方以智全書》第七冊，第 111 頁。
〔註 36〕 方孔昭、方以智：《周易時論合編‧乾》，第 402～403 頁。
〔註 37〕 方孔昭、方以智：《周易時論合編‧說卦傳》，第 1294 頁。
〔註 38〕 方孔昭、方以智：《周易時論合編‧繫辭》，第 1210 頁。

矣。提出泯理氣之理而詳徵之，則人善用於氣而中節矣。」〔註39〕認識對象本來是理氣不分的，但人只能通過認識其中的理，才能夠因理以制氣之用。故其所謂「至理統理氣」，是從認識價值上來講理優於氣，而非邏輯地、更非時間地講理先於氣。

　　具體到易學中，則可以暫時擱置氣，而以易理和象數為認識對象，所謂「《易》合理象數為費隱一貫之書」。三者之中，理為隱，為不睹聞；象、數為費，為睹聞。總的來說，費隱一貫、「《易》以睹聞傳不睹聞」，兩端不可分離。此外，相比語言文字，象數的優勢在於能傳達更微妙的理：「其言所窮、理所不及之理，正吾可以象數寓之者。」〔註40〕但方氏在談論理、象、數時，有時又暗示三者之間有某種邏輯上或生成上的先後次序。如其謂「因象有數，有數記之，而萬理始可析合」〔註41〕，是從象到數、到理的次序；又說「理藏於象，象歷為數」〔註42〕，是從理到象、到數的次序；還說「凡不可見之理寓可見之象者，皆數也」〔註43〕，是從理、象到數的次序。這些講法好像都比較隨意，缺少內在一致性，其意大致是說理寓於象數中，理之析合即以象數之分合為表徵。

〔註39〕方孔昭、方以智：《周易時論合編・太極圖說》，第 4 頁。
〔註40〕方以智：《東西均注釋（外一種）・象數》，第 287 頁。
〔註41〕方以智：《東西均注釋（外一種）・象數》，第 293 頁。
〔註42〕方孔昭、方以智：《周易時論合編・河圖洛書舊說》，第 10 頁。
〔註43〕方孔昭、方以智：《周易時論合編・繫辭上》，第 1202 頁。

第6章　物我：主體與客體之間

　　學界對方以智思想中涉及主體性的部分關注較少，這是由於方氏向來被視為科學、唯物主義先驅，使人產生方氏哲學重視客體、忽視主體的印象。事實上，方以智對主體性問題如心、性、命等等有豐富的論述，不過他在論述主體性時較少從心理感受、具體經驗出發，而重視通過理性之知來尋求普遍性、分辨差異性，且具有融匯理學各派系、折衷三教的特點。方以智對主體性的關切亦始終不離於客體之物，簡單來說，這是因為主體在實際生存境況中無時無處不在與物打交道。反對在現實世界之上設立一抽象的、純粹的理念世界是方以智哲學的基本設定，由此，他也不能承認主體存有於實際生存境況之外的可能性，是則與物共在本身就是主體存在的實然和應然境況。方以智往往從文字訓詁入手，來對範疇進行哲學詮釋。他說「吾」字「從五而口自問之」：「五」字「中×加二」〔註1〕，象徵著「天地之交」〔註2〕，人居於天地之間，又「天地間無非物，職分內無非事」〔註3〕，則主體與事物相始終；由「口自問之」又引申出主體間的共性，這是因為「萬國萬世，兒生下地，同此一聲自中發焉」，我與吾吾、阿阿、哇哇同聲，「華嚴、悉曇、回回、泰西，可以互推」〔註4〕。總之，此間物我共在，這是方氏論主體性的基本設定。

　　通常來說，討論物我關係至少有道德的與知識的兩種進路。在中國傳統思

〔註1〕「中×加二為五，此一用二之交格交貫者也。」方以智：《通雅》，《方以智全書》第四冊，第92頁。

〔註2〕「×者五也，天地之交也。」方以智：《東西均注釋（外一種）・譯諸名》，第242頁。

〔註3〕方以智：《東西均注釋（外一種）・一貫問答注釋》，第439頁。

〔註4〕方以智：《通雅》，《方以智全書》第六冊，第517頁。

想中，對於認識主體之我往往要求「無我」，如方氏常常援引邵雍「以物觀物，安有我於其間哉」一語所表明的，無我是保證主體之認識合於物之客觀性，從而獲得正確知識的前提；然而對於德性主體之我又要求「有我」，如孟子言「萬物皆備於我」，「吾善養吾浩然之氣」，又宋儒常言「人為天地之心」等等，這是因為德性主體的自覺是其擔負責任感、發揮能動性的關鍵。由於方氏論主體兼及道德人倫與自然科學，他的思想始終纏繞著有我與無我的糾葛，其論著中不時出現的「我，我也；無我，亦我也，我必不能以無我」〔註5〕，「無我、無無我」〔註6〕，「無我之我，即皆備之我」〔註7〕等表述，即反映出這一理論困境。方氏如何超越有我與無我的雙重主體困境，亦是本章寫作過程中潛在的問題意識。

6.1 心

論方以智哲學中的主體，應當從作為終極本體的「所以」處講起。前文已述，「所以」這一範疇是對宋明理學諸家及三教所論本體的共性的抽象化。在「所以」這一本體層面上，就像「所以為華者，即所以為春者」一樣，「所以為心者，即所以為理、所以為氣、所以太極、所以自然者也」〔註8〕，由「心」所象徵的主體性，與理、氣、太極、自然所指向的客體性，在根本處並無不同。換言之，在本體論層面，方以智是徹底的主客同一論者。這種主客同一不僅意味著主客不可分離，而且意味著方以智認同這樣一種觀點，即無論從主體一方還是客體一方出發，都能夠發展成為完整的學說體系，且二者在解釋世界、規範實踐方面具有同等效力。所以他說「若欲通而謂之，以為氣，則無非氣也；以為心，則無非心也；以為理，則無非理也。」〔註9〕不管以心、理還是氣為本體，方以智都是可以接受的，因為他根本是將其還原為「所以」來看待的。他所堅持的關鍵在於體用之間必須是「一在二中」的圓∴圖式結構，因此，就像太極在形式上統攝著有極、無極，本體層面的心、理、氣亦分別統攝著善惡、是非、清濁之對立兩端。明白了這一點，「則又何心、何氣、何理乎？又何不可心之、氣之、理之也乎？」〔註10〕

〔註5〕 方以智：《易餘（外一種）·一有無》，第71頁。
〔註6〕 方以智：《東西均注釋（外一種）·開章》，第40頁。
〔註7〕 方以智：《東西均注釋（外一種）·一貫問答注釋》，第462頁。
〔註8〕 方以智：《東西均注釋（外一種）·所以》，第312頁。
〔註9〕 方以智：《性故注釋》，第4頁。
〔註10〕 方以智：《東西均注釋（外一種）·所以》，第313頁。

除了太極、理、氣等宋明理學中常用的本體之名，方以智甚至認為，佛與老莊所謂妙有、混成、環中，在本體論層面與「心」也沒什麼不同：「未有天地，先有此心。邈邈言之，則可曰太極」、太一、太無、妙有、虛滿、實父、時中、環中、神氣、煙煴、混成、玄同，乃至「釋之曰真我」、法身、真常、正法眼藏、無位真人、空劫以前自己。〔註11〕因為它們都是「所以」的別名，不過人們在使用不同的本體之名時，其命名之意有所不同。「因其生之所本曰性，無所不稟曰命，無所不主曰天，共由曰道，自得曰德，與事別而示民以密察之故曰理，親切醒人而呼之曰心。」人們對本體的命名，總是出於對本體之某一特點的強調。其中，以「心」呼之，則是強調本體與現實之人的密切關聯。這種「親切」，更具體點說，即「身其天地而親之，則命之曰大心。」〔註12〕人居於由此一本體所顯現的天地之間，無時無處不與之共在，故而以「我」之心來命名本體之「大心」，表明這種親密無間的關係。

方以智處在明末心學由盛轉衰的時期，在他看來，當時論心的人既夥且偏。「執矩折者，但以氣稟目心，道義目理，事類目物者，固一端之管庫也。執昆侖者，但許人目縣寓為大心，而不許人質論分之以徵其合者，亦一端之貫索也。」〔註13〕方以智不同意心可以還原為氣，認為持這種觀點的人過於質實，缺少虛靈的維度；卻也不同意那些直覺主義者孤懸一本體之大心而不許人加以思量、分析——這不僅是出於他思辨的癖好，更是由於他的體用論設定不允許有一超絕於此在世界之外的獨立本體。

6.1.1　心兼形神

作為本體的大心既不落於先、後天之心，又不離於先、後天之心，而先天之心即在後天之心中——由於圓∴圖式的二虛一實結構，大心、先天之心無體，而以後天之心為體，即以後天之心為用。如果換用佛教《大乘起信論》的一心二門模式，按照方以智體在用中的原則，同樣會得出「不生滅心在生滅心中」〔註14〕，實相心與生滅心不二〔註15〕的結論。因此方以智要強調，生滅

〔註11〕方以智：《東西均注釋（外一種）・譯諸名》，第 238～239 頁。
〔註12〕方以智：《易餘（外一種）・三冒五衍》，第 27 頁。
〔註13〕方以智：《易餘（外一種）・如之何》，第 57 頁。
〔註14〕方以智：《東西均注釋（外一種）・顛倒》，第 170 頁。
〔註15〕「又曰一真法性、涅槃妙心為實相心，餘六凡、四聖之心皆生滅心，豈得已於分乎？」方以智：《東西均注釋（外一種）・所以》，第 307～308 頁。

心、後天之心或曰寄寓於人身之「獨心」具有「兼形神」的特點〔註16〕——由「形」而有體，由「神」而發用。就心之形質而言，方以智似乎認為其中還有一層體用：《內經》曰：『心者，君主之官，神明出焉；膻中者，臣使之官，喜樂出焉。』又曰：『膻中者，心主之宮城也。』心主即心包絡，不用心而用心包絡。」〔註17〕他按照中醫學理論，將獨心之形的內部結構分為心與心包絡兩部分，心包絡即膻中，處於胸腔中央，像宮城一樣包裹著心。前面提到，邵雍所謂體用，主要是指的將事物內部分為不用者與用者兩部分，通常情況下，以不用者為體，用者為用，而特殊情況下體用互換，以用者為體，不用者為用。邵雍這種分析事物內部結構的「形質論」的體用論，亦為方氏所繼承。在這裡，心不用而用心包絡，即心以心包絡為用，亦可以說不用之心實際上佔據主導地位，故而符合其「體用互本」論。

關於「獨心」的判定，方氏既引述過張載的「心統性情」說，也引述過朱熹的「心者，人之神明」，但似乎認為二者皆不如南宋心學家楊慈湖的「心之精神是謂聖」一說〔註18〕。「心之精神是謂聖」是慈湖學說的標誌性話語，問題是，慈湖曾明確說過「心無體質，德本虛明」〔註19〕，「精神虛明無體」，其所標舉的心無疑是排除了形質之心的。慈湖有時直接將「心之精神」縮寫為「神心」，又「神者，人之精；形者，人之粗」，在此形神、精粗二分的結構中，此本體之「心」僅屬於精與神的形上層面〔註20〕。那麼，方以智為什麼說慈湖論心能「貫」，又能「兼形神」呢？

方氏雖援引慈湖此語，但對這句話的實際理解卻是本著明代學者羅欽順的理論來的。在解釋《繫辭》「易無思也，無為也」一句時，方氏援引羅欽順的話說：《困知記》曰：『至精者性，至變者神，至神者心。心統性情，神合精變，其名別，其實一也。神明湛寂，應變無方。』」〔註21〕在此「心統性情，

〔註16〕「獨心則人身之兼形神者，公心則先天之心而寓於獨心者也。」方以智：《東西均注釋（外一種）‧譯諸名》，第 240 頁。

〔註17〕方以智：《東西均注釋（外一種）‧顛倒》，第 170 頁。

〔註18〕「程（張）子曰：心，統性情者也。朱子曰：心者，人之神明。慈湖引心之精神是謂聖，此足貫矣。」方以智：《東西均（外一種）‧譯諸名》，第 238 頁。

〔註19〕楊簡：《先聖大訓》，《楊簡全集》第 6 冊，杭州：浙江大學出版社，2016 年 6 月，第 1611 頁。

〔註20〕趙燦鵬：《「心之精神是謂聖」：楊慈湖心學宗旨疏解》，《孔子研究》，2013 年第 2 期，第 76～86 頁。

〔註21〕方孔昭、方以智：《周易時論合編‧繫辭上傳》，第 1204 頁。

神合精變」的結構下，才能說心「兼形神」。要之，羅欽順與王陽明等明代心學領袖同時，但他特別警惕陸王心學可能帶來的流弊，而以程朱學派自居，以理、氣範疇對抗心學。羅欽順論「心」有這樣的話：「天地之變化，萬古自如，人心之變化，與生俱生，則亦與生俱盡。」〔註 22〕這一「與生俱盡」之心，即方以智所說的人身之內由心與心包絡所構成的那個形質之心。

在此「形神」之對待關係中，方氏所說的心之「精神」也是指其相對待的兩端：「心之精必親己而疏物，心之神必用外以為內」〔註 23〕，「心之精，親己疏物；心之神，用外為內」〔註 24〕。這種以精、神分別對應親己、用外的訓釋，筆者目前尚不知其所本，然而此一訓釋的意思和目的是很明確的：心具有內外兩種傾向，向內則親己、向外則用物；進一步，在此兩種傾向之間，應當以外統內，即以神統精——因為心之向外用物，實有以物為內之結果，而心之向內親己則不能實現用物的效果。總之，方氏援引「心之精神」一說，其落腳處仍然是「物」，這一思路同樣被方以智運用到對《大學》心、意、知、物四者關係的理解上。

《大學》八條目之正心誠意、格物致知在宋明理學中是極為重要，卻又極為繁複的問題——理學家對這四者的解說的複雜程度甚至遠超修齊治平之上。方以智有時將心、意、知、物作最簡化的處理，正是通過這種簡化，他明確表達了其整體學說的重心所在：「格物、物格，《大學》之三心所以一踐也。」〔註 25〕「三心」即心、意、知，將此三者與物相對，是因為「物」是三者踐履的對象。又，「《大學》言心、意、知，必言格物，乃為不落虛實」〔註 26〕，這是以前三者為虛，以物為實。心物關係的本然情況當然是「離物無心，離心無物」，但由於方氏學說在價值上強調「踐」與「實」，故此四條目中，亦以「物」為落腳處〔註 27〕。

更詳細一點說，「《大學》包舉其中曰心，以發端而傳送也曰意，溥其照用而一其智識曰知」，心乃人之虛靈，意是心向著某一對象起念，知是指的心能夠映照、反思對象的功能。「斯已畢矣，又畢之曰致知在格物。何內之而顧外

〔註 22〕羅欽順：《困知記·續卷下》，北京：中華書局，2013 年 5 月，第 106 頁。
〔註 23〕方以智：《通雅》，《方以智全書》第五冊，第 95 頁。
〔註 24〕方以智：《浮山文集·因二貞一篇跋》，第 457 頁。
〔註 25〕方以智：《東西均注釋（外一種）·全偏》，第 211 頁。
〔註 26〕方以智：《東西均注釋（外一種）·一貫問答注釋》，第 465 頁。
〔註 27〕方以智：《東西均注釋（外一種）·三徵》，第 71 頁。

之歟？在之云者，無先無後之謂也。」〔註28〕心、意、知是就人身之內而言，格物卻是朝向人身之外，方以智認為，此一內外根本是相通的，因為心在意、知之中，而意與知又必然要朝向某一對象物。他認為致知在格物的「在」字不是表示先後順序，而是表示體用關係，即「心以意、知為體，意、知以物為用」〔註29〕。所謂「心以意、知為體」，此「體」較為特殊，它既不是道物關係意義上的本體，也不是事物之形質，而是經過體用倒置之後，突出本來作為「用」的一端的意與知的重要性。換句話說，本來是心為不用之體而以意、知為用，但由於心之體只能就意、知之用上見，所以反轉意、知為心之體。方以智認為，虛靈之心本來沒有不正，「諸妄從意起，故正心先誠意。意動心自知，知覺妄即破。」〔註30〕意與知既是起妄的原因，又是破妄的依據，是養心工夫之所在。

6.1.2 心以無知之知為體

由於方氏談論事物內部與事物之間的關係時，繼承並發展了邵雍的形質論的體用論，而這種體用論又是主張體用互置的，所以當方以智在談論心及其內部範疇之間的體用關係時，往往強調體用雙方角色的靈活性。如其謂「知以心為體，心以知為體；心知以意為體，意以心知為體。心與意、意與知，亦猶是也。」〔註31〕心、意、知之間無不可以互為體用，這樣一來，體用的意義似乎反而被消解掉了，所以他有時乾脆說「本無體用之故」〔註32〕。在此實有世界中，所謂體用大多只是相對而言，作為體的一方並非絕對不可變易，然而方氏有時又有明確地以某一確定範疇為體的傾向。這種相對確定的體，其實反映的是方氏對某一現實價值的標舉。例如，在心的問題上，方以智就是明確主張以「無知之知」為體的。

首先，在方氏看來，在心與其知、意、想、志、識等活動之間，心與知的關係是最為密切的：

> 名之「心」者，星之閉音、生之感形也。心虛而神明棲之，故靈，名其靈曰知。「靈」者，需象窗櫺，象雲氣之零零，而以巫神之

〔註28〕方以智：《易餘（外一種）·如之何》，第 57 頁。
〔註29〕方以智：《東西均注釋（外一種）·一貫問答注釋》，第 439 頁。
〔註30〕方以智：《東西均注釋（外一種）·一貫問答注釋》，第 439 頁。
〔註31〕方以智：《易餘（外一種）·如之何》，第 58 頁。
〔註32〕方以智：《易餘（外一種）·易餘小引》，第 9 頁。

者也。心之官則息，用其知也。息主風，腦為風府，顖從囪門。「想」
則從相生矣。帥氣而之焉曰「志」，其起曰「意」——物起於喑噫，
而音其心也；其藏曰「識」——戈縣音而幟誌之，轉假而言其相識
之職者也。〔註 33〕

作為清代考據學的先驅人物，方以智常用文字訓詁的方式詮釋哲學範疇的內
涵。將「心」與「星」相關聯，又以「靈」釋「知」，而將「靈」講成雲氣零
零，這種做法與其說是嚴格的字義考據，不如說就是為了在義理上將「心」與
「知」密切關聯起來，因二者皆與天象有關，而餘者如想、志、意、識等範疇
則不具有這樣與天關聯的地位。強調知與心的密切關係，這大概是偏於理性
思維的學者的共性，但方以智的特殊處在於，他又進一步講「心以無知之知
為體」：

　　人有心而有知：意起矣，識藏矣，傳送而分別矣。本一而歧出，
其出百變，概謂之知。何何氏曰：至此惟如飲水，冷暖自知而已，
非言可詮，強詮之曰：心以無知之知為體。曰無知者，袪妄覺也；
曰無知之知者，袪廓斷也。〔註 34〕

按這一段文字，則意與識都是知的表現。在「其出百變，概謂之知」以下，原
文有一段注釋，似為方以智自注。這段注釋列舉了許多「知」的表現型態，包
括本覺之知、始覺之知、真覺之知，妄覺之知等等。又引述宋初永明延壽禪師
《心賦注》中的話說：「心是明，以知為體，不同妄識仗緣作意而知，又不同
太虛廓斷無知。」概言之，妄覺之知是指的依緣、依境而產生的偶然性的認
知，真覺之知則是在任何情境下都具有普遍必然性的認知，是對妄覺之知的
否定，故曰「無知」。在「無知」之後又加「之知」二字，是為了避免人們見
「無知」二字而誤以為應當斷絕一切知識，陷入斷滅境地。總之，「無知之知」
就是具有普遍必然性的真知。

　　在中國哲學史上，三教都有類似「無知之知」的論述，方以智也經常隨處
發揮這些論述，如《周易·繫辭》中的「天下何思何慮」，《莊子·大宗師》篇
的「以其知之所知以養其知之所不知」，僧肇《肇論》中的「般若無知」等等。
這些論述表面都是在講「無知之知」，但內涵與旨趣大異。在此無法展開對三
教相關論述的深入辨析，但這一現象本身提醒我們，對方以智所謂「無知之

〔註 33〕方以智：《東西均注釋（外一種）·譯諸名》，第 235 頁。
〔註 34〕方以智：《東西均注釋（外一種）·盡心》，第 112 頁。

知」還需要進一步審查，才能抉示其所謂「真知」的旨趣。一個值得注意的地方是，方氏試圖通過生理機能來尋求「知」與「無知」可以並存的證據。他認為，心以知為體，但知並不是有形有質之心的特殊功能，「人身一元氣也，通身皆靈知也」。「知」的功能為身體所共有，他說：「寒暑中於皮毛，而臟府不知者，何耶？經脈時動，而心不知者，何耶？由此證之，知與不知為反因。正用知時，其不可知者即在其中。」〔註35〕就體表與體內來說，皮毛能感知寒來暑往的變化，臟腑卻不知；就體內不同器官來說，經脈時時在搏動，但並不受到心的有意識控制。由此他得出結論說，知與不知既對立又互相依存。這裡講的身體之知其實是感覺，方氏是用身體感覺來推論思維認知中的情況。方以智論「無知之知」還有一處頗為關鍵卻又鮮少被提及的文本：

> 普告之曰：慮即不慮，何愈於不教乎？通達之知，所以徧物者也；主宰之知，所以轉物者也。此兩知者，生乎默識之知；默識之知，生乎好學之知；好學之知，生乎擇善之知；擇善之知，生乎不慮之知。舉此不慮之知，足以逼擇、學之歸於默識，默識之入於擇、學；足以攝通達之歸主宰，主宰之溶於通達；足以竭一切之知而容天下之不知與知者。然逼也，攝也，竭也，容也，已非不慮矣。於是不得不消之曰：慮即不慮也。〔註36〕

在這段話中，方以智開頭就表明：儒家雖承認人人皆有不慮之知，但這並不意味著要否定後天教化，因為「慮即不慮」，即「知即不知」，不妨教化。據他分析，知的表現有兩種，一是廣泛認識萬物的通達之知，二是主動運用萬物的主宰之知。要實現這兩種知，人們必須先經過默識、好學的認知訓練，但好學又必須以擇善為前提，要「擇善而固執之」。至於人們為什麼具有擇善的能力，人何以能夠分辨什麼是「善」的，方以智認為，這一追問只能以「不慮之知」來回答。從這個角度說，不慮之知即在擇善中，即在好學、默識中，即在通達、主宰中，因此，「君子致擇善，學者、默者皆不慮之知也，非執不慮之知，而以踶跂視主宰之知、通達之知也。」〔註37〕只要以「善」為前提，就可以說做到了慮即不慮，而不應該用支離、無益於為聖人、學也無涯之類的理由來否定認識、運用萬物的意義和可能性。方以智要求人的認知活動應該以「擇

〔註35〕方以智：《性故注釋》，第 28 頁。
〔註36〕方以智：《易餘（外一種）・性命質》，第 202 頁。
〔註37〕方以智：《易餘（外一種）・性命質》，第 203 頁。

善」為前提，似乎有道德優先於科學的意味，實則由於「主宰」之知關乎實踐智慧，而擇善乃是倫理實踐的核心。關於「善」的問題留待下節論修養工夫的時候來談，這裡要繼續考察的是「知」的對象問題。

　　方氏認為，「性」是人和動植物都有的，「心」則為人所獨具，是人之所貴；而心的主要特徵又是知，知的對象就是物，所以認知萬物就是實現人之為人的題中之義，「人物以知為德」〔註38〕。那麼以心知物的具體內容是什麼呢？方以智說：「以心窮心，愈窮愈倏忽，迅不停幾，故謂如幻。而心所造之事物，反自森明，物中之則、事中之理，毫不亂也。」〔註39〕以心知物就是要認識內在於事物的理則，這一點疑問不大。方氏經常說「心之所至，即理之所至」，「凡人心之所可及者，皆理所有也」，「知則不為一切琦辨奧理所惑」，都是對人能夠認識事物之理的肯定。問題是，這裡說到「心所造之事物」，是不是意味著方以智接受了佛教以山河大地為幻的觀點呢？通觀方氏著述，尚不能找到其接受了佛教緣起性空理論的充分依據。他之所以說事物由心造，恐怕還是說離開了心就不能認知事物之理的意思。「理不同於神、氣、形，而在神、氣、形之中。因心而知，心不生時，理何在乎？」〔註40〕這說明方以智雖然重視理，但並不認為理先在於心——人們無法親證萬一山河大地陷了，還有沒有個理在這裡，人們能夠親證的只是在當下世界中，心與理乃是互相依存的關係。

6.1.3 遊心、直心與至善

　　方氏對修心工夫的論述初看起來既分散又駁雜，其主要觀點不出直心與遊心二端。方以智在《藥地炮莊》中有一段引自其父的文字：「心之精，必親己而疏物；心之神，必用外以為內。因其親己，故引其專直精入，以會通之；因其用外，故引其遊六合之大，以含養之。」〔註41〕前文已述，方氏所謂心之精神，就是指的心具有向內親己、向外用物兩種傾向，由此心之本然傾向而分別有直心與遊心兩種應然的修心工夫。這裡先接著前文所講以心知物的問題，論其遊心說。

〔註38〕「天地以生為德，人物以知為德，鬼神以誠為德。生也，知也，誠也，相禪為一而愈盛者也。」方以智：《易餘（外一種）‧必餘》，第 97～98 頁。
〔註39〕方以智：《藥地炮莊校注》，第 116 頁。
〔註40〕方以智：《性故注釋》，第 26 頁。
〔註41〕方以智：《藥地炮莊校注》，第 541 頁。

「遊心」一語雖出於《莊子》，但方氏通常所說的遊心或「乘物遊心」似乎已經基本脫離了《莊子》的語境。在《通雅》中，方以智引用祖父方大鎮的話說：「《野同錄》曰：『用虛於實，即事顯理，此治心遊心之薪火也。』」〔註42〕「用虛於實」就是將心的虛靈之知用到實實在在的事物上，就事物本身來認識其理則。方以智本人在《時論》中也說過「乘物遊心，即多是一」〔註43〕的話，從「多」的一面講，就是要去認知雜多的事物。在方氏的思想中，一方面，理性認知活動本身就可以說是一種修心工夫，因為這是對心之為心，即心的認知功能的實現；另一方面，理論理性與實踐理性並不是截然二分的，「曠以天海，正為洗心」〔註44〕，知物、用物自然合於修心之目的。前一方面在上一節中已有較多論述，就後一方面而言，方以智主要是通過以「知」統攝「行」的方法來達到的。方以智在知行關係方面的核心觀點是「行統於知」，即認為，以心知物並不是單純的理論理性問題，因為伴隨著心對外物的認知及其對自我的覺知而來的不僅是知識，還有心性修養上的效果。由於方以智講知行的重心在於「知」，故將其知行觀放在「格物」一章具體展開。

接下來論「直心」說。方以智所說的許多心上做的工夫都可以納入「直心」範疇中來，如其謂「無心即是直心，安心即是無心」〔註45〕，「無心即是直心，直心只是一真」〔註46〕，「無心即是直心，無意即是忠信，無意者誠意之至」〔註47〕，「學道貴直心，直心者，初心也」〔註48〕，「直是一，一則誠，誠之至則無心之至」〔註49〕。總之，無心、安心、真心、一心、初心，至誠、誠意、無意等都可以歸結為直心。又由於方以智論善惡並不特別強調心、性、情、意等的區分，所以「直心」也不僅可以就心、意上說，亦可以涵蓋性、情。

要全面瞭解方氏直心說，依然要從其圓∴的體用論模式講起，這是因為「直心」工夫的理論基礎是善惡，而善惡作為一組對待性範疇，是被納入圓∴結構中來審查的。方以智以體用關係論善惡的地方有很多，但最為系統的講法應該是這一句：「善與惡相錯，而以無善惡之名象者綜而泯之，善之至矣。又

〔註42〕方以智：《通雅》，《方以智全書》第四冊，第 178 頁。

〔註43〕方孔昭、方以智：《周易時論合編・繫辭》，第 1179 頁。

〔註44〕方以智：《東西均注釋（外一種）・一貫問答注釋》，第 504 頁。

〔註45〕方以智：《易餘（外一種）・易餘小引》，第 14 頁。

〔註46〕方以智：《東西均注釋（外一種）・一貫問答注釋》，第 448 頁。

〔註47〕方以智：《東西均注釋（外一種）・一貫問答注釋》，第 457 頁。

〔註48〕方以智：《東西均注釋（外一種）・公符》，第 157 頁。

〔註49〕方以智：《易餘（外一種）・無心》，第 200 頁。

以有善惡與無善惡相錯，而以一善綜而統之。」〔註50〕借用前面表示體用關係的圖 1 的結構，方氏所論善惡的關係應當如下圖所示。

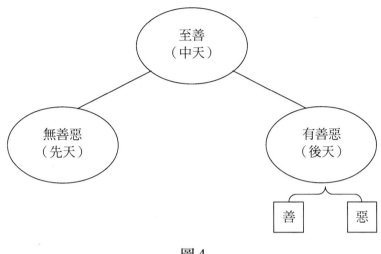

圖 4

當方以智說「人生以後，無善惡在有善惡中，善在惡中，體在用中」〔註51〕或「無對待在對待中，則無善惡在善惡中；言其至於至善，則無著無住而無善惡可言也，此正良心、天理之極處耳」〔註52〕等等，其意思比較明確，即無善惡可言之至善是終極的本體，即中天，即「所以」；又先天之無善惡即在後天之有善惡中，而後天相對的善惡兩端又相反相因。然而他還有一句常說的話是「至善統善惡」，按上圖所示來理解，則這句話顯然有所省略。方以智在表述過程中，有時為行文方便，並不區分至善之中天與無善惡之先天，因為二者皆對有善惡之後天構成統攝性，所以他有時會說「無善無惡乃至善」，直接將無善惡與至善相等同。

在此體用善惡的大結構下，先看看方以智是怎樣講作為終極本體的「至善」的。首先，作為「所以」的別稱之一，至善同樣具有形式之懸設義。「稱本體而善，猶稱本色為素也。稱天性之德，不以人間之純美稱之，而何稱乎？」〔註53〕至善本身並無善惡可言，亦不是對惡而言的善。它是人們對本體的某種特性的命名，這種特性猶如繪畫前的底色之素樸，是一種前反思狀

〔註50〕方以智：《易餘（外一種）・易餘小引》，第 9 頁。

〔註51〕方以智：《東西均注釋（外一種）・顛倒》，第 169 頁。

〔註52〕方以智：《東西均注釋（外一種）・容遁》，第 340 頁。

〔註53〕方以智：《易餘（外一種）・易餘小引》，第 9～10 頁。

態，而人們之所以用「至善」來指稱它，是以「人間之純美」來讚歎之。「榜之曰善，猶榜之曰無也」〔註54〕，「善之渾然即無，無之粹然即善」〔註55〕，「善之泯然曰無，無之粹然曰善」〔註56〕，「所以」之別名雖多，但其中至善與太無的關係最為密切，這是因為至善作為對前反思狀態的形容，也就意味著「無思無慮」之「無」，意味著對一切手段、一切目的的否決。此一特點為本體層面的善與無所分享，所以方以智有時直接說「無統善惡」、「善統有無」，用顛倒的言說方式強調至善與太無的相似性。

至善與無善惡、有善惡亦符合二虛一實的規定，即至善、無善惡是虛，有善惡是實，虛者必須經由實者體現，故至善、無善無惡只能通過有善有惡來表現自身，「始乎無善無惡，必卒乎有善有惡」〔註57〕。以繪畫為喻，「當知素在彩先，而有彩之後，素亦在彩中矣」〔註58〕，先天素樸之底色即在後天的色彩之中。後天之有善有惡，又具體表現為「善在惡中」──即以惡為實，以善為虛。以虛實解善惡，故方以智並不反對荀子所言「性惡」的字面意思，「荀子言性惡，原非無謂」〔註59〕。然而方以智所謂「惡」主要並不是在道德行為或其效果上來說的，而是從屬於一種特殊的動機論，其判斷原則是「無意為之則善，有意為之則惡」〔註60〕，「有善可為，即兼惡德矣」〔註61〕。若按這個原則來判斷，則「人自下地，動而有為，即是惡矣」〔註62〕，幾乎一切社會現象和人類行為都要被視為「惡」，因為無思無為只是一種理想狀態，現實中的人都是有目的的行動者。後天之善、惡雖有此無意、有意之分，但善必須通過惡來表現，因為「惡者，善之臣、善之餘、善之用也」〔註63〕，人的無意識只能通過有意識來表現。這也是人與天地的區別所在，「天地有陰陽、虛實，而無善惡、真偽」〔註64〕，天地之運行並沒有動機可言，故無所

〔註54〕方以智：《東西均注釋（外一種）‧公符》，第152頁。
〔註55〕方以智：《東西均注釋（外一種）‧公符》，第149頁。
〔註56〕方以智：《易餘（外一種）》，第127頁。
〔註57〕方以智：《東西均注釋（外一種）‧公符》，第153頁。
〔註58〕方以智：《東西均注釋（外一種）‧公符》，第154頁。
〔註59〕方以智：《東西均注釋（外一種）‧公符》，第156頁。
〔註60〕方以智：《東西均注釋（外一種）‧公符》，第156頁。
〔註61〕方以智：《東西均注釋（外一種）‧顛倒》，第170頁。
〔註62〕方以智：《東西均注釋（外一種）‧公符》，第157頁。
〔註63〕方以智：《東西均注釋（外一種）‧顛倒》，第169頁。
〔註64〕方以智：《東西均注釋（外一種）‧容遁》，第333頁。

謂善惡、真偽。

　　方以智論善惡最特殊的地方就在於以有意、無意作為區分善惡的標準。從其自身理論架構來說，將「無意」作為後天之「善」的一種本質性規定，是對本體之「至善」的「素」或其前反思性特徵的延伸，應該說是可以講得通的。問題是，「善」在倫理意義上通常具有利他的屬性，即便以動機論，也應當具體地出於利他之動機。一種可能的解釋是，方以智的善惡觀實則更近於老莊道家，而非典型儒家，他所說的「善」字不僅近於「無」字，更近於「真」字。瞭解了方以智這種特殊的善惡觀，也就不難理解他為什麼主張「直心」的工夫論了。「一念起滅之時，則初識之依為初，傳送、分別則惡矣。故學道貴直心，直心者，初心也。」「傳送、分別」指的就是「意」的功能，依此有意而生惡，故學道者應當按照其初起時的念頭行事，此初起之念頭即初心，不經過傳送、分別而直下便是，故稱直心；又，「初即先天之至善」，直心就是至善本體的直接呈現。方以智還將至善本體比作《孟子》的良知良能：「謂之良知能者，其未生前之至善，生時與來，相繼不失也。」〔註65〕良知良能既然能夠通過後天修養而得到培養，那麼直心也是可以培養的。

　　方以智認為，在培養直心的實踐中，聖人發揮了重要作用。因為「聖人表此心之條理，用中於民」，聖人能夠制定、推行符合於人心本然條理的社會秩序；「常人遵法安心可耳」〔註66〕，常人只需要遵守聖人制定的社會秩序，達到安心的狀態即可。「務民安生，即以安心，心安則無心，無心則誠之至矣。」〔註67〕聖人的職責是務民安生，說到底還是要安民之心。就好像穿上合適的鞋子、繫上合適的腰帶就不會注意到自己的鞋子、腰帶一樣，常人若沒有內外衝突的感受，就不會特意關注到心的存在，這樣就處於「無心」的狀態。〔註68〕「無心則誠之至矣」，說明方以智亦是以「無」字、「真」字來講

〔註65〕方以智：《東西均注釋（外一種）‧公符》，第 157 頁。

〔註66〕方以智：《藥地炮莊校注》，第 362 頁。

〔註67〕方以智：《易餘（外一種）》，第 97 頁。

〔註68〕方以智還認為，常人只要順理就可以心安，此心安與不安無關乎禍福。從《周易》的角度來說，順理是吉，不順理是凶，吉凶亦與禍福無關。「理一而已，順則吉，逆則凶。吉者理得，即心之安處；凶者理失，即心之不安處。悔吝在順逆間，於理有純疵，即心安不安之界也。後世不知吉凶悔吝繫於理，而以禍福之未來者當之，則以福為吉，以禍為凶。夫吉凶則致禍福，而不可以禍福即吉凶也。如其順理心安，則福固吉，禍亦吉；理不順，心不安，則為禍固凶，福亦凶也。」方孔炤、方以智：《周易時論合編‧任間　卦主》，第 266 頁。

「誠」字的〔註69〕。他曾引用楊慈湖的話說:「敬仲曰:『忠信有何奇巧乎?惟無思慮,直而行之……』此說誠字痛快處。」無思慮即初心,依此初心徑直行事便是「誠」。以此為基礎,方以智認為明末劉宗周的學說「以誠意為主」,而王畿及其後學「定言無意」,其實誠與無本是一個意思,兩家後學執著於字面分歧的爭辯,「未免執指忘月」〔註70〕。在三教之間,方以智也是用「直心」來彌縫各家分歧的。比如,他認為禪宗的機鋒,其優點就在於「以機迫直心,誘疑激頓,能救頌習之汗漫」;《莊子‧大宗師》篇形容「古之真人,其心志」,方以智解釋為「以志為形容之詞,狀其專直也」;《論語‧里仁》記載孔子的話說「惟仁者能好人能惡人」,方以智認為這同《大學》「如好好色,如惡惡臭」的意思一樣,都是要人「率直心」之本來〔註71〕。

按照方以智的說明,他的善惡觀以及工夫論是與陽明四句相通,而糾正龍溪四無說之流弊的。他認為陽明所說「無善無惡心之體」就是指的「至善」,而「有善有惡意之動」當是指的由有意、無意而產生善惡之別。龍溪專主「四無」,其後學不知本意,「壁聽禪宗藥語,專供無善惡之排位」〔註72〕,卻不知後天之中「善惡分明」,擱置了為善去惡的工夫。因此,方以智依其圓∴模式,將本體之至善與後天之善惡分開,從而確保後天修養工夫的必要性。就此一現實目的而言,方以智的「直心」說有一明顯不足的問題是,若不以利他為基礎,則率直心而行同樣可能導致社會秩序的混亂;或者說,若此一時代不幸沒有聖人來制定並保障一合理的社會秩序,則常人率直心而行的後果恐怕與奉「四無」說的後果同樣嚴重。在我們的日常生活中,「無心之過」雖然確不能說是「惡」,卻不能免於「過」,若此過失造成了嚴重的後果,是很難用方以智式的「無意為之則善」來為之開解的。可以說,這種以有意、無意分善惡的方式,有違反道德習慣的嫌疑。

總之,從明末心學學術史的線索來看,方以智的善惡觀一方面對「無善無惡」說有所改進和發展,另一方面卻也沒能在理論上徹底地圓滿此說。彭國翔先生指出,「陽明與龍溪的『無善無惡』包括兩層涵義:一是存有論意義上

〔註69〕方以智認為,誠、真、直三字是相通的,為此他還批評許慎在《說文》中將「真」解釋為「仙人變形而登天也」。「誠、真同聲,真、直亦同聲,化形登天之說妄矣。」方以智:《東西均注釋(外一種)‧譯諸名》,第237頁。

〔註70〕方以智:《東西均注釋(外一種)‧一貫問答注釋》,第459頁。

〔註71〕方以智:《東西均注釋(外一種)‧一貫問答注釋》,第511頁。

〔註72〕方以智:《東西均注釋(外一種)‧容遁》,第339頁。

的至善；一是境界論意義上的無執、不滯。前者是本質內容，後者是作用形式。」〔註73〕筆者基本同意彭國翔這一分析，且至善與無執（或真），這兩重含義都在方以智的善惡觀中得到了更為明確地伸張。問題在於，在方以智這裡，「至善」作為「所以」（即無體之至體）之別稱，僅具有形式懸設義，這是造成其後天為善去惡工夫缺少「利他」的實質內容的根本理論原因；那麼在陽明與龍溪那裡，「至善」是否真正具有像彭國翔所說的那樣的「本質內容」呢？筆者認為答案仍然是否定的。簡單說來，這是因為陽明與龍溪同樣是從「本體之善不能與惡相對」的邏輯推導出「至善」來的，而具有真實內容的恰恰是後天之中相對的善惡，先天至善由於不與惡對，反而只具有形式義。換句話說，「至善」的設定缺少實質內容，這個問題從陽明、龍溪直到方以智是一以貫之的，甚至越來越明顯化。這個問題對儒家哲學來說是致命的，因為它意味著善的先天根據並不像人們通常所以為的、所感受到的那麼直捷和親切，這也是「無善無惡」說在中晚明受到理學人士猛烈攻擊的深層原因，他們的攻擊多是以孟子性善論為主要依據。彭國翔說，晚明人士之中，「幾乎所有贊同或同情『無善無惡』說的儒家學者都對佛道兩家持較為開放的態度，而『無善無惡』說的批評者們，則幾乎無不嚴守儒釋之辨，對佛老採取排斥的保守態度。」〔註74〕這是一個有趣的觀察，亦可見此一問題實關乎孔孟一系之根荄。

6.2 性命

前章以心為主，本章以性為主。整體上，方氏所論心與性的界限並非清晰可辨，但這並不是因為他有混淆概念的毛病，而是基於其學理系統的自覺選擇。首先，從終極本體上說，作為本體的心、性、命等皆是「所以」之別稱：「因天地人物之公心，而呼之為心；因其生之所本，呼之為性；無所不稟，呼之為命。」〔註75〕第二，從本體與工夫的關係上說，理學家通常以性為本體，而在心上做工夫。但陽明將此本體與工夫倒置，如其謂「戒慎恐懼是本體，不睹不聞是工夫」〔註76〕，從而掀起即本體即工夫的思想潮流。方氏認為，這種

〔註73〕彭國翔：《良知學的展開——王龍溪與中晚明的陽明學（增訂版）》，北京：三聯書店，2015 年 12 月，第 410 頁。

〔註74〕彭國翔：《良知學的展開》，第 421 頁。

〔註75〕方以智：《易餘（外一種）·易餘小引》，第 15 頁。

〔註76〕方以智：《藥地炮莊校注》，第 673 頁。

倒置或曰「顛倒」的言說方法是借鑒自禪宗的，其效果在於破執，而破執到究極處，是並心、性兩個範疇本身的分際也不再重要了的——此即方以智引吳應賓《宗一聖論》所謂「別傳多互換說，妙以破執，而又破其破，則並心性亦掃矣。」〔註77〕他還援引張載《正蒙》的話，將心與性的關係比作人與道的關係：人能弘道，即如心能盡性；非道弘人，即如性不能檢心。照此一即工夫即本體的思路，則本不必談性，只言心而性即在其中，只言工夫而本體與工夫皆具。

　　出於上述兩個學理原因，方氏並不特別為性的範疇下定義，但這不意味著他對此前儒家關於性的討論沒有關注。《性故》開章就提出了「性說紛然，何以折衷」的問題，方氏在此集中說明了此前種種性論：

> 舊說「性相近也，習相遠也」，此就性在氣中而言之也；言性善，舉其性之不受變於氣者而言之也；可以為善為惡，止就習相遠而言也；有善不善，止就上智下愚不移而言也。言無善無惡者，指其全氣全理，為人事人語之所不到，而形容其泯云爾。〔註78〕

他認為，孔子說「性相近也，習相遠也」指的是現實之人，其性與氣不相離，二者缺一不可，其論域相當於方氏所言「後天」；孟子所謂「性善」則是假設一種尚未實現於氣的性，屬於天地未分前（準確說應該屬於方以智所說的「中天」）；告子所謂性可以為善、可以為惡，亦是就後天說的，但只見習氣而未見性；明確可以區分為善人與惡人的，只有後天之中極少數的上智與下愚兩種；王陽明所說的無善無惡，並不是人可以達到的實際狀態，也屬於對天地未分前（準確說應屬「先天」）的形容。另一方面，方以智雖不特別強調心性之別，但他在行文中基本遵守「性宅於心」的思想傳統：

> 舊說曰：性者，心之生理而宅於心，言心而性具。言性者，以周乎水火草木也；必言心者，貴人也，人能弘道者心，言性以表心，

〔註77〕方以智：《藥地炮莊校注》，第 673 頁。此一句是方以智對陽明話語的轉寫，他在上下文中並以「戒慎恐懼」指心，以「不睹不聞」指性，認為陽明將此二者倒置體現了《莊子》「兩忘」的精神。此一轉寫的原文應該來自於《傳習錄》卷下：「問：『不睹不聞是說本體，戒慎恐懼是說工夫否？』先生曰：『此處須信得本體原是不睹不聞的，亦原是戒慎恐懼的，戒慎恐懼不曾在不睹不聞上加得些子。見得真時，便謂戒慎恐懼是本體，不睹不聞是工夫，亦得。』」按陽明此語自有其特殊語境，倒置本體與工夫的前提條件是「見得真時」，在修養次序上應屬入道以後的境界。

〔註78〕方以智：《性故注釋》，第 1 頁。

言心以表人也。心兼形神，性則虛而偏滿矣。通言之，則偏滿者性，
即偏滿者心。〔註79〕

心有主動性，因此只人有心；性是被規定的，萬物皆有其性。對人來說，性即
心之生理，單言心時便包括了性。除了以上論性、論心性異同的「舊說」外，
方以智常常提到的性論還有《中庸》的「天命之謂性，率性之謂道，修道之謂
教」（方氏簡稱為「三謂」），《孟子》的聲色臭味等「性也，有命焉，君子不謂
性也」、仁義禮智等「命也，有性焉，君子不謂命也」（簡稱為「兩不謂」），還
有《易傳》的「天命之謂性」和「一陰一陽之謂道，繼之者善也，成之者性也」
（方氏將這兩處合稱為「一句析為三句」）等等。總而言之，對待此前的種種
性論，方以智所採取的都是將其納入自己的道物體用論的方式，強調一在二
中，先天在後天中，因此「不可單分別其學修不及之性」〔註80〕，反對離氣而
言性——這是方氏論性的關鍵所在。

6.2.1 盡性、安命

方氏所論道物體用關係上的性，是分為公性、獨性、習性來說的：「若據
質論，則有公性、獨性、習性。」〔註81〕「質論」即質實、分析、具體之論，
與概括性的「通論」相對。「公性則無始之性，獨性則水火草木與人物各得之
性也。」〔註82〕公性即天地未分前之性體，作為「所以」的分身之一，亦只為
一形式之懸設，其形式意義在於回答萬物各各獨性的所以然問題。「人物靈蠢
各殊，是曰獨性，而公性則一也。公性在獨性中，遂緣習性。」〔註83〕就像先
天即在後天中一樣，公性亦只通過獨性來表現自身。而方氏所說的「習性」，
雖然字面意思是說後天習得之性，但按照其「二虛一實」的體用設定，後天
之性乃是唯一的「實」性，故實際上不再與獨性相區分。「習何非性？性何非
習？」〔註84〕「生與習來，習與性成。」〔註85〕「一切皆有而無在其中，性
在習中。」〔註86〕人所能夠實際徵驗的只有後天之性，而後天之性皆為習得。

〔註79〕方以智：《東西均注釋（外一種）·譯諸名》，第 238 頁。
〔註80〕方以智：《易餘（外一種）·中正寂場勘》，第 192 頁。
〔註81〕方以智：《易餘（外一種）·易餘小引》，第 14 頁。
〔註82〕方以智：《東西均注釋（外一種）·譯諸名》，第 240 頁。
〔註83〕方以智：《性故注釋》，第 4 頁。
〔註84〕方以智：《易餘（外一種）·無心》，第 200 頁。
〔註85〕方以智：《東西均注釋（外一種）·盡心》，第 107 頁。
〔註86〕方以智：《東西均注釋（外一種）·譯諸名》，第 266 頁。

方孔炤甚至說「胎中即習氣」，從而徹底斷絕了區分習得之性與無始之性的可能。

那麼對於人來說，其獨性或習性是什麼呢？方氏認為，鳥獸自其一出生，「遊者狎於水而不溺，走者馳於野而不躓」，便具有善於游泳或奔馳的獨性，終生不會有所改變；而人出生時，「自赤子不能求其母」，通過不斷地學習才得以不斷地進步，這一「無所不學則無所不能之性」就是人之獨性。方氏自稱，這一對人性的界說是繼承自南宋學者戴侗。若進一步追問為何人性如此，方氏便將答案引向其所懸設的「公性」上：「所以為獨性者，無始以前之公性也。」〔註87〕則此一公性實質上近於不可知論。既然「無所不學則無所不能」便是人性，那麼人就應當「以學問為茶飯」，故又有「性在學問中」之說。方氏頗費周章地將人性的內容引到學習上來，又對學習本身有豐富的論述，本章末將對此作詳細說明。

由於方氏堅持從後天論性，又將學習視為人性之本質規定的唯一內容，因而可以直接在性上做工夫。方以智主要是從《易傳》的「窮理盡性以至於命」來談「盡性」的工夫，又將盡性分為「盡人性」與「盡物性」兩種。他舉例說，春秋戰國時期的孫武、吳起善於用兵，范蠡善於經商，楊潛善於工藝製作，兵、殖、工便是他們各盡其人性之處；傳說中的王良善於駕馭，后羿善於射箭，師曠善於撫琴，各盡車馬、弓矢、音樂之物性。這樣看來，盡人性與盡物性是一體之兩面，因為現實境況中的人與物是不可分離的，則人之為人的實現亦關聯著充分實現某物之性。方以智接著說，對於「有情之物」即人來說，由於其盡性在於通過學習獲得才能，而學習又相應地有待於教化，所以「智愚善惡常待於盡性者之教而轉」，此「盡性者」指先覺者，即先覺覺後覺之義。對於「無情之物」即非生命體來說，充分實現其各各之獨性則有待於人之習用，「妍媸觕粹常依於盡性者之習而轉」，此「盡性者」指善於使用某物之人。總之，盡己之性與盡物之性都要求人通過學習而獲得善於運用某物的才能，因此盡性的關鍵在於「知之明，處之當」，即人能夠正確地認識並恰當地運用物。〔註88〕

方以智論性講求「不可單分別其學修不及之性」，除了上述習、性並舉，人性、物性並舉之外，他還常常將性、命並舉。下面的引文是方以智性、命合

〔註87〕方以智：《東西均注釋（外一種）·譯諸名》，第240～241頁。
〔註88〕方以智：《易餘（外一種）·性命質》，第205頁。

論一段重要文字。這段文字在《易餘》和《性故》中重複出現，措辭略有改易，但筆者目前尚未見對其成文先後的考論。比較之下，這段文字在《易餘》中更為曉暢，茲從中摘出：

> 氣聚而生、氣散而死者，命根也；不待生而存、不隨死而亡者，性體也。此性命之不可一者也。命以氣言，終無氣外理為氣之所依；性以理言，終無理外氣為理之所託。如波蕩水，全水在波；如水成波，全波是水。此性命之不可二者也……凡夫之所共有、聖人之所不無者，性乎？言性則其於盡，求盡其性之所欲，而秉不懿矣。故言一定之命以矯之，使有制伏而不敢騁。夫是之謂以命忍性，不以性衡命。彼若有所獨豐、此若有所獨嗇者，命乎？言命則主於安，自安於命之所限，而降不衷矣。故言本同之性以振之，使有所鼓舞而不容罷。夫是之謂以性立命，不以命棄性。〔註89〕

這段話至少包含這樣幾個要點。其一，言命則主於氣，言性則主於理，性命關係即如理氣關係，彼此是不同的範疇但在現實中又不可分離，不一亦不二。其二，性體現平等性，命體現差異性。言性則聖人與常人皆同，眾生平等；言命則意味著每個人的內在資質、外在遭際都有其限定，各各不同而不知其所以然。第三，言性則期於盡，言命則主於安。因為人性同質，在可能性向度上，每個人都具有成為聖人的潛能，則在應然向度上，應該以充分實現其潛能為目標；又因為命限不同，以同樣的努力未必能達成同樣的目標，所以每個人應該坦然接受自己的資質和遭遇，不怨天、不尤人。第四，正確地對待性命關係的態度應該是以命忍性、以性立命。人之獨性雖然在於「無所不學則無所不能」，但「睡、食、色、財、名，有情之五因也」〔註90〕，人性中亦包含種種欲望，一味講盡性就有盡欲以至違反秉彝之常道的危險，所以要講一定之命限來矯正、克制性中之欲。相應地，每個人的命限雖有不同，但一味講安於命限則有歪曲降衷之性的可能，以至自甘墮落、不思進取，所以要講人人皆同之性來鼓舞其動力。

由此看來，方以智很大程度上是自覺地在教化意味上講性命之辨的，其重點在於將人們的性命觀引導向一積極的人生態度上來。此一積極的人生態度表現為，一方面無論禍福得失都能不懈地努力進取，其動力來源不是功利主義

〔註89〕 方以智：《易餘（外一種）·性命質》，第 206 頁。
〔註90〕 方以智：《東西均注釋（外一種）·名教》，第 359 頁。

的，而是自我實現的、內在驅動的；另一方面能夠坦然面對自我與他人的差異性，不以功利性目標的達成為人生價值的唯一評判標準。

6.2.2 生死

方以智於辛卯年首次被迫出家時，曾仿陶淵明作《自祭文》，以示從前的方以智已死，又有「出生死利害之家」〔註91〕之論，死亡與出世在其思想中的可類比性由此可見一斑。概言之，死亡與出世都意味著主體的某一部分的終結，故接下來分別論述生死與世出世兩個主題。

方以智有一觀察性的經驗之談，即對於世人而言，「迫之以知生死之道，難；誘之以知生死之技，易。」〔註92〕他並未明言生死之道與生死之技具體指的是什麼，但通觀其整體學說，方以智論生死之道主要關乎對於死亡本身的反思，而生死之技則關乎如何引導世人擺脫對死亡的恐懼。當然，道與技並非截然二分，就像從庖丁解牛之技可以知養生之道一樣，在現實世界，道只能存在於技中。在方以智看來，生與死是一體之兩面，不可能拋開生來談論死。此外，僅僅從個體的生理性存亡來看生死，這是生理學的觀點，或者說，僅僅從氣之聚散的角度來看生死，這是宇宙論的觀點。方氏論生死，不取生理學或宇宙論的路徑，而是以此在的在場狀態為前提，即以主體的視角來看待自己的生死。因此，其所謂生死之道的第一個命題就是「生死緣於識我」，人們之所以有生死的觀念，是由於將意識聚焦在「我」上。但與生死相關的「我」只是主體的一部分，「識緣於欲」，此「欲我」的凸顯才是生死的根源。相關原文如下：

> 生死始於識我，識緣於欲，欲得則樂，不得則苦，苦樂樂苦，
> 遂成愛憎得失之我；患得患失，而憎人之斥所患，愛人之容所患，
> 遂成是非恩怨之我。我為貪本，豈待爵祿名高而後馬牛其風不可牿
> 哉？凡稍稍自好者，則呲其所不為，皆貪我也；凡有所知，即踞其
> 所知，而求設曼辭以免於所不知，皆貪我也。〔註93〕

「欲」總是有其欲求的對象，執著於自我所欲求之對象而摒棄其他，是故有愛憎之去取，因此欲求對象之得與不得而有苦樂之感受，又因他人對待我

〔註91〕方以智：《東西均注釋（外一種）·神跡》，第222頁。
〔註92〕方以智：《東西均注釋（外一種）·生死格》，第184頁。
〔註93〕方以智：《易餘（外一種）·知人》，第160頁。

之欲求的態度不同而對他人有是非之意見。這些情緒、感受、意見都起源於此一欲我、貪我。這種貪婪欲望不僅是那些高官厚祿的人有，任何人只要自矜其所好、所知，詆毀其所不好、不知，皆是源於貪我。這段話以下，方以智又列舉了種種貪我的表現，最後總結為「欲以自受用而不顧先王、不顧後世」，「以生獨尊之執」——可見他最終是將貪婪欲望歸結到一「私」字上，自受用便是只顧私己之所欲，而獨尊則是以私我之意見為是非標準。這裡需要稍作補充的是，方以智所說的這種緣於對私我之執著而產生的生死，只能是人們關於生死的觀念，而不是實際發生的生死事件。其中，特別是貪生惡死這種觀念，是直接來源於對愛憎、苦樂、是非所薰習而成的虛妄主體的執著。

　　既然生死緣於識我，那麼出離生死的解脫工夫當然就在於破除這個欲我、貪我、私我。方以智把這一工夫總結為：「且以名我奪其利我，且以達我奪其名我，復以理我制其達我，要以大我化其小我。」〔註94〕利我、名我容易理解，達我即通達、達觀之我，而「達者」在方氏這裡一般是指的道家型態的人，具有淡薄名利但行為乖張的特點；理我是指的遵循事物之理則，以此制伏達我之乖張。簡單來說，這種工夫就是讓小我層層遞進地消亡在大我的境界裡。由於方以智以「欲」指小我，以「理」指大我，故而可以說這一工夫論仍然是在宋明理學主流的存理滅欲的框架下發展出來的，但方氏講理欲又自有其特點，下面將簡要做一說明。

　　理欲關係只能從後天來談，因為「欲」的問題只關乎現實中的人。以後天論，理欲互為對待之兩端，「天地是大欲鉤，天地是大理障」〔註95〕，是則理與欲的關係如同後天之善惡一樣，善即在惡中，理即在欲中。從這一基本觀點出發，方以智對欲採取比較寬容的態度，他說：「平懷論之，睡、食、色、財、名，有情之五因也。四者與睡一等，而人惡之太過耳。」〔註96〕食色財名之欲，與睡眠一樣，有其生理性基礎，「欲者，生生之幾也。生必不免，欲又安免？」〔註97〕對於常人來說，不必強行要求他們免除欲望，只需要遵從聖人制定的社會規範，就可以將欲望節制到合適的程度。「七情五欲，非人間教者之所謂惡乎？聖人節而化之，即統而用之矣。」〔註98〕聖人所制定的社會規範，

〔註94〕方以智：《易餘（外一種）・知人》，第 163 頁。
〔註95〕方以智：《易餘（外一種）・中告》，第 52 頁。
〔註96〕方以智：《東西均注釋（外一種）・名教》，第 359 頁。
〔註97〕方以智：《易餘（外一種）・時義》，第 84 頁。
〔註98〕方以智：《東西均注釋（外一種）・顛倒》，第 172 頁。

應該是既可以節制常人的欲望，又可以將其欲望引導向各自的社會分工上來，使得人們在自食其力的同時，在各自的分工角色中感到心安。「要使食其力，即以盡其心，此之謂『欲當而緣於不得已。』」〔註99〕「欲當而緣於不得已」一句出自《莊子・庚桑楚》，方以智用它來表示，在合理的社會規則中，常人的欲望能夠與社會規範相調適，從而「為其所當為」，自覺、自願地按照社會規範來行動。方以智認為，聖人之道應該具有普適性，這種普適性就表現在能夠形成適應於當下社會中絕大多數人的秩序規範。「此熙熙然者，隨之，而善亦為惡；教之，亦不能保善之不為惡也，但使人知不敢為惡而已矣。」〔註100〕雖然人性本同，從潛能上講每個人都有成為聖人的可能，但歷史地、經驗地來看，大多數人都不可能在其有限的生命長度中充分實現這一潛能，因此教化他們的現實目標只能是使其自覺遵守秩序的底線而已。

從社會分工的角度講，「工技食工技，功能食功能，文詞食文詞，博學食博學，道德食道德，等而上之。」「農工商以技力為生理，士以讀書為生理。」〔註101〕無論從事哪種工作，只要如實達到要求以獲得相應的報酬，就具有平等的社會地位。方以智的這種平等思想，在士大夫階層中顯得頗為開明，他非但不認為勞心者的地位高於勞力者，甚至毫不客氣地指出「食道德」者才是以上分工角色中最容易作偽的。因為以道德為食的人不能夠產生可以量化的成果，故不如「博學文詞工技之有實可徵考」。關於某人是否真正具有道德，人們只能以其言行來察驗，則那些「駕道德之上而藏身不必言者」實則並不能出示關於其自身道德修養水平的可供察驗的證據。可見方以智之所以反對當時以王門後學左派人物為代表的虛競標高的社會風氣，不僅僅有其學術上的理由，更有社會分工問題上的考慮。亦可見無論在學術主張還是社會觀點上，方以智都表現出了強烈的實證主義傾向——不僅考據之學、物理之學要重證據，乃至社會財富的分配也應當以社會成員可量化的實際貢獻為主要依據。

在方以智看來，道德修養最忌虛偽，這也是他反覆強調以「真」解「善」的原因。除了批評那些以道德為不可徵驗的「食道德」者以外，他還特別批評了以道德為護身符的「無忌憚」者。他引述外祖父吳應賓的話說：「愚不肖庸

〔註99〕方以智：《東西均注釋（外一種）・食力》，第 342 頁。

〔註100〕方以智：《東西均注釋（外一種）・食力》，第 342 頁。

〔註101〕方以智：《東西均注釋（外一種）・食力》，第 347 頁。

而不中，嗜欲而已；賢智中而不庸，意見而已。」〔註102〕按照中庸的道德原則，適當的理欲關係應該是理要引導欲、欲要實現理，而不適當的理欲關係則表現為意見與嗜欲，執意見者過於理，執嗜欲者過於欲。過於理者如高人達士，他們雖然糠秕塵垢，但淡泊嗜欲；過於欲者如鄉愿，他們以媚世的態度來謀求一己私利，但口不臧否人物。二者雖不中，但仍可謂有所忌憚，所以不會嚴重妨害社會道德倫理。比如，雖然孔子斥責「鄉愿」為「德之賊」，但鄉愿者至少表面上仍然是社會秩序的維護者，「護名附教，坊表猶相安也」，他們雖然壞德，但不壞底線之法。還有一種人，通過顛倒是非黑白來掩飾自己的嗜欲，這種人毫無忌憚，既亂德又亂法。他們打著天道本然的旗號，不學知識、不修道德而又惑亂世人，混淆社會評判標準。方以智大概以部分王門後學左派為這一類無忌憚小人的典型，深加痛斥。無論過於欲還是過於理，方以智開出的對治的藥方都是「好學」：「毋自欺而好學，則彼皆無可逃也。」其所學又有所不同：對達士，應當以「道德仁義消息意見之火」，對鄉愿則應以「詩書禮樂供嗜欲之薪」〔註103〕。

　　道德仁義與詩書禮樂大體屬於儒學的內容，但老莊道家與佛教在身心修養上同樣主張淡嗜欲，因此也能實現誘導世人出離生死的效果，這一點也是方以智溝通三教的基礎。但方氏通常是將道、佛關於生死的教化視為「技」而非「道」，道是正告、雅言，技則含有通過反言、巧說來予以誘導的意思。例如，「佛知人畏死，故以死懼人」，「老子知人貪生，故以養生誘人，使之輕名利富貴耳」〔註104〕，莊子「殆病世之偏重於生，故偏為此不得不然以勝之，是巧於說勝者也。」〔註105〕佛教利用世人畏死的心理，引導其為修來世而行善積福；老、莊利用世人貪生的心理，引導其去欲養生，即以養德。在方以智看來，儒家亦有此種「生死之技」，那就是「孔子知人好名，故以名誘人」〔註106〕，所立之名如忠信、廉知、退讓、仁勇等，是為了以「名我」化「利我」。從這個角度來說，名實相符的問題在儒家義理中尤為重要，因佛、道根本視名為跡、為累贅，無所謂貪名的問題，但儒家經世則需要名正言順以成事，貪名而無實者缺少相應的成事能力，反而成為經世的阻礙。

〔註102〕 方以智：《東西均注釋（外一種）·奇庸》，第 200 頁。
〔註103〕 方以智：《易餘（外一種）·中告》，第 52 頁。
〔註104〕 方以智：《易餘（外一種）·象環寱記》，第 219 頁。
〔註105〕 方以智：《東西均注釋（外一種）·生死格》，第 180 頁。
〔註106〕 方以智：《易餘（外一種）·象環寱記》，第 219 頁。

6.2.3 世出世

儒家經世而佛、道出世，是人們關於三教的一般印象。這種一般印象在方氏家學、師教中亦有體現，方以智在注《莊》過程中也並不諱言。他曾引用其師王宣的話說：「柱、漆無所不包，而意偏重於忘世；曇宗無所不攝，而言偏重於出世；聖道統天、御天，百物不廢，而語不離於經世。儒言『公受用』，多陳體用兼備之日用；二氏言『自受用』，嘗指無體、無用之至體。」〔註107〕又引其師白瑜的話說：「經世詳于事物，即用以為泯心之薪火；出世巧于消心，故嘗設此繫解之項鈴。聖人何嘗不為我？但以公受用為自受用；何嘗不兼愛？但即差等為平等。」〔註108〕這二位的觀點可以代表宋明理學中衛道情緒相對溫和的一派人士對佛、道的態度。這種觀點認為，從道物體用上說，佛、道屬於無體無用之學，其忘世、出世的現實傾向正是慕於虛體而不務實用的學理的反映；儒家則是即體即用之學，在經世之用中呈現無體之至體，而經世的表現就是不離於事物。從公私關係、差別與平等的關係上說，佛、道所主張的平等是無差別的平等，其學只為私己之解脫、逍遙；儒家卻在差別中體現平等，同時成就他人與自我。總而言之，如果按照判教的等次，儒家是體用兼備的圓滿之教，佛、道只能各得一偏而次之。

且不論這種觀點在學理上帶有多少偏見，對佛、道二家學說有多少歪曲，只就出世與經世的關係而言，主張在世言世確實是方氏家學、師教之一貫。方孔炤明確表示：「止有在世言世，出世原以經世，以敝屣而神其垂衣耳。」〔註109〕所謂出世，不過是以一種出世的姿態達到為無為的經世效果。這種觀點為方以智所繼承，即便在其披袍為僧之後的著述中也不曾動搖。按照其一在二中的體用論原則，出世、經世為相對之二，則絕對之一應當是超越出世與經世之對立兩端，但「超越世出世間，止有世即出世之一真法界」〔註110〕，在此現實界之外別無一可以欣慕的本體界，因此超越世出世實際只能表現為世即出世、在世言世。怎樣才算做到在世言世呢？說到底，就是通過「觀會通以行典禮，制數度以議德行」，來建立一個使得天下百姓「各安生理」的社會而已。那麼佛、道修行者既然已經出世，是不是就不能言在世呢？或者換一個更尖銳的問題，既然方以智本人已經選擇了出家為僧，他是不是實際上放棄了

〔註107〕方以智：《藥地炮莊校注》，第142～143頁。
〔註108〕方以智：《藥地炮莊校注》，第146～147頁。
〔註109〕方孔昭、方以智：《周易時論合編・繫辭》，第1226頁。
〔註110〕方以智：《易餘（外一種）・易餘小引》，第12頁。

建立一太平、安生的社會秩序的理想呢？

　　方以智本人顯然是否認這種質疑的。在他來看，他本人的出家不過是「出生死利害之家」，且世界僅此一實有之世界，並無所從出。方以智援引覺浪道盛的話說：「處世必知出世法，始悟身心性命、常樂我淨之道，而不為情慾、名利、生死之業所迷。出世者必知處世法，乃知天下國家、倫物時宜之道，而不為虛無寂滅、隱怪偏僻之事所累。」〔註111〕在世、出世之學應當互相滋養，方以智也正是以這一立場來烹炮《莊子》，即強化《莊子》之入世精神、消解其遁世傾向，從而達到以出世之心為入世之事的效果。

　　方以智從哲學上講在世與出世，似乎只是輕巧的對立統一關係，然而放到更為廣闊的中國傳統中來看，在世、出世不僅是士大夫文化中的一個重要主題，而且密切關聯著政治、社會現實動態。在葛兆光先生看來，入世與出世構成了「中國士大夫的人生哲學」，這兩種抉擇意味著「投身於社會，以有限的人生與社會盛衰相聯，還是避開社會的盛衰興亡，以求有限人生的自我生存？」但對於歷史中的個體而言，這兩種抉擇並非不可共存。葛兆光認為，唐中期至五代，士大夫之所以一致推崇南禪宗，正是因為「南宗的頓悟說投合了士大夫們的心意」，這種方便法門令他們既可以享樂人間，又可以滿足精緻高雅的生活情趣〔註112〕。一邊追求著世俗欲望貪婪，一邊做出欣羨塵外的姿態，這的確是不少文人雅士談論世、出世不二背後的心理。但這種情況並不適宜照搬到明末士人或清初遺民群體上來，更不消說方以智本人。

　　加拿大學者卜正民主要從社會政治角度來看待晚明時期關於世、出世的集中討論，認為這一話題的興起意味著當時士紳處於一種二元社會政治情境：「即參與和退出公共事務這種入世和出世的兩難」。朱元璋廢除宰相制度之後，現實弊端逐漸顯現，並在正德年間造成了人所共見的朝政危機：皇權專制、宦官擅權、結黨營私等等亂象叢生，使得16、17世紀進入仕途成為了一項危險的事業。正是在這樣的背景下，儒家自先秦以來就有的「天下有道則現，無道則隱」的進退出處機制重新被激活，士人熱衷於討論應該繼續進取仕途還是退隱以保全自身的問題。「這成為晚明知識分子的當務之急，儘管試圖論證入世與出世的互補僅僅是這種緊張所表現的許多形式之一。」〔註113〕世

〔註111〕方以智：《冬灰錄》，第70頁。
〔註112〕葛兆光：《禪宗與中國文化》，上海：上海人民出版社，1986年6月，第28～30頁。
〔註113〕卜正民：《為權力祈禱》，第80～81頁。

出世不二是明末清初學者中一種廣泛存在的主張，明遺民逃禪也是當時的常見現象，那種認為方以智主張世即出世、乃至《莊子》出於儒門、三教不相礙等，只是為了給他自己逃禪而不殉國找理由的觀點，基本是站不住腳的。

第7章　格物：道德與知識之間

　　格物問題是貫穿宋明理學發展之始終的一個經典和核心問題。現代研究者往往關注方以智思想的特異性，卻相對忽略了在理學傳統中來對方以智思想作考察，格物就是最能反映方氏繼承、改造理學傳統的線索之一。蕺山曾說：「格物之說，古今聚訟有七十二家。」〔註1〕由於格物關涉著諸家學說中的本體設定、主客關係、人性論、德性論、工夫論、知識論等方方面面，可以說宋明理學諸家所論格物各各不同。廣義上講，格物問題與前述道物、物理、物我均有部分內容上的重合，但本章主要聚焦於「道德與知識」這一話題來論方以智的格物思想。之所以選取道德與知識的話題，是由於在程朱理學與陸王心學兩大陣營關於格物問題的分歧之中，前者偏於知識的進路，後者偏於德性的進路，考察方以智對道德與知識之關係的見解，最能反映其格物論的特色。本章首先引入孝、學和仁、智兩組對立範疇，它們是道德與知識門類之下相對具體的範疇。通過孝學、仁智的例證瞭解方以智重學、重智的基本學說性格之後，再進入格物問題的討論：由程朱理學與陸王心學論格物的學術史入手，引入方氏論格物的問題意識、具體展開及其特點，最後歸結為方氏獨具特色的質測與通幾學說。

7.1 孝學與仁智

　　在中國思想傳統中，「孝」不僅關乎家庭、社會人倫問題，也關乎主體的自我反省與確立：通過追問自我身心之所從來，確立人生的使命感，實現人之

〔註1〕劉宗周：《大學雜言》，《劉宗周全集》，第771頁。

為人的潛能。1640 年，方以智在北京考取新科進士，適值其父兵敗被責罰下獄。方以智身懷血書為父聲冤，崇禎帝得聞之後，盛讚「求忠臣必於孝子之門」，遂下令釋放方孔炤。在方以智生前生後，世人對他的評價中也總少不了「孝子」一詞。然而通覽方氏著述，他對「孝」的理解其實迥異於當時的倫理習慣——不僅罕見移孝作忠之類的比附，甚至並不以善事父母為論述重心，而是將「孝」與「學」結合起來發揮。本節即以方以智對孝與學的論述為主要內容，在此基礎之上討論仁與智的關係問題，由此展現其重學、重智的基本學說性格。

7.1.1 孝與學

孝字在《說文解字》中小篆作𦒱——上為「老」字之省寫，下為「子」字；許慎謂：「善事父母者。從老省，從子。子承老也。呼教切。」〔註2〕現代學者通常認可《說文》這一從老從子的孝字為本字，如徐中舒主編的《漢語大字典》認為孝字：「上部象戴髮傴僂老人，唐蘭謂即『老』之本字，『子』攙扶之，會意。」〔註3〕但關於這個字的本義，現代學者則並不滿足於許慎「善事父母」的解釋，因為這一解釋帶有漢代以孝治天下的後起觀念的影響痕跡。除了善事父母說，學者還提出孝字起源於祭祀、祖宗崇拜、生殖崇拜等等說法，但對其字形當從老從子基本無異議，這個字從金文到篆書的演變過程也較為明晰〔註4〕。然而筆者發現，《康熙字典》所收錄的孝字的小篆寫作𡥀——上「爻」下「子」，從子部，似乎與《說文》所載上老下子的孝字有所不同。筆者目前尚未見文字學者對這一上爻下子的孝字的考證，但這個字應該才是方以智論孝字之所本。他說「孝本從子爻，後故為孝」〔註5〕，這是有意地將從爻從子的孝字與從老從子的孝字分開，而以前者為本字，在此基礎上作思想的發揮。

方以智以孝字從爻、子，當然是要在「爻」的含義上做文章。「爻者，兩中五之交而效之也。天地交而生子，子效其父，始為孝子。」〔註6〕爻字由兩

〔註2〕 許慎：《說文解字注》，第398頁。

〔註3〕 徐中舒：《漢語大字典（縮印本）》，武漢：湖北辭書出版社，1997年10月，第425頁。

〔註4〕 陳力祥，張磊：《孝觀念起源於孝道思想形成時間辨正》，《江淮論壇》，2020年第4期，第105～111頁。

〔註5〕 方以智：《易餘（外一種）・孝覺》，第143頁。

〔註6〕 方以智：《浮山文集・孝經通箋序》，第354頁。

個×組成，而×在方氏象數易學中代表小衍圖，即所謂藏一旋四，而中間的交點為五。方氏認為，這一小衍圖是河圖洛書共同的圖像基礎，象徵著先天與後天相即不離。因此，由兩個×組成的爻字亦象徵著先天與後天相交，天與地相交等重要含義。從爻從子的孝字意味著天地交而生子，那麼孝就意味著子對天地的傚仿。方以智認為，只有在傚仿天地的意義上，才能夠實現「孝無終始」：「孝以傚天地，則孝在髮膚之先；孝以覺古今，則孝在身世之後。」若僅以此一己之身之所從來為盡孝的對象，那麼論孝就不可能具有超越性。聖人之性與常人無異，但他所祈慕的理想卻與常人不同，這正是因為聖人不以一己之身為身：「知身非我之身，而親之身也；身非獨親之身，而天下之身也。」〔註7〕到此為止，方以智論孝雖然越出了「善事父母」的範圍而擴大到孝於天地，但尚未越出宋明理學的傳統——至少至張橫渠起，理學家便將己身與天下萬物相貫通，從而自覺承擔起為天地立心、為生民立命的責任。不過，方以智進一步說到：「孝無終始者，學無生死也。」〔註8〕將孝與學如此緊密地關聯起來，乃至以學作為實現孝的基礎，似無人能出其右。

　　方以智之所以採取從爻從子的孝字，除了引申出先、後天相交的意思外，另一重要目的就是由孝引申出學：「孝即學字，後加二手、加一為學。」〔註9〕除了學字，方以智認為，教、效、覺字也是由孝字衍生出來：孝字原兼教、效二義，後二字別出，且「教，上所施，下所效也」〔註10〕，二字意思相通；又，「斅，覺悟也」〔註11〕，學與覺字意思相通。總之，方以智用從爻從子的孝字將爻、學貫通起來，又輔以教、效、覺等義綜合發揮。「人效天地，乃大功效；自覺覺世，乃盡孝之分量。」〔註12〕廣義上的孝是人對天地的效法，自覺即學，覺世即教，效法天地即在教、學之中；又因為「覺」字兼「悟」之義，故悟亦在學中。那麼在方以智看來，「學」的內容應該是什麼呢？

　　方氏論學向來崇實黜虛，具體來說，其所謂實學包括「參悟、誦讀、躬行」〔註13〕三法：誦讀以六經為主，躬行指踐行儒家道德，參悟則是在誦讀、

〔註 7〕方以智：《易餘（外一種）‧孝覺》，第 145 頁。
〔註 8〕方以智：《浮山文集‧後編卷一‧孝經通箋序》，第 355 頁。
〔註 9〕方以智：《易餘（外一種）‧孝覺》，第 143 頁。
〔註10〕許慎：《說文解字注》，第 127 頁。
〔註11〕許慎：《說文解字注》，第 127 頁。
〔註12〕方以智：《東西均注釋（外一種）‧譯諸名》，第 245 頁。
〔註13〕方以智：《東西均注釋（外一種）‧譯諸名》，第 244 頁。

躬行過程中達到融會貫通的境地。方以智常說「學也者，覺悟交通，誦習躬效，而兼言之者也」，「參悟誦讀，操履事業，皆學也」，其說看似繁複，實皆不出讀、行、悟三法。此三者中，讀與行有時又合稱為學，而與悟相對。為糾正時人重參悟、輕學問的傾向，方氏明確主張「藏智於禮，藏悟於學」，且其所謂「禮」並非通常所理解的「應對絃歌」或尊卑制度。「志學立矩者，禮也」，禮也同樣要落實到「學」上，才能使學者真正立於下學上達之中道。另一方面，方以智也並不忽視「悟」的重要性，因為「學必悟而後能變化」〔註14〕，只有將知識和經驗融會貫通，才能因應於實際情況而變化、施用。關於學習或修養的方法，理學中有以程朱為代表的「窮理博物而一旦貫通」之說，還有以陸王為代表的「既得本莫愁末」之說，前者強調學問的積累，後者強調本心的確立。方氏對此二說皆不能同意：一方面，學與悟的過程是相始終的；另一方面，達致某一階段的覺悟之後，亦不可廢棄學問，「真大悟人本無一事，而仍以學問為事，謂以學問為保任可也，謂以學問為茶飯可也。」〔註15〕由此可見，方以智並非以覺悟本心為學問的目標，而只是將覺悟作為學習過程中的方法或階段來看待。

《論語‧季氏》記載孔子曾有關於生而知之、學而知之、困而學之、困而不學的一段話，此一「生知」與「學知」的區分在理學家中有廣泛討論，一般認為只有聖人才能做到生而知之。方以智認為聖人與常人之性並無不同，都是「無所不學則無所不能之性」，所以他把生知講成是「聖人生而知好學」〔註16〕，「聖人只要成個萬劫學人而已」〔註17〕。《孟子‧離婁下》有「大人者，不失其赤子之心者也」一句，陽明學者往往據此而言赤子之心本自具足，工夫只在摒除後天習氣。這一觀點主要是就道德修養而發，方以智卻站在知識、學問的角度予以反對，他說：「寓內之方言稱謂、動植物性、律曆古今之得失，必待學而後知；其曰本自具足者，猶赤子可以為大人也。玄言者，略其『可以』，而陷其語耳。」〔註18〕將可能性與現成性、潛能與實現相混淆，不過是無忌憚者的欺世盜名之辭，方以智的這一批判在晚明學者中是有相當之自覺的。據彭國翔的觀察，晚明時期，對王畿「現成良知」說的批判，逐漸轉

〔註14〕 方以智：《通雅》，《方以智全書》第四冊，第 87 頁。
〔註15〕 方以智：《東西均注釋（外一種）‧道藝》，第 267 頁。
〔註16〕 方以智：《藥地炮莊校注》，第 477 頁。
〔註17〕 方以智：《東西均注釋（外一種）‧說學》，第 492 頁。
〔註18〕 方以智：《東西均注釋（外一種）‧道藝》，第 255 頁。

移到對「現成聖人論」的批判上來，代表性的觀點如顧憲成弟子所總結的：
「人心有見成的良知，天下無見成的聖人。」〔註19〕。其中，前半句可以說是
龍溪理論的重點，而後半句則是批評他的雙江、念庵、獅泉等人著重強調的，
二者實不相悖。而方以智則更進一步，不僅強調成聖必須經由道德修養工夫，
而且將工夫擴展到學問上來。他嚴厲地批評到，儒者倘若棄絕學問，專主空
悟，「是殆不如二乘、淨土，說戒、講經為其職也。」〔註20〕方以智反覆強調，
學問是儒家下學上達的必由之路，儒家聖人只以毋自欺而好學教人，性與天道
即在學問之中。

7.1.2 仁與智

　　以上對孝與學關係的考察表明，方以智是通過重新釐定孝的內涵，從而
把孝的基礎建立在學上。他通常不再將學問區分為德性知識與物理知識，但
他所列舉的學問的內容往往以物理知識為重。孝本是儒家傳統中的重要德目，
亦為佛、道兩教所肯認，在古代社會、家庭倫理中發揮著重要作用。方以智從
「孝無終始」引申出了「學無生死」，意味著他有可能把智性看得比德性更為
基礎、更為重要，而這種觀點在理學主流學術話語中是極少見的。由此啟發筆
者進一步考察方以智關於仁、智關係的意見，以求證智性與德性在其思想中
的權重。

　　方氏家學對易學、理學有極深造詣，又反對玄談而重視經典，故方以智談
仁、智亦不得不從儒家典籍中援引證據。《一貫問答》有《問仁智》一篇，集
中討論儒學各德目間的關係。這篇文章中，方以智首先表明仁與智不一不二：
二者分言之而有動靜、及守、利安的區別，合言之卻「只是圓光一顆」。但這
種不一不二的表達在理學話語中似乎已經是套話了，並不能反映出論者的實
際傾向。接下來，他援引《中庸》以仁、智、勇為三達德，《論語》由知、仁、
勇而不惑、不憂、不懼的說法，得出「知統一切、仁入一切、勇斷一切」的結
論。眾所周知，無論在《論語》還是《中庸》等儒家典籍中，雖然仁與智對舉
時，二者互為補充、地位平等，但仁又可以作為眾多德目的統稱。從統攝性
上說，儒家學者向來以仁統攝其他德目，從重要性上講，仁無論如何不可能
居於智以下地位。方以智在這裡以「知統一切」，表面上仍與仁、勇並舉，但

〔註19〕彭國翔：《良知學的展開》，第393～394頁。
〔註20〕方以智：《東西均注釋（外一種）‧神跡》，第226頁。

已悄然將統攝德目的功能轉移到了知。如果說此處的仁、智地位轉換表現得還不夠明晰，那麼在這篇文章的末尾一段，則明白無疑地亮出了方以智的理論重心：

> 愚開恥、願、力、巧，與六為十，十不出六，六即五，五即四，四即三，三即二，曰仁、義，即仁、智也。總歸於知，知即心也。曰「好學近乎智」，則了悟為大智。「力行近乎仁」，則自在為大仁。「知恥近乎勇」，則解脫為大勇。然智不學則蕩，仁不學則愚，勇不學則亂狂，故必以好學為首，而義悟於中。〔註21〕

這段話中融入了方氏圖書易學和佛學的一些話語，暫且擱置不議。僅從德目上看，「六」指義與勇、禮與仁、信與智，這是將三達德與義、禮、信分別配對，類似由三爻之八卦生成六爻之六十四卦。「五」指五常，即前六德目除去勇。關於五常與五行、五方的配位，方以智取文王《易》，「將原先的中信、北智位置對調，使智處於統領四德的乾位」。五即四，當是指小衍圖旋四藏一；四即三，是指邵雍的體四用三。這兩句放在這裡其實並無深意，不過是為了湊齊由一到十之數的完整性，算是方氏常用的套話。從「三即二」開始，方以智逐漸將重心由三達德收歸到仁、智對舉，最後「總歸於知，知即心也」，說明能知之心才是德性的根源。最後他引《論語》的話表明，智、仁、勇均需要以學為前提，而在方以智的思想系統中，「學」是建立在「無所不學則無所不能」之性、「以無知之知為體」之心的基礎上的，換言之，他援引孔子的這句話，就是為了給以「心知」收攝三達德尋求經典依據。這裡巧妙地對「知」與「智」作出了區分：與仁對舉之「智」，與收攝德目之「知」有微妙區別。一般來說，知與智在古文中可互相通用，但在方以智這裡，「智」為名詞，表示德目之一，「知」則作動詞、動名詞，表示心的功能。表面上，方以智最終將仁、智收攝於主體之心，實則是收攝於心的認知功能，是以認知功能在德性修養中處於根本性地位。

那麼方以智論「仁」，是否與其論「孝」一樣，重新釐定了其含義呢？答案是肯定的。方氏論仁最具代表性的是「全樹全仁」說，他曾提到「曾見《鼎薪》仁樹之說乎？」〔註22〕由此推測其《鼎薪》一文應相對完整地論述了其全樹全仁之說，惜此文今已不存，故只能通過其餘散見的文字來窺其仁論。方以

〔註21〕方以智：《東西均注釋（外一種）‧問仁智》，第455頁。
〔註22〕方以智：《浮山文集‧核室說》，第522頁。

智對「仁」字的解釋是：

> 仁，人心也，猶核中之仁，中央謂之心，未發之大荄也。全樹汁其全仁，仁為生意，故有相通、相貫、相愛之義焉；古从千心，簡為二人。兩間無不二而一者，凡核之仁必有二坼，故初發者二芽，所以為人者亦猶是矣。〔註23〕

核即樹種，它由核仁與包裹著核仁的一層外皮（殼）兩部分組成；樹的生成過程，即是核中之仁的生意的顯現；全體之仁交雜、融貫於全體之樹中，因此說「全樹汁其全仁」〔註24〕。人心內在地蘊含生生之意，是動態變化的、不斷發展的。仁之生意要求「未發之大荄」必然實現為「已發」，即突破一己之偏限，實現與他心的連結——表現為我心與他心之間的「相通、相貫」，落實為人與人之間「相愛」的情感。以二人、生意論仁都是沿襲先儒之說，相通、相貫、相愛也是理學論仁的題中之義。這裡值得注意的是，方以智在核仁的比喻中，又加入了必有二坼、發為二芽的情節，從而與他自己一在二中的體用論貫通起來。更為重要的是，核仁入土以後，在其生長過程中，原來的核仁必將不復存在：

> 核爛而仁出，甲坼生根，而根下之仁已爛矣。世知枝為末而根為本耳，抑知枝葉之皆仁乎？則皆本乎一樹之神，含於根而發於花。〔註25〕

> 夫核仁入土，而上芽生枝，下芽生根，其仁不可得矣。一樹之根株花葉，皆全仁也……既知全樹全仁矣，不必避樹而求仁也明甚。〔註26〕

> 世知根為本，枝為末耳，不知東君視之，枝末也，根亦末也，核之仁乃本也。芽出仁爛，而枝葉皆仁，則全樹皆本也。〔註27〕

〔註23〕方以智：《東西均注釋（外一種）‧譯諸名》，第 236 頁。

〔註24〕「汁」字《說文》解作「液」，段注曰：「古經傳多假汁為葉……汁液必出於和協，故其音義通也。」（《說文解字注‧十一篇上二　水部》）汁字作動詞時，與葉相通，意為「和協」。方以智常用汁字的動詞形式，如「何謂化待？顯密有無之相汁液是也」（《易餘‧絕待並待貫待》），「幽明大小，皆交汁為一者也」（《周易時論合編‧繫辭上傳》）等。汁液、交汁指兩種對立的事物互相交雜、融貫，「全樹汁其全仁」之汁字亦當作從此。

〔註25〕方以智：《東西均注釋（外一種）‧道藝》，第 261 頁。

〔註26〕方以智：《通雅》，《方以智全書》第四冊，第 74 頁。

〔註27〕方以智：《易餘（外一種）‧一有無》，第 69 頁。

由核仁生長為大樹似乎比喻的是從嬰兒到成人的成長過程,但從方以智在這裡表達的意思來看,他並不是要說人在成長過程中其原初的赤子之心逐漸被遮蔽而喪失的問題,而是要說明仁體即在全樹之中,除根株花葉之外無處顯示仁體,這在形式上是與其體用論中的先天、後天的結構相一致的。宋明理學家亦時常借助比喻言仁,如程頤有穀種之喻,朱熹有桃仁、杏仁之喻,陽明有天植靈根之喻等。與之相較,全樹全仁之喻既有繼承,又有突破。繼承性表現在對仁之生意的基本內涵規定,以及對仁表現為相愛之情的肯定;突破性則在於全樹全仁說的致意重心,乃是落在仁的生成、實現方面。方以智說他的全樹全仁說是為了糾正時人以「根為本,枝為末」,所指應該是陽明後學,即前引「既得本莫愁末」之類的說法。

陽明學以「本體」之良知為根基,以致良知,即體認良知實有諸己為工夫,而方以智以全樹全仁之喻否認此一本體可致可求,那麼與之相應的工夫論是什麼呢?很明顯,由其「虛體實用」的體用論出發,後天工夫不可能在先天本體上做,而只能在後天之用上來做。亦以此仁樹為喻:「格、知、物,則全樹全仁,而護幹、灌根之日用中節,歷然不可壞矣。」〔註28〕「自非聖人,烏能決信全樹全仁之至理,而揚其灌根、護幹、除蠹、結實之宰理乎?」〔註29〕培育、養護仁樹是一持續不斷的過程,具有這種持續不斷的特質的工夫,在方以智的思想體系中,就是指的「學」,即前述「學無終始」之義。又因為「好學」是以「心知」為基礎,而心的認知功能更接近於智性,故而我們可以得出一暫時的結論,即在仁智關係問題上,方以智主張的是以智來養仁。

仁智關係是現代新儒學中的核心理論問題之一,唐君毅、牟宗三、徐復觀等先生都有與仁智關係相關的重要論述。〔註30〕他們研究仁智問題的現實關懷,就是在近現代西方自然科學的主導形勢下,如何處理道德與知識、中西文化、儒家傳統與現代性的關係等問題,由此可見仁智問題的重要現實意義。本來,先秦儒家的聖人觀是將仁與智等而視之的,除了前述《論語》中的代表性話語,還有《孟子》的「仁且智,夫子既聖矣」(《公孫丑上》)等等。秦漢以下,儒家對仁的強調遠遠超過了智,以至於在現代新儒家學者這裡,「仁的系統」通常代表道德的、中國的、儒家傳統的一方,而「智的系統」則代表知識

〔註28〕 方以智:《性故注釋》,第 23 頁。

〔註29〕 方以智:《性故注釋》,第 8 頁。

〔註30〕 參見張祥浩:《現代新儒家的仁智論》,《贛南師範學院學報》,1999 年第 2 期,第 18～21 頁。

的、西方的、現代性的一方。然而在宋明理學中，用仁智對舉來討論道德與知識，這種思路在方以智之前似乎並不常見。以程朱、陸王為代表，理學家主要是用德性之知與聞見之知這一組範疇來討論道德與知識的關係，其分歧主要在於「是否可經由聞見知識進入到內在德性的自我覺醒和彰顯，從而打破自然生理與至善倫理之間的障壁」〔註31〕。但無論在理本論還是心本論學者這裡，仁的地位高於智都是不成問題的，直到方以智才將智的地位抬升至與仁齊平、甚至某些意義上優先於仁，這一現象本身或許就說明了，導致仁與智之間張力加大的根源並不是中西文明的碰撞，而是自然科學知識技術的發展。即便沒有二千年未有之大變局的出現，面對本土自然科學知識技術的積累和進步，伴隨著人認識、改造自然的能力的不斷提升，儒家也應該對智的問題給予更多關注，以增強自身學說的理論解釋效力。

7.2 格物與知行

格物問題是貫穿於宋明理學發展之始終的一個經典和核心問題，在程朱理學與陸王心學兩大陣營關於格物工夫的分歧之中，前者偏於知識的進路，後者偏於德性的進路。明末心學流行，陽明第一、二代門人繼續將格物工夫引向主體自我意識的內向深入，與此同時，復興宋代理學、氣學的明末學者又通過強調格物工夫外向「即物」的一面，糾正心學末流離物、遺物之弊。方以智對格物、知行等宋明理學傳統問題的看法就是在這樣的思想背景下逐漸形成的，而他的質測與通幾說則最終越出了「七十二家格物之論」的藩籬，為格致之學開創了一條全新路徑，並在清末西方科學重新進入中國之後得到了回應與發展。

7.2.1 理學與心學之爭

關於《大學》中「格物」一詞的訓釋，二程訓「格」為至、為窮，格物即窮理之義。個體的德性涵養與知識學問在程頤這裡是雙向進取的，即「涵養須用敬，進學則在致知」，與此同時，他似乎又否認知識的進路是完全向外求取的，「致知在格物，非由外鑠我也，我固有之也」。通常來說，知識的路徑總是要向著外物求取的，程頤並未詳細說明進學─致知─格物這條工夫論的線索如何可能收歸於「我固有之」的主體之內。當有人問他，格物之物是外物還是

〔註31〕參見向世陵：《聞見與德性》，《復旦學報》，2019 年第 1 期，第 31～41 頁。

主體性分中物時，他以「不拘」作答，認為無論是水、火之所以寒、熱，還是君臣父子之間的相處，都是格物之對象，前者對應方以智所說的物理，後者則相應於宰理，約同於今日所說倫理學的範圍。程頤認為物理、宰理都是格物的對象，以宰理內在於主體之性分是容易理解的，但將物理也說成是「我固有之」則需要作出說明。遺憾的是程頤並沒有就此說明，他只是堅持從經驗上講，通過日復一日地格物致知，積習既多，必然能達到貫通的境地。

朱熹基本繼承了程頤的格物觀，而且在其「理一分殊」的架構下，可以對物理為何內在於我作出一定程度的說明。根據理一分殊的架構，萬物統體一太極，又物物各具一太極，則萬物之理與我之理皆是對天理的分有。朱熹所說格物之物的範圍也極廣闊：「上而無極太極，下而至於一草一木一昆蟲之微」，前者約相應於方以智所說的至理，後者約為物理。而且，朱熹對「窮盡」的要求比之程頤更為徹底，「一物不格，則闕了一物道理，須著逐一件與他理會過」。按照這種說法，則所格之物理、宰理又各各不同，因其各各不同，所以才需要像拼圖一樣窮盡所有的理從而組成完整的理的圖式。這種「窮盡」的要求與他「理一分殊」的設定是互相矛盾的，因為「理一分殊」說明的是天理或太極完整地存在於每一物中，求取一物之理即可以直接證得天理，並不需要窮盡所有的物理、宰理再拼湊成一個完整的天理。可見，朱熹所說格物的一大模糊處在於，其於物上所求取的究竟是普遍性的天理、至理還是具體性的物理、宰理？這兩種選擇均有困難。若謂格物即是徑直於一物上求取天理，則漸修式的進學工夫為非必要，更不用提《大學》所論進學階次。這種理論設定所通向的工夫必然是頓悟式的，如禪宗那樣可以從任何事物——包括自我的五蘊之身——上證得緣起性空的般若智慧。若謂格物須得一一求取物理與宰理，再拼湊成完整的天理譜系，則雖然可以保證學問及其階次的重要性，可以維護四書五經的經典地位，卻不得不放棄理一分殊的基本架構，尤其是必須承認天理並非完整內在於每一具體物之中。朱熹曾試圖為其格物論作出補救，他想通過「類推」的方法來緩和其「窮盡」的要求，但這種補救只是使得其格物工夫更為可行一些，於解決其理一分殊的基本架構與格物窮理的工夫路徑之間的根本困難則是徒勞無益。

陸九淵發明本心之學與朱子之學宗趣相異，但在格物問題上，陸九淵同樣訓格為至、為窮，以格物為「研究物理」，這一做法頗為王陽明所不滿，後者主張以「正」訓格。據說，陽明的格物觀經歷了兩次轉變，一是在正德三年

龍場悟道之後，陽明擺脫了朱子學的框架，提出了以正念頭為標誌的格物工夫；二是在嘉靖年間，經過與羅欽順、湛甘泉等人迴環往復地論辯，陽明晚年對自己的格物說有所修正，認為「格」字仍主訓為「正」，但增加了兼訓為「至」。陽明的基本理論設定是心外無理、心外無物，他所說的物乃是心靈的意向性對象，「意之所在謂之物」。陽明意識到，必須通過對物的重新定義，才能將外物收攝於主體之內，繼而從端正主體意識的角度，去其不正而歸之於正。嘉靖以後陽明更加強調「即物」，強調格物不僅是端正自我意識，而且是主體在與物相接的過程之中端正自我對待物的態度，使得萬物由我之正而各得其正，這就是「事事物物皆得其理者，格物也」。

陽明格物說比之朱熹更加具有理論與實踐的一致性，但亦並非沒有缺漏。首先是格物與致知的順序問題。「在致良知思想形成之後，根據陽明哲學的邏輯，首先應致良知，以辨明意念的善惡；然後誠其好善惡惡之意；最後即事即物實落為善去惡之事。這個順序，即致知─誠意─格物，與《大學》本文的格物─致知─誠意的工夫次序有所不合。」〔註32〕另一個問題是，在陽明的體系中，道德與知識截然無關。陽明並非完全不講物理，他在詩文中亦表現出對當時的農業耕種等外物方面的知識有相當瞭解，但他認為這些物理知識與做聖賢根本無關，「聖人於禮樂名物，不必盡知。然他知得一個天理，便自有許多節文度數出來。」問題在於，主體固然可以通過道德情感的流露使其意向性之物當下感染正確的道德價值，然而「制禮作樂」、「節文度數」卻要求這種道德情感與價值在器物層面實現出來，表現為法律法規、組織機構、生產生活等政治社會秩序的恰當制定和正常運行。換句話說，若按照開物成務、理政安邦、護佑百姓的理想聖賢人格標準，以發明本心為宗旨的心學格物論由於欠缺認知、運用物理的實際能力，在效果上難以迄及。

有學者認為，「陽明學堅持良知與知識異質性的立場，顯然看到了道德與知識在各自屬性以及認識方式上的差異。……而明確道德與知識的異質性，才是正確理解二者關係並合理地將西方知識取向的科學思想吸收到中國思想傳統之中的出發點。在這個意義上，撇開輕視知識的態度不論，陽明學的知識之辨反而更具有契接西方科學思想的學理基礎。」〔註33〕從邏輯上講，知識從

〔註32〕陳來：《有無之間──王陽明哲學的精神》，北京：北京大學出版社，2006 年2 月，第 121～147 頁。

〔註33〕彭國翔：《良知學的展開》，第 377 頁。

道德中獨立出來，的確是知識獲得進一步長足發展的前提——儘管許多科技哲學史研究成果已經表明，在 17 世紀的西方近代科學革命過程中，宗教與科學在那些傑出的人物身上往往以各種形態共存。知識與道德二分固然使得陽明學比之朱子學在理論內部更加自洽，問題在於，若照此二分且將知識排除進學致知以外，那麼儒家憑藉什麼在政治社會層面實現其治國平天下的聖賢理想呢？且在當時的歷史情境下，儒家既自許為主流、正道、聖學，則其將知識排除工夫之外，自然是想讓人人皆經由道德而成聖賢，至於知識本身發展與否並不在其考量範圍之內。在陽明後學的發展中，「良知與知識的異質性」快速流變成為余英時先生所說的儒家反智主義傾向，可見知識的地位無法經由心學路徑得到保證。

7.2.2 方以智論格物與知行

對於朱熹和陽明二人的學問，方以智在大端上都予以同情之理解。有人問他，朱子與新建的格物之說孰是孰非，方以智回答說：「朱子以窮理盡至為存存之門，未致乃蹉磨也，已致乃飲食也。新建之致良知，是上冒也；其言格去物慾，則偏說也。」他既同意朱熹由窮理而復性的工夫路徑，也認為陽明的致良知、格物慾之說作為一種總的方法論原則是可以成立的。他對格物的訓釋也兼取程朱與陽明：「格，至也，方也，正也，通也，感也；有『格君心』之格義。」〔註34〕「至」依程朱所訓，「正」依陽明，這裡的「方」可能有鑒於王艮所謂淮南格物的訓釋。王艮訓格為「契度」，其曰：「吾身是個矩，天下國家是個方，矩則知方之不正，由矩之不正也。是以只去正矩，卻不在方上求。矩正則方正矣，方正則成格矣，故曰物格。」作為陽明門人，王艮此說典型地體現了陽明學左派學者進一步向主體之內收攝工夫的傾向，此一工夫論的理論依據是奠基於更加徹底的本末關係上，以自我主體之本全面收攝萬物客體之末。方以智向來不滿王門左派標高主體、遺棄外物的做法，但他在格物問題上仍然有取於淮南格物說，一種可能的解釋是，在心學流行之後，明中晚期各家論格物均不能脫離陽明學的巨大影響，即便像高攀龍這樣明確表示挽朱救陸的學者，在格物問題上亦取「反求諸己」的德性修養路徑。當然，這一思想史現象本身也從側面證明了陽明格物說在理論與實踐一致方面的優越性，即通過將物理知識完全排除格物工夫之外，經由主體德性修養而

〔註34〕方以智：《東西均注釋（外一種）·一貫問答注釋》，第 440～441 頁。

成聖成賢便更加順理成章。如前一節所述，方以智在知識與道德兩端原本重學、重智，但在格物這一理學傳統問題上，他又表現出對於儒家道德倫理原則的充分尊重，因此他強調格字如「格君心」之格，認為格物必以正己、正物為旨歸。

　　方以智雖然在格物的訓釋上兼取程朱與陽明，且表現出更加重視德性之旨歸的傾向，但他的格物說最終是落在「格通內外」的意義上。前引方氏在訓格為至、方、正之後，又加上「通」、「感」二義，其理論指向就是用內外通感、通徹無間之義來融合、超越程朱向外的窮理說與陽明向內的正心說。前章談方氏哲學的主體性問題時提到，在《大學》的心、意、知、物結構中，方氏以心、意、知為一組，表示主體的內在性，而與外在之物相對，並最終通過外物來實現自身。心物關係不僅如陽明學所講有「離心無物」的一面，且有「離物無心」的一面，此二者原本不可偏廢，但方氏哲學的實證主義氣質使其必然在心物兩端強調可實現、可徵驗的物之一端。方以智還自問自答地說：「《大學》包舉其中曰心，以發端而傳送也曰意，溥其照用而一其智識曰知。斯已畢矣，又畢之曰致知在格物。何內之而顧外之歟？在之云者，無先無後之謂也。」〔註35〕認為「致知在格物」之「在」字乃「無先無後之謂」，也就是說格物與致知、誠意、正心四者間不是工夫次序的遞進關係，而是一時並起、同時實現。一方面，方氏尊重「格物」問題在宋明理學尤其是陽明心學中的儒家道德主義詮釋路徑，另一方面，方氏自身的實證、認知主義傾向又使得其「心」的主要功能落在「知」上，因而選擇「格通內外」、「無先無後」的訓釋來理解格物問題中的主客關係，就成了方以智溝通道德與知識之旨的最佳詮釋學方案。

　　然而這一訓釋亦不起於方以智。早在與陽明同時的羅欽順那裡，便明確提出了以「通徹無間」來訓格字的主張。羅欽順說：「格物之格，正是『通徹無間』之意。蓋工夫至到，則通徹無間，物即我，我即物，渾然一致，雖合字亦不必用矣。」但據羅欽順自己說，他以「通徹無間」訓「格」又是有取於與朱熹同時代的南宋學者呂祖謙，後者訓之為「通徹三極而無間」（《困知記》）。無論如何，明末一股以「通徹」訓格的潮流確是由羅欽順啟其端緒，除羅、方二人外，筆者所見持同調的學者還有楊起元。楊起元說：「格物者，己與物通一無二也，如此則無物矣」，同樣是從打通物我、主客、內外的角度講格。有趣

的是,作為明代中後期典型的「朱學後勁」〔註36〕,羅欽順卻並沒有採取程朱的格物窮理之訓,恐怕也是意識到了朱子之說在根柢上扞格難通。但羅欽順並未像高攀龍那樣在格物問題上完全倒向王門,他的「通徹無間」之訓亦有補於陽明格物說之不足。

　　從文本上看,方以智似乎認為自己領悟到「格」字含有格通內外之義,主要是受到其禪師覺浪道盛的啟發。方氏記載道盛的話說:

> 明明德,即致知也。止至善,即格物也。《大學》無格物傳,即
> 在好惡自慊中。好好色,好至矣;惡惡臭,惡至矣;而物不已格乎?
> 知不已致乎?意不已誠乎?

方氏興奮地評論到:「吾師此指,若決江河。」〔註37〕可見他對道盛在學術見解上認同度是很高的,他投入道盛門下亦不止於現實中被逼迫的原因。道盛這段話約有如下含義:第一,格物致知即至善明德,這是選擇從德性的路徑解釋格物;第二,朱子所補格物致知傳為非必要,因為《大學》解釋格物致知的傳文就在解釋誠意的傳文中;第三,誠意與格物、致知一時並起,誠意的結果即是物格、知致。按照這幾個意思,則道盛解格物似乎與陽明學的路子沒什麼不同。方以智卻對道盛這段話作了如下發揮:

> 物物而不物於物,格物物格,心物不二,即可謂之無物,無物
> 即是無心。踐形、復禮、博文,俱是打通內外,不作兩橛。祖師令
> 人於機境上逆破,正是此旨。「若能轉物,即同如來」,以此合參,
> 更見全體作用,一直輥去,自然不落兩邊。其執「格去物欲」之說
> 者,未徹此耳。心一物也,天地一物也,天下國家一物也,物格直
> 統治平參贊,而誦詩讀書,窮理博學俱在其中。〔註38〕

從覺浪道盛的話中,方以智實際領悟的主要是「一時並起」的思路,而非其他。且道盛明顯是以誠意來統攝格物、致知,這是典型的陽明學的路子;而方以智卻是用格物來統攝心與天地與天下國家,至少在詮釋學意義上剛好是跟道盛反著來的。當然,從效果上來說,二者確實有相似處,即無論以誠意還是格物作為統攝者,「一時並起」的思路再進一層,便都是要達到打通物我內外的效果的。若按照這樣的承接理路,則「格通內外」、「通徹無間」的格物之

〔註36〕張學智:《明代哲學史》,第312頁。
〔註37〕方以智:《東西均注釋(外一種)‧一貫問答注釋》,第441~442頁。
〔註38〕方以智:《東西均注釋(外一種)‧一貫問答注釋》,第442頁。

說也可以看成是順延著誠意正心的王門格物說的進一步發展。

　　無論方以智的格通物我內外之說是受到由羅欽順啟其端緒、流行於明末的「通徹無間」說的影響，還是受到其師覺浪道盛從「一時並起」的角度闡釋王門格物說的啟發，歸根結底，方以智之所以「接受」或者「發明」了格通內外的格物觀，還是因為這一觀點是最能夠與其虛體實用、一在二中、相反相因的基本體用論架構相調適的。與格物緊密關聯的另一理學熱議話題是知行。與其論格物的思路相似，方以智在知行問題上一方面重視「知」，一方面又著力打破知與行的內外隔閡，即所謂「知即是行，誠明合一」。

　　陽明講「知行合一」似乎已經圓融地表述了二者的關係，但方以智偏要打出「行統於知」的旗號，這一主張是否可能超越「知行合一」，又如何避開朱熹論「知先於行」所帶來的理論困境呢？方以智運用圓∴圖式，以「一在二中」的邏輯主張「知貫知行」：「分知行，非知知行者也；合知行，亦非知知行者也。曰：知貫知行，而自為代錯乎？⋯⋯究也行統於知，用知即行。」〔註39〕這裡所言「分知行」與「合知行」兩種做法，似乎分別指向程朱與陸王學派；而方氏的「知貫知行」說則既承認知行二端的對立性，又確保了二者在「知」的統攝作用下的合一性，確有其理論優勢。然而，方以智為什麼要以「知」貫知行，而不以「行」貫知行呢？他曾舉過幾個例子來解釋。第一例是「見藤為蛇」。某人見一藤而誤以為是蛇，又疑又驚，遂起殺蛇之心。這時有一達者勸說他放了蛇，因為此蛇並沒有傷害人的意思；另有一信佛之人說，若殺了它，我將為它超度。待此人舉火細看，才知是藤非蛇，才知不必殺、不必放，也不必超度。「此言知之自信，信即行矣。」第二例是「野人入郊，聞金鼓而駭。郊人曰：此獮獵之講武也。此言知之能定，定即行矣。」第三例是「徒步訪人」。有人徒步去別人家拜訪，已經離人家很近了卻擔憂日暮難行，感覺就好像還有幾十里路一樣遙遠；若換做這家人要在日暮之時趕回自己家，哪怕身在離家一座山以外十里的地方，也不會感到憂慮，這正是因為他們熟知家附近的路。「此言知之不憂，不憂即行矣。」〔註40〕正確認知事物之理能夠使人自信而不惑於他人之言，使人保持鎮定而不憂慮的態度，這種信、定、不憂就是「知」所帶來的心性修養上的效果。

　　《孟子》有句著名的話——「學問之道無他，求其放心而已矣」，如何理

〔註39〕方以智：《易餘（外一種）・知由》，第 98～99 頁。
〔註40〕方以智：《易餘（外一種）・知由》，第 100 頁。

解放心，學問與放心孰先等問題在理學家中有廣泛討論。方以智卻重視《孟子》此話的前一句「人有雞犬放，則知求之；有放心而不知求。」他藉此發揮說：「『知』字是人生第一方便門。放心如何去求？才一知則放心即回來矣。覺了隨他放去，放去一覺即收，收放自如……世人以操、存為求放心，捉定不放，豈不苦殺！」〔註41〕在方以智看來，「求放心」的關鍵仍然是「知」，但不同於上述向外之知，此知乃是「意動心自知，知覺妄即破」〔註42〕式的心之「自知」，即心一旦意識到自身處於渙散、攀援的狀態，便能夠立即自我警醒。此外，心只要能夠達到收放自如的境地即可，而不必時時處於高度警覺狀態——相比起操存此心，收放自如才是調適的心靈狀態。對方以智來說，以心知物並不是單純的理論理性問題，因為伴隨著心對外物的認知及其對自我的覺知而來的不僅是知識，還有心性修養上的效果，即如信、定、不憂、收放自如等。這一思路有借鑒朱子學的痕跡。朱熹亦曾經由認知的效果來溝通知識與德性，例如「借助於格物窮理而來的對人心即內在德性的『警覺』，即他所謂的『喚醒』工夫。」〔註43〕

7.2.3 質測與通幾

　　質測與通幾是方氏哲學的標誌性話語，自 20 世紀 50 年代由侯外廬先生提出並予以特別表彰之後，尤為現代學界所知，然而學界對這組概念內涵的界定仍有不小的分歧。蔣國保先生曾總結 80 年代以前學者的觀點，列出四家之說。一是容肇祖先生認為質測即科學，通幾是指貫通和先識的作用——筆者以為容肇祖此說應該是將「通」與「幾」分開講的，通即貫通，「先識」指的是「知幾」，即認識事物運動變化之初的細微徵兆。二是侯外廬提出的，「在方以智著作中，相當於科學的概念是『質測』或『實理』，相當於哲學的概念是『通幾』或『推理』。」這一提法又往往被簡化為「質測＝自然科學，通幾＝哲學」的一組等式，在學界占主流地位。三是馬數鳴先生認為，方以智把由考察而知的物理稱之為質論，而把這項學問叫做通幾。四是日本學者阪出祥伸認為，質測相當於朱子的個別之理，是分析的認識方法，是「事實的探求」；通幾是根據感應原理說明事物的互相依存，是「中理的探求」〔註44〕。

〔註41〕方以智：《東西均注釋（外一種）‧一貫問答注釋》，第 497～498 頁。
〔註42〕方以智：《東西均注釋（外一種）‧一貫問答注釋》，第 439 頁。
〔註43〕向世陵：《聞見與德性》，第 34 頁。
〔註44〕蔣國保：《方以智哲學思想研究綜述》，第 22 頁。

　　蔣國保自己則提出了另一觀點，他認為，首先，質測與通幾是方以智關於其認識論意義上的認識方法的表述，而非知識論意義上的學問，所以將其等同於學科分類中的科學與哲學是不恰當的。第二，在方以智著作中，質測與質論、質核，通幾與推論、通論之類的說法「無論從概念的內涵還是從概念的外延講，都是異名同實」。質測重觀測、重試驗、徵確然，並且有嚴格的操作步驟，即「類其性情」、「徵其好惡」、「推其常變」；通幾是在質測所獲得的感性材料的基礎之上，運用理性的方式，從物理推出至理，其具體要求有「充類致義之盡」與「以理推之」。第三，質測與通幾的認識方法，分別相當於培根的歸納法和笛卡爾的演繹法，而方以智強調質測與通幾不可分離，表明他「在哲學方法論上避免了培根、笛卡爾各自在方法論上的片面性，將近代的歸納法與演繹法在方法論的意義上統一起來。」〔註45〕

　　筆者以為以上諸家之說皆各自成理，尤其蔣國保對質測、通幾概念本身的分析較為符合文本實際，至於他將其分別與歸納法、演繹法相對應，恐怕失之比附。總的來說，即如第二章中所述，對於方以智著述中的物理、宰理、至理，質測、通幾，以及格物、知行這三組近似的概念，若能做出綜合區分，將有益於方以智研究的進一步深入，避免僅在定義問題上打轉。本文對這三組概念的區分是基本一貫的：「物理、宰理、至理」指的是不同的知識門類，「質測、通幾」是不同的認識方法，「格物、知行」則是在理學語境內來談做聖賢的工夫問題。作為認識方法，質測與通幾最為顯著的區別在於，質測是在氣上進行，通幾則在理上進行，因此這兩種方法又並非限於哲學的認識論，而是均可運用到今日所謂哲學與自然科學的研究領域中。與之相關的質論與通論等，則是就氣而言與就理而言，或者分析論之與概括論之的兩種論述方法。本文無意於從文本上徹底釐清質測與通幾的內涵——通過文獻材料的列舉與現代語言的轉譯來反映方以智使用這一組詞的準確意思幾乎是不可能的，也是非必要的——接下來的引證和分析主要意在說明，方氏使用質測與通幾概念時，往往不離於當時的西學背景。

　　方以智論質測與通幾最著名的一段材料來自《物理小識自序》：「萬曆年間，遠西學入，詳於質測而拙於言通幾。然智士推之，彼之質測，猶未備也。」此序作於 1643 年，距利瑪竇來華（1583）之後六十年。利瑪竇為耶穌會士的

〔註45〕蔣國保：《方以智與明清哲學》，合肥：黃山書社，2009 年 10 月，第 135～149 頁。

在華傳教策略開創了穿儒服、讀儒書，以知識分子形象親近學者官員的門路，通過科學技術和工藝製品獲取上層官員好感與信任，繼而培植其天學或基督教信仰。方以智謂其詳於質測，指科學技術而言，拙於言通幾則指神學。晚年為僧時，他為遊藝《天經或問》作序，仍然延續了對西學的這一基本判斷：「特其器數甚精，而於通幾之理，命辭頗拙」〔註46〕。「在才高志遠的方以智看來，傳教士宣傳天主教義的那些充滿神學獨斷的著作，比起當時中國哲學達到的水平，是顯得幼稚的。」〔註47〕方以智回憶自己曾向畢方濟「問曆算奇器」，後者「不肯詳言，問事天則喜」〔註48〕。由此亦可見，這一時期傳教士以西方科學技術為宣揚神學信仰的手段，在士人官員中已經不是什麼秘密。因此，在論西學時，方以智所說的通幾僅僅指其事天之神學而言，他尚未接觸今日所說西方哲學一類譯注，斷不可以為其以西方哲學為「拙」。

方氏的判斷並非民族主義式的自我浮誇之辭，且舉其天文學研究方面的兩個實例。一是關於九天之說，這是當時傳教士帶來的天體分層理論，「自地而上，為月天、水天、金天、日天、火天、木天、土天、恒星天，至第一重為宗動天。」〔註49〕上帝（後改稱天主）即居於宗動天又稱靜天，並使得此一天層處於永恆運轉狀態，進而帶動其他天層運轉。方以智基本承認九天說，但他認為用中國傳統哲學的「於穆之理」來解釋此一永恆運動的問題更具有優越性。〔註50〕在其現存著作中對這一問題並未展開討論，但方氏指出這一中西差異已經顯示出他的理論敏銳性。在九天說中，為了解決第一運動因而安排一個全知全能的上帝出場，中國傳統的「於穆之理」則認為，於穆不已、生生不已本身就是當下世界不證自明的基礎法則。按照方以智實證主義的思想傾向，在他看來，那樣一種上帝的證明或假設既沒有充分理由，亦沒有理論上的必要。

第二個例子是方以智根據西人使用望遠鏡的觀測結果，即金星有時晦、有時光滿、有時為上下弦的周相變化，而提出「金水附日為輪」的解釋模型。「根據金星有周相變化的事實，可以推斷金星、水星是繞日旋轉的，月、日、

〔註46〕方以智：《浮山文集·遊子六天經或問序》，第389頁。

〔註47〕張學智：《明代哲學史》，第508頁。

〔註48〕方以智：《浮山文集·滕寓信筆》，第506頁。

〔註49〕方以智：《通雅》，《方以智全書》第四冊，第486頁。

〔註50〕「萬曆中，有歐邏巴人利馬竇，浮海歷諸國而至。其國重天學，所云靜天即於穆之理也。」方孔炤、方以智：《周易時論合編·崇禎曆書約》，第327頁。

火、木、土則是以地球為中心，按照遠近順序的依次排列繞地球旋轉的，這可以看作是既不同於托勒密也不同於第谷的一種新的宇宙結構，也是方以智在掌握西學新觀測成果的基礎上所做的進一步思考與分析的結果。」〔註51〕總之，方以智關於西學「詳於質測而拙於言通幾」，「彼之質測，尤未備也」等等論斷，皆不可謂狂妄無據。

　　方以智的質測之學頗為王夫之所重視，後者亦多次提及「渾天質測」（《張子正蒙注・參兩篇》）、「遠鏡質測之法」（《思問錄》），用質測代指西學的儀器測量，大概也是受方以智影響。在《搔首問》中，王夫之多次以襃揚的口吻談到方以智，並由衷讚賞「密翁與其公子為質測之學，誠學思兼致之實功。」方以智長子方中德在其所著《古事比》一書自序中說，「仲愛質測，季喜考核」，指方中通著有《數度衍》、方中履著有《釋疑》，而方中德此書則「欲管窺於史學之萬一」。方氏三子，分別繼承了方以智的史學、質測學、考據學思想，又以方中通的質測之學影響較大。方中通與傑出的數學家梅文鼎交好，後者亦深受方以智影響。方以智逝後數年（庚申），梅文鼎還在寄給方中通的信中，作詩紀念「文忠公書來索觀小著，余因循未往」（文忠為方以智私諡）的憾事，且錄此詩以結束本章：

　　　　私淑青原虛此心，遺文一讀一沾襟。

　　　　《炮莊》罕識通微妙，《物理》誰能質測深？

　　　　遠索著書扶後世，坐乖良晤負知音。

　　　　終當拜展先生墓，仰止高秋楓樹林。〔註52〕

〔註51〕楊愛東：《東傳科學與明末清初實學思潮——以方以智的實學思想為中心》，山東大學博士學位論文，2014 年，第 69 頁。

〔註52〕梅文鼎：《續學堂詩文鈔・寄方位白五首之四》，合肥：黃山書社，1995 年 12月，第 235 頁。

第 8 章　事物：存有與活動之間

　　本章主要關注物中之「事」。本來，在中國傳統思想話語中，事與物通常可以互換使用，單舉物時可以包含事，單舉事時也往往並不排除物，但事物並舉時，二者可以稍作區分。這種區分，用方以智本人的話來說就是：「物以形體言，事以作為言。天地間無非物，職分內無非事。」〔註1〕由「形體」與「作為」，可以引申出物與事在「存有」義與「活動」義上的不同；由「天地」與「職分」，可以引申出物與事分別指向的是自然與人文兩大領域。本章從事的視角來考察方以智的物論，核心關注就在於尋求一溝通存在與活動、自然與人文的可能路徑。

　　本文對於方以智哲學中溝通自然與人文的可能思想途徑的考察，主要是在李約瑟難題的視域中進行的。如文獻綜述部分所論及的那樣，李約瑟難題可以歸結為「中國為什麼未能產生近代科學技術」這樣一個核心問題。近年來，在部分西方漢學和科技哲學研究者的質疑中，李約瑟難題逐漸出現被消解的趨勢，甚至於 17 世紀歐洲近代自然科學技術革命這一歷史觀念本身也遭遇多方面挑戰——在後現代主義衝擊下，曾經被認為是典型的那些科學革命的思維和方法、人物和事件變得面目不甚明晰。李約瑟難題或許被取代，但其意義不會徹底瓦解，因其生命力不僅僅根植於中國傳統思想整體上缺少對自然之物的客觀考察這一歷史事實，更植根於中國傳統哲學如何朝向科學與民主實現自身的現代化轉型這一現實處境。在李約瑟難題的視域背景下，本章將事與物所引申出的人文與自然這一面向聚焦到道德與科學的關係上，其中道德是

〔註1〕方以智：《東西均注釋（外一種）‧一貫問答注釋》，第439頁。

指以儒家哲學為主體的中國傳統道德觀念。李約瑟對儒家哲學與科學發展的關係有一個基本的評判，即認為其「對於科學的貢獻幾乎全是消極的」，其中最為突出的、基礎的根源又在於「儒家把注意力傾注於人類社會生活，而無視非人類的現象，只研究『事』（affairs），而不研究『物』（things）。」〔註2〕

圍繞著這一重「事」輕「物」的基礎問題，李約瑟還提出了其他一些被認為是阻礙了科學發展的儒家或整個中國傳統思想的觀念。例如他指出，中國傳統思想中的人禽之辨，將有道德含義的「義」視為人區別於動物的本質所在，而不是西方人所說的推理能力；此外，儒家關於人性的討論亦只注重人的道德屬性而不注重對於認知具有重大意義的推理能力。按照李約瑟的此類判斷，我們可以得出的推論是，以儒學為代表的中國傳統哲學要實現其現代化轉型，尤其是要與近現代西方自然科學技術主導下的人類社會發展相適應，就必須補足其物論的短板，從傳統儒學精神中開出面向自然之物的學說來。然而問題並非如此簡單，同樣在上個世紀，新儒家以自覺承擔傳統儒學的現代化復興的面貌出現，其中的代表性人物牟宗三先生的標誌性觀點之一是關於何為儒家正統的界定。牟先生的界定標準，核心在於「即存有即活動」的理論，而這一理論的現實指向根本上是與前述從李約瑟難題中得出的推論背道而馳的。

牟先生在其關於宋明理學的研究中，以理學各家學說之本體是否具有「即存有即活動」的特性為標準來判定「宗子」與「別子」，又由於這一標準實際上關乎對儒學基本精神和性質的釐定，所以它的適用性已經越出宋明理學的領域，「以『即存有即活動』作為儒家道德本體、道德意識之根本屬性這一點，也就可以說是牟宗三對儒學研究的最高結論。」〔註3〕在牟先生所構建的宇宙本體論視域下，宇宙秩序與道德秩序相等同，其中「於穆不已」之天命實體被視為是能起宇宙生化之「創造實體」，此天命實體具於個體之中則曰「性體」，性體是能起道德創造之「創造實體」。合而言之，此實體、性體能「妙運萬物而起宇宙生化與道德創造之大用」，本體的此一特性稱為「即存有即活動」〔註4〕。相應地，牟先生亦談到「即活動即存有」，這是「對心體以及其

〔註2〕 參見許蘇民：《論李約瑟的中西哲學比較研究》，《雲南大學學報》，2013年第六期，第24～33頁。

〔註3〕 丁為祥：《牟宗三「即存有即活動」釋義》，《文史哲》，2010年第5期，第132～139頁。

〔註4〕 牟宗三：《心體與性體》，第35～36頁。

『活動』之對於性體、道體的落實、蘊含與彰顯而言」，這也就是說，其所謂性體的創造作用必須由心體落實，心體的活動使得性體由「潛存自存」狀態而得以發揮作用。問題是，牟先生所接納的體用論主要來自陽明學說，其要點如陽明所說「一如樹之根本，貫如樹之枝葉，未種根，何枝葉之可得？體用一源，體未立，用安從生？」〔註5〕其特點在於體用與本末的混一，強調以體為本、以用為末。在陽明和牟先生這裡，這種體用、本末混一的體用論「主要被用來說明論證道德本體論對於道德實踐活動之先在性與前提性關係，而對於以道德實踐來反證道德本體的實際存有則往往注意不夠。」〔註6〕

　　換一種說法，「即本體即活動」的理論肯定了性體經由心體的作用而起德性創造之大用的必然性，卻相對缺乏對由用以見體的所謂「逆覺」體證的說明，因此難以通過行為實踐來確證道德本體是否真正實現自覺。楊澤波亦注意到牟先生學說中的這一問題，故而特意從性體中分出仁性與智性來，他說：「仁性的任務是發現自己，而不是證明自己，要證明自己必須依靠智性。」他對所謂「智性」的界定是：「智性是一種認知能力，既負責外識，又負責內識。外識是對與成德相關的外部對象的認識，內識則是對自身的認識。」其中「認知」是指：「認知是對存在的事物進行理論的把握和描述。」〔註7〕

　　綜合而言，道德本體論或存有論的一大弱勢在於缺少對外部對象的認知能力，以至於其對由用見體的說明顯得無力。從這個角度來說，方氏哲學強調體在用中、即用即體就有可能從逆覺體證的方向彌補道德存有論的缺陷，又由於本體之發用即在後天事物之中，所以方氏哲學對事與物的同時強調和理論考察又可以補足前述李約瑟難題所顯示的中國傳統思想缺少物論這一短板。方氏哲學所具有的這種潛力不是偶然性的。歷史地看，一方面，方氏哲學的現實理論指向就是矯正王學末流之弊，而這種弊端同時又出現在自覺繼承陽明學的牟宗三哲學中，其核心問題就是體用、本末混一。另一方面，李約瑟在對中國科技史和傳統哲學的考察中，或許由於當時的文獻限制，並沒有關注到方以智的哲學思想。在明末思想家中，李約瑟最關注的是王夫之。王夫之與方以智在實學傾向上有相似性，但王夫之從張載氣本論立場出發，往往將「物」還原為一般性的氣，而方以智繼承邵雍的觀物哲學，是將物本身當作認識的對

〔註5〕王陽明：《王陽明全集・語錄一》，第28～29頁。
〔註6〕丁為祥：《牟宗三「即存有即活動」釋義》，第132～139頁。
〔註7〕楊澤波：《仁性和智性在道德存有中的不同作用》，《陝西師範大學學報》，2020年第1期，第83～91頁。

象。「兩者的重要不同在於，氣是無具體性的、抽象的存在，而物卻是形象化的、各異的個體。」〔註8〕設想一下，如果李約瑟當時能夠讀到方以智的哲學著述，或許將對其關於中國傳統思想「只研究『事』，不研究『物』」的判斷稍稍作一改寫。

以上是本章寫作的潛在問題意識，但其中較為宏大的問題部分恐怕超出了本書論域。本章將聚焦在上述構想中一個環節，這個環節就是考察「物」或「物理」是否只可能是「只存有而不活動」的「靜態的理」。「只存有而不活動」是牟宗三對朱熹學說以理為本的批評，他認為朱熹之理「只是一個『作為存有』的、靜態的、形式意義的純一之理，並無心義活動義」，因而不具有道德創生之大用。〔註9〕本文無意於為朱熹辯護，而是從牟先生所提出的問題本身獲得啟發。下文將說明，由於方以智論物是兼物與事而言，故其所論物理並非是只存有而不活動的，貫泯隨、交輪幾等等基於具體物理基礎上的歸納之理，都具有動態性特徵；進一步說，正因為重視對事物之理的認知和把握，方以智哲學得以真正開闢出「即活動即存有」的由用顯體路徑。

8.1 三徵與三因

在方氏哲學中，圓∴圖式及其所象徵的體用論具有理論核心地位。前述「道物」一章，集中論述了其中的虛體實用思想，交代了作為無體之至體的「所以」，相反又相因的發用之兩端，中天、先天、後天的架構及其虛實關係，並簡要說明了在此虛體實用的基本設定下，理、氣、象、數等範疇間的關係。本章對三徵與三因的論述，仍然是圍繞著圓∴圖式展開。不同之處在於，經過「心物」一章的鋪墊，本章對圓∴的說明帶入了主體的視域。換言之，「道物」一章主要是從靜態視角對方氏哲學體用論的描述性說明，本章則在此描述性說明的基礎上，從一動態視角來考察即用即體、由用見體的具體情形，進而歸納出關於主體行為的應然指向。

8.1.1 三徵

在《東西均開章》一文，方以智以「均」指稱自春秋時期以下各重要思想

〔註8〕 李震：《邵雍哲學的體用論》，《哲學研究》，2020 年第 9 期，第 59～68 頁。
〔註9〕 樂愛國：《朱熹的「理」：「生生之理」還是「只存有而不活動」》，《廈門大學學報》，2016 年第 1 期，第 36～43 頁。

家的學說，又自指其「坐收千古之智」的學說為「全均」，其中，「貫、泯、隨之徵乎交、輪、幾也，所以反覆圓∴圖書也，是全均所露泄之本。」〔註10〕由此可見，方以智自己把交輪幾與貫泯隨兩組範疇看成是對圓∴的集中說明，並且是其全部學說的精粹所在。在《東西均・三徵》一篇，貫泯隨被稱為「三因」，交輪幾即題目所指的「三徵」。「徵」指「事物內在性質表露於外的徵象」，即事物之理則；「因」指「依順因應世界的本相」，即行動之依據。隨後，方以智還提到了「別詳《∴說》」〔註11〕，據此推測《∴說》一文應該更為系統詳盡地論述了三徵、三因說，惜其文今已不傳。綜合現存文獻來看，三徵說主要是對圓∴圖式的動態性描述，三因說則是基於圓∴圖式而得出的主體知、行之依據。

　　進入三徵說之前，先要對方氏體用論作一補充說明。「道物」章談到，在虛體實用思想中，無體之至體只是一形式之懸設，其設置的目的是為了應對人們追問終極來源問題，故而得名「所以」。但另一方面，方以智論體用又有「分餘」的說法，似乎至體之中原本含有作為用的對立兩端的內容。如《易餘小引》謂：「大一以天地為餘，天以地為餘。然天分地以立體，而天自為餘以用之，即大一之自為餘自用之矣。」〔註12〕這句話中，天地以下容易理解，即天之本體自分出天、地之形體，而天之本體又用此天地之形體，按圓∴圖式，即上一點為天之本體，下二點分別為天、地之形體，為上一點所用。問題是「大一以天地為餘」這句，大一當為「所以」的別名之一，亦只有形式之懸設義，則此一形式如何可能生出天地之內容來呢？這個問題有點像是中國哲學傳統中，無如何可能生有這個經典問題。筆者的觀點是，「用餘」的可證明性只能限定在後天領域，說「大一以天地為餘」，就像說「中天分出先後天，而以後天為餘」一樣，實際已經超出了後天經驗範圍，因此只能理解為是從後天經驗中歸納出「自分為餘以為用」這一形式，將其運用到懸設性的「大一」上來。換句話說，「大一以天地為餘」並非本體與形體兼具的如實描述，而只是一邏輯的、形式的描述。

　　「天分地以立體，而天自為餘以用之」，這裡的天與地可以替換為善與惡、陽與陰等相反相因的範疇，其相因的特點是前者「統待」後者，即至善統

〔註10〕方以智：《東西均注釋（外一種）・開章》，第 36 頁。

〔註11〕方以智：《東西均注釋（外一種）・三徵》，第 104 頁。

〔註12〕方以智：《易餘（外一種）・小引》，第 1 頁。

善惡、真陽統陰陽，標「至善」、「真陽」是出於尊陽、尊善的價值選擇的緣故。「用餘」的形式正是從這一類「統待」關係中歸納出來的，亦可以表達為：「一分以自偶，偶本同出，而還以相交。」〔註13〕正因為本體「自偶」其形體在先，才能說本體以自餘之形體為用。這種「統待」的形式，只是對立兩端相因情況中的一種。對立兩端之相因，表現為「交」與「輪」兩種情況：「交也者，合二而一也；輪也者，首尾相銜也。」〔註14〕交與輪分別是從空間與時間兩個維度來解釋如何相因的問題。其中，《三徵》篇並沒有說明「交」的具體類型，但在《絕待並待貫待》篇有「化待」、「平待」、「統待」的說法，此三待即「交」的具體類型：

> 何謂化待？顯密有無之相汁液是也。何謂平待？左右往來是也。何謂統待？君民貞邪是也。統之屬，下為所統矣，雖對而不可謂之對也。編氓於里正，邑令於郡守，監司於開府，以次上屬。而內屬東西臺三省，省各有長，而屬於宰輔，君乃儼然統之，此無對之尊也。〔註15〕

這裡的化待、平待容易理解，分別指對立兩端互相融貫、置換的運動。統待的情況較為特殊，如君民雖為對立之兩端，但又有君的權位高於民，民受君的統治而不敢與君相對的問題。在統待的關係下，相對兩端的合二為一呈現為尊者對卑者的統攝，至於兩端誰為尊、誰為卑，則是出於方以智的價值選擇。要言之，化待與平待適用於兩端平等的情況，而統待的提出則是因應於差等的情況，這種差等的情況尤為顯著地出現在「事」而非「物」中，即人類社會秩序當中。

「交」描述對立兩端在空間中的互相作用，「輪」則側重於兩端在時間序列上的轉換和接續。空間中的兩端較容易把握，但要從時間序列上找出對立的兩端則較為抽象，因為時間始終是連續的。例如，如果從時間序列上追溯宇宙的開端，那麼必然會從宇宙形成之後的「有」的領域，推測至宇宙未形成之前的「無」，而有無之間的轉換只能說到「無始」，即宇宙並沒有一個開始的時間點。方以智採取的辦法是，以人身一呼一吸間的轉換與連續，來推論其他事物：「何謂前後輪？曰：因有推無者，必推無始，推之則念念有無始矣。念也

〔註13〕方以智：《易餘（外一種）‧反對六象十錯綜》，第77頁。
〔註14〕方以智：《東西均注釋（外一種）‧三徵》，第92頁。
〔註15〕方以智：《易餘（外一種）‧絕待並待貫待》，第114頁。

者，今心也。於無始中搤（扼）其終始，則一呼吸為終始。一呼吸即一生死也。一呼而一吸中有前後際焉，察此前後際，然後能察無始。」〔註16〕在後天之當下「搯」出一段時間，譬如與人身關係最為緊密的呼吸，考察其終與始之間的轉換與連續，也就可以比擬生死、有無的情狀了。這裡所說的「有無」是宇宙論意義上的，比如邵雍以元會運世的循環來說明宇宙的成壞。由於方以智從圓∴中推導出了「輪」的時間模式，所以他對元會運世乃至佛教成住壞空的宇宙論深信不疑。又由於後天事物無不在時間維度內，所以任何事物的發展變化都符合「輪」的模式，如生生死死之無限循環，此之謂「物物皆自為輪」，「舉有形無形，無不輪者」〔註17〕。

交與輪就是一切有形、無形之兩端相因的，即事物發生變化的具體形式，「幾」並非在交輪之外，它就是對兩端交輪變化發生之際的形容，即《繫辭》所謂「幾者，動之微」之義。既然幾意味著變化開端的細微徵兆，那麼它同時就表徵著一個於穆不已的本體。「所以代錯者，無息之至一也」，代錯即變化，若追問萬物處於不斷變化之中這一現象的所以然，則只能懸設一個「無息之至一」，以形式地統攝萬物之變化。這個「無息之至一」，就是於穆不已之天，就是生生，它們都統一於形式義的「所以」。「幾」表徵著本體的運動形式，所以它既表現在交、輪之中，又對交、輪起著統攝作用。「呼吸之緣、日夜之候、生死之根、幽明之故、鬼神之情狀，皆此前後、虛實間。」幾同樣具有遍在性，因此也可以仿造上述「物物皆自為輪」，而說物物皆自有幾。方以智相信，人是能夠認知一切事物之「幾」的：「以幾蠹籥於人心，心盡自知之；豈得竊恃大疇，而顢頇於穆之一覺哉？」〔註18〕要「親證」於穆不已之天，就必須經由心之知，於一事一物上考察其變化之幾；若執著於於穆本身，則有渾淪、顢頇、易於作偽的弊病。幾在事物是其本然的變化發展趨勢，對於人來說則構成了應然的行為指引。「是必格破虛實之交，而後能合虛實交之幾；迸裂前後之際，而後能續前後際之幾。」〔註19〕「誠知此幾而合之、續之，幾幾不失」〔註20〕，人應該在知交、輪之幾的前提下，順應兩端之相合、相續的趨勢，這樣的行為才能符合事物的內在理則。

〔註16〕方以智：《東西均注釋（外一種）·三徵》，第 83 頁。
〔註17〕方以智：《東西均注釋（外一種）·三徵》，第 90 頁。
〔註18〕方以智：《東西均注釋（外一種）·三徵》，第 99 頁。
〔註19〕方以智：《東西均注釋（外一種）·三徵》，第 99 頁。
〔註20〕方以智：《東西均注釋（外一種）·三徵》，第 98 頁。

最後，如果按照圓∴圖式，能不能表現交、輪、幾的運動形式呢？筆者試作下圖：

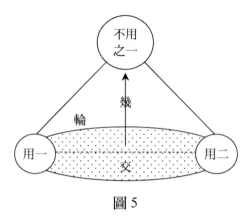

圖 5

圖 5 整體呈一立體的圓錐形態。圖中，不用之一，即無體之至體，自偶為相對之用一、用二兩端，不用之一復以用一、用二兩端為用，此三點構成圓錐體的豎截面。底面圓形區域表示相對兩端之「交」的發生領域，包括化待、平待、統待關係；底面圓周一圈表示兩端在時間序列上互相輪轉。由交、輪變化發生之初的細微徵兆而知幾，又交、輪之變化無時無刻不在發生，則幾應當充斥於整個圓形底面。取底面圓形任意一點，由此一點之幾而向上推知一於穆不已的、生生不息的本源性存在，即不用之一。此不用之一在形式上統攝著底部圓周範圍內一切運動生化。

8.1.2　三因

三因即因應、順應於先、後、中三天的意思。作為建立在三天說基礎上的實踐依據，三因本身的理論並不複雜，它是與三天說相協調的。另一方面，作為對圓∴說和體用論等核心理論的集中實現，三因說在方以智哲學中不僅具有重要實踐意義，而且在溝通三教的實踐理論方面發揮著突出作用。此外，龐樸先生通過注釋《東西均》而得出了「三分法」的普遍辯證方法，本節亦將對龐樸先生的三分法與方氏三分法作一簡要比較。

在其現存著述中，方以智對三因的說明主要集中在《東西均·三徵》的一句話：「明天地而立一切法，貴使人隨；暗天地而泯一切法，貴使人深；合明暗之天地而統一切法，貴使人貫。」〔註21〕在這句話中，明、暗、合明暗是言

說的方式，立法、泯法、統法是教化的方式，言說、教化作為手段，其目的相
應地在於使人隨、深、貫。明天地即後天，暗天地即先天，合明暗之天地即中
天，此三天不過是言說的方式，這是在提醒讀者，三天之分並非真實存在，是
則三天之合一亦非真，不可落於言詮而執著於三或一。這就是所謂「是一三
本無，而無亦無矣。凡以執一執三，皆不明三一之理。不明，則三者皆病；
明，則無三無一，而三一同時，五十同時，千萬亦同時。即執三落二，皆非病
也。」〔註22〕三一、一三作為分析性的言說方法和靜態的理則，無法直觀呈現
三一之理在當下世界中整全、混一、動態的存在形態。因此，方以智提醒讀者
不能執著於三一之分，而應該在一事一物中具體體會三一之理的存在。通過
這種體會、領悟的實際經驗，才能整全地把握三一之理，而有了這種整全的
把握，便可以創造性地、個性化地對三一之理進行應用和言說，則此時即便
因應於現實情況而對三一之任何一端有所強調，有所「執」，也是無執之執，
故「皆非病」。言說與教化作為手段，是為了使人隨、深、貫的目的服務的。
簡要地說，「隨」即隨順現實事物的變化發展趨勢，但隨順並非放任，它要求
做到「幾幾不失」；「深」是認識事物之理則；「貫」是體會事物各各不同的理
則的內在一致性。

　　《易餘・三冒五衍》中所說的「三冒」與「三因」是相通的，通過解讀三
冒，可以更好地理解三因。方氏所說的「冒」是指一種概括性、歸納性的講法，
與「質」論的具體性、分析性講法相對。

　　　　直下是一開闔之費天地，標後天妙有之極，人所共觀聞者也，
　　命曰顯冒；因推一混沌之隱天地，標先天妙無之極，人所不可觀聞
　　者也，命曰密冒；因剔出一貫混闢、無混闢之天地，標中天不落有
　　無之太極，即觀聞非觀聞，非即非離者也，命曰統冒。〔註23〕
可見，三冒依然是按照圓∴結構設置的體用模式，其大意同於後天、先天、中
天之說。值得注意的是，方以智在這裡對三天的開顯，使用了「直下是」、「因
推」、「因剔」等表達，表明後天即當下世界，先天是對後天之所以然的推論，
可謂一實一虛，中天是為保證先、後天二分的統一形式而虛設，三天乃一實二
虛。接下來，方以智談到因應於三天而設立的不同教化：

　　　　因費天地而立法相實宗，言為善去惡者是也。因隱天地而立破相

────────────────

〔註22〕方以智：《易餘（外一種）・三冒五衍》，第35～36頁。
〔註23〕方以智：《易餘（外一種）・三冒五衍》，第32頁。

空宗，言無善無惡者是也。因貫天地而明不空空之真空、無相相之實
相，謂之中道性宗。為善去惡與無善無惡，皆不破者是也。〔註24〕

這三種教化、言說也可以說就是「三因」，原文於每一因之後均加小字詳注，
這些材料綜合起來可以進一步說明三因的具體方式。

　　需要指出的是，方以智對相宗、空宗、性宗的使用，其含義嚴格說來並不
符合佛教義理。在中國佛教中，空宗一般指中觀學派，以鳩摩羅什學派和唐代
三論宗為代表；相宗指法相唯識宗，一般認為唯識學派興盛於唐，在晚明有復
興跡象，但主要是對唯識學論證方法的重新重視；性宗則是更加泛泛的說法，
通常是把承認人人皆有佛性的宗派都算進去，佛性又稱真如、法性、實相、如
來藏等等，唐以後的中國佛教基本都接受了佛性論。相宗、空宗、性宗的義理
各自都是完滿具足的，並不存在像方以智所說的那樣，必須三者融貫起來才能
整全的問題。但方以智對三宗的理解，也不是完全憑空捏造的，他是把三宗的
各自表面特徵抽取一部分出來，用來比附他自己的立、泯、統之說。這種比附
是經不起深究的，比如法相宗雖然重視名相分析，但它把世間一切現象都視為
心識種子的變幻，依此如何可能建立世間的法度呢？總之，方以智借用三宗的
意圖是要說他自己的立一切法、泯一切法、統一切法。

　　立一切法因應於後天。方以智認為，立法就是為事物正名，為百姓建立規
範，其中道德規範的總綱就是為善去惡，這是開物成務之實務。但如果執著於
這一層，不見先天、中天之全體，則其病在於循跡而不知變化。泯一切法因應
於先天。泯法就是認識到相反的事物皆相因，由此互相因待而可以說無差別，
無差別是差別的前提，因此可以說無善無惡，認識到這一點可以破除差別名
相的迷惑。但如果執著於泯除差別性，就有人禽不分的危險。統法因應於中
天，它在認識上指同時把握事物的差別與無差別，使得立法、泯法兩不相礙，
在行為上表現為「隨事物名相而不為所累」。統法看似高妙，但執著於此也有
弊病，那就是不能「制天、持世」，迴避「學問、功能」，只講隨順就放棄了人
的主動性。方以智又以屋為喻，來講立、泯、統的關係。人居於屋內之虛空，
屋漏了就要補，髒了就要掃，這是後天之立法；認識到屋內之虛空與屋外之虛
空原無分別，這是先天之泯法；認識到房屋與虛空皆一氣生化，但依然按照
理則修整房屋，可以說這是實現了房屋的自治，這就是中天之統法。「性宗空
宗，總以妙其善世之實宗」，則泯法、統法都是為了立法而能盡其變，三者的

────────────

〔註24〕方以智：《易餘（外一種）·三冒五行》，第32頁。

融貫就表現為能夠將統法、泯法實施於立法之中，能夠做到這種融貫的就是理想聖人。

方以智有時說「三教聖人」，這是基於歷史事實來說三教各自的開創者，但他理想中的聖人，所謂「大成」，主要還是儒家的聖人形象。「佛好言統，老好言泯，大成攝泯於隨，貫而統自覆之。」〔註25〕理想聖人的核心就是「隨」，但不是執著於統法之中那種無所作為的隨順，而是在後天經驗中履行「隨」的實踐。「攝泯於隨」就是將先天之泯法落實到後天之立法中，做到了這一點也就做到了泯法、立法兩不相礙，故而中天之統法已在其中，「貫而統」就是統法。「貫因、泯因，切在隨因。直下即權，何遠之有？」〔註26〕立法是落實泯法、統法的關鍵，「直下即權」就是說把握當下事物之法而又能變化，不應該離開當下事物而去求泯與統。「聖人之教，隨而宥之。」〔註27〕「聖人遊於未始有無之中，故隨萬物之相待，各無相待。」〔註28〕「聖人隨天下，科分其學，縷析其修，不論高卑深淺，皆尊親憤竭之用也，皆洋溢彌綸之體也。」〔註29〕「至人與君子分立破之專門，聖人亦集之，聽相激為代錯也。」〔註30〕這些說法表明了聖人在後天的各種實踐中都能做到隨順、聽任萬物之自治。

方以智認為，儒釋道各家都有關於立、泯、統三因的說法，他常常用「三x」的概念來總結這些說法，筆者將其中常見的一些概念匯總如下表：

	統（貫）	泯（深）	立（隨）
三天	中天	先天	後天
三極	太極	無極	有極
三冒	統冒	密冒	顯冒
三以	所以	何以	可以
三知	知命	知言	知禮
三唯	唯神	唯深	唯幾
三謂	謂性	謂道	謂教
三德	知	勇	仁

〔註25〕方以智：《東西均注釋（外一種）‧全偏》，第 209 頁。
〔註26〕方以智：《東西均注釋（外一種）‧全偏》，第 209 頁。
〔註27〕方以智：《東西均注釋（外一種）‧食力》，第 342 頁。
〔註28〕方以智：《藥地炮莊校注》，第 250 頁。
〔註29〕方以智：《易餘（外一種）‧善巧》，第 25 頁。
〔註30〕方以智：《易餘（外一種）‧中告》，第 54 頁。

致良知	知	良	致
三諦	中諦	真諦	世諦
三身	法身	報身	化身
三句	函蓋乾坤	截斷眾流	隨波逐浪
三因	正因	了因	緣因
三教	佛	老	大成

表中，三天、三極、三冒、三以是方氏基於圓∴圖式及其體用論所提出的概念，前文已經論及。至於其中對三教學說的總結，亦是用方氏本人的三分法去理解的，這裡不再一一展開。值得一提的是「致良知」一欄，方以智按照自己的三分法徹底改造了這一陽明學核心理論。「新建之致良知，是上冒也。」〔註31〕方以智很少直接批評陽明本人，這裡說致良知是一概括性的「上冒」，是委婉地批評陽明此說缺少落實於後天的立法。因此他接下來便說「惟有在世言世，觀會通以行典禮，制數度以議德行，不能博約明察，何由知聖人之財成天地而時措宜民哉！」〔註32〕將致良知落實於後天立法之中，這是方以智改造陽明學的大方向。他把這三個字分開來講，「知以天統，良以德泯，致以法隨。」〔註33〕又，「表一致，而乳萬世於立法窮理矣；表一良，而寂萬世於尊德盡性矣；表一知，而養萬世於至命統天矣。」〔註34〕結合起來，知表統、貫之中天，良表寂、泯之先天，知與良都要從後天之「致」上見，離開立法窮理之實踐別無知識與道德。

最後對龐樸先生的三分說與方氏三分說作一簡要分辨。龐樸先生寫作《一分為三論》或許受到方以智哲學的啟發，但從其運思路徑和全書內容來看，龐先生的三分說實與方氏哲學本身關係不太大。《一分為三論》開篇就講「對立的同一與統一」，這是龐先生三分說的思想綱要。從中可見，其三分說是在西方辯證法，尤其是列寧辯證法的基礎上形成的。他認為，此前一段時期中國思想界重視一分為二，有意無意地忽視合二為一；他認為應該重視統一，統一之一與對立之二即三。「對立與統一，勿論其形式如何，都是二與一，都是三，這便是世界的基本面貌。」〔註35〕龐先生強調對立同一（identity）與

〔註31〕方孔昭、方以智：《周易時論合編・兩間質約》，第356頁。
〔註32〕方孔昭、方以智：《周易時論合編・兩間質約》，第357頁。
〔註33〕方以智：《東西均注釋（外一種）・盡心》，第113頁。
〔註34〕方以智：《易餘（外一種）・善巧》，第25頁。
〔註35〕龐樸：《一分為三論》，第14頁。

對立統一（unity）之間的區別，並從同一與統一出發，分別講出兩種三分的方法來。其中，同一「是說對立者具有著與其對立面同一的屬性」，「所回答的是對立何以或為何不可分離的問題」，表現為相互依存、相互轉化、相互即是三種形式。統一「則是對立者如何統合成為一物」，「所回答的是對立如何或怎樣不可分離的問題」，表現為包、導、超三種形式。包是指對立兩端（A、B）以肯定的方式統合為一個新的統一體（C＝亦 A 亦 B），超是對立兩端以否定的方式統合為一個新的統一體（C＝非 A 非 B），導是由統一體來主導對立兩端（C 統 A、B）。統一與同一各有三種形式，龐先生基本是運用這一理論來解說接下來的三極、中庸、雞三足、三生萬物、太極與兩儀、天人合一、函三為一、太玄、三位一體、四聖二諦與三分等等哲學和宗教的範疇，其中也包括對圓伊三點∴的分析。然而龐先生講圓∴卻幾乎沒有涉及體用問題，事實上龐先生的整個三分體系幾乎都不涉及體用論，這是其與方氏三分法的最大區別。

按照龐先生對同一與統一的區分，則方以智講的三徵近於同一，交、輪、幾主要是對立兩端在時空中如何融合的問題；三因則近於統一，因為講立、泯、隨必須涉及三個對象之間的分合。然而方以智的三分是在嚴格的體用論基礎上進行的，而且涉及本體與大用、形質與功能的雙重體用，且其本體大用論又具體表現為虛體實用，再加上體用雙方在具體情況下可以顛倒對調，故其內涵實則與龐先生的三分法大相徑庭。

8.2 時中與經權

「時」是方氏易學思想的核心，「時中」範疇亦是方氏哲學主張由用見體、重視動態變化的集中表現。時中、中庸、中節、用中等範疇在方氏哲學中具有相通性，這幾個範疇又以時中為代表。時中就是既要堅持正中的原則標準，又能隨順具體情況而有圓中之變化，所以時中與正中、圓中既不同又無礙。方氏所說的知幾、時中、經權也是圍繞著變化以致用來講的。方氏講經權有較深的現實憂患，所以講到行權用事時，方氏的態度反而傾向於變即在常中、權即在經中，以此論證經與常的合理性。

8.2.1 時中

余颺為《時論》所作序言中說：「先生之學《易》也，以統有無之中為極，

以河洛為端幾，而要歸於時用。」〔註36〕這一對方氏易學之義理、象數、實踐精神的概括頗為精當。方氏所說的「時」，首先是卦時。「六爻成質，六位成體，其異其同，皆由乎時，故曰卦者，時也。時者，卦主為之也。」〔註37〕六位指一卦的奇偶之位，一旦形成便固定下來；六爻指剛柔之質，剛柔爻往來而居，形成不同的卦。每卦皆有其時，這是由卦主決定的。「是其剛柔之過不及者，當有以變化之；即二五得中，亦當於中正變化之；乃於諸爻之過不及者，相與而後相得，不然則不相得也。此吉凶吝厲所由生也。」〔註38〕由於卦時、爻位不同，每一爻的剛柔之質相應於該爻的時而言，都會有所過或不及，必須借助他爻的變化來予以糾正，能否得到恰當糾正將導致該爻獲得吉凶吝厲等不同判辭。又，「理一而已，順則吉，逆則凶。……如其順理心安，則福固吉，禍亦吉；理不順，心不安，則為禍固凶，福亦凶也。」〔註39〕在理學傳統中，至晚從程頤《周易程氏傳》開始，便將吉凶與禍福分開，並以順理與否為吉凶的標準。〔註40〕理與時是密切關聯的，一時有一時的具體之理，由此形成人之行為的依據。

趣時順理本是主體行為的基本原則，但方氏也注意到這一原則在實際執行過程中，有演變為託辭、藉口的可能。在注釋《繫辭傳》「吉凶者，貞勝者也」一句及其後續貞觀、貞明、貞一等概念時，方孔炤就特別強調，「貞一」與「神二」不可分離，既不能執著於顛頂一定之理而不知變化，也不能藉口變化而行違反原則之實。「盈兩間皆氣，氣凝諸形而所以者常彌之。遇事物而當然之節著焉，猶之卦爻之時位也。洞徹所以之用於當節，而直於時位也，則福不必倖，禍不必辭。」〔註41〕卦爻時位之理與當下事物之理是相通的，洞徹其中的所以然之理，依此理而行事，則無論結果是禍是福皆能得吉。

「時」是方氏易學的核心範疇，在此基礎之上，方以智大講「時中」，又把「時中」、《中庸》與《莊子‧養生主》篇結合起來，從而得出「《莊子》者，《易》之風也，《中庸》之魂也」〔註42〕的結論。其論證思路大致如下。《中庸》

〔註36〕方孔炤、方以智：《周易時論合編‧方潛夫先生時論序》，第7～8頁。
〔註37〕方孔炤、方以智：《周易時論合編‧任閒　卦主》，第264頁。
〔註38〕方孔炤、方以智：《周易時論合編‧任閒　卦主》，第264頁。
〔註39〕方孔炤、方以智：《周易時論合編‧任閒　卦主》，第266頁。
〔註40〕參見劉瑜：《〈周易程氏傳〉无妄卦思想發微——以德福關係為中心》，《周易研究》，2019年第2期，第74～80頁。
〔註41〕方孔炤、方以智：《周易時論合編‧繫辭下傳》，第1223頁。
〔註42〕方以智：《東西均注釋（外一種）‧一貫問答注釋》，第501頁。

所講「喜怒哀樂未發謂之中，發而中節謂之和」一語有兩個「中」字，若以前一中字為不可言說之體，則後一中節之中便是其用，因此未發即在已發之中，本體即在時用之中。方以智援引邵雍對《莊子・養生主》的讚賞，認為「此篇發明慎獨中節之學」〔註 43〕，其理由主要是把庖丁解牛寓言中的「緣督以為經」解讀為「以緣督為用中」。由此亦可見，時中、中庸、中節、用中等範疇在方氏哲學中具有相通性，這幾個範疇裏，方以智講得最多的還是時中。

方以智講中，也要一口氣講出三個中來，除了時中，還有正中與圓中。這三中的區分，應當是繼承自其外祖吳應賓。《養生主》篇引三一曰：「中之名，因過不及而立；中之用，不以過不及而限也。故有圓中、正中、時中之說焉。」〔註 44〕中之得名雖然起於過與不及，但用中的道理不限於過和不及兩種情況，而以時中為要。方以智繼承了吳應賓以時中為用的思想，並且將三中的理論進一步完善起來。其說最為集中的一處文本是《易餘・中告》：

> 必明三中而中乃明、世乃可用也。一曰圓中，一曰正中，一曰時中。中之名，借有無之邊而生；中之實，不依有無之間而立。虛空無中邊，喻道法者如之，此平等渾天之圓中也。過、不及因中而起，中又因過、不及而起。不求中節於發之未發，而求中節於過、不及之間，是鼠朴矣；然執此發之未發，而定不許徵中於過、不及之間，又燕石矣。踐迹者膠無過不及之正中，則未見圓中；玄勝者執無中邊之圓中，則必鄙正中，皆盤燭以為日者也。

按照方以智的意思，時人大概有兩種互相對立的關於中的理解。較保守的一方主張正中，從道德行為相應於實際情況是否過與不及來判斷人的道德修養，其弊病在於膠滯於跡、不知變化；較激進的一方主張圓中，主張已發之行為來源於未發之涵養，故應以涵養工夫來判斷修養水平，其弊病在於空懸本體、不可徵驗。正中的邏輯是「前後俱非」，即行為之過與不及俱非，圓中的邏輯是「前後相續」，即涵養與行為相續。此二者與三徵中的交與輪類似，各得其一偏，而方以智所主張的時中，則類似於三徵之幾，故其亦有「時中適得而幾」〔註 45〕的說法。具體來說，「時者，變變不變；中者，不變而隨變者也」〔註 46〕，時中就是既要堅持正中的原則標準，又能隨順具體情況而有圓中之變化，所

〔註 43〕 方以智：《藥地炮莊校注》，第 347 頁。
〔註 44〕 方以智：《藥地炮莊校注》，第 349 頁。
〔註 45〕 方以智：《易餘（外一種）・易餘小引》，第 4 頁。
〔註 46〕 方以智：《易餘（外一種）・中告》，第 48 頁。

以時中與正中、圓中既不同又無礙。方以智還用了當時較為先進的物理知識來打比方。當時，天圓地方的蓋天說還是主流的天文觀念，方以智則接受了傳教士所引入的地為球形的思想，但他同時也批評：「泰西雖知地稜，而未明與天之樞極相應。」〔註47〕地為渾圓球形，而有一條固定的地軸與天相應，方以智在《中告》中引入此一物理知識，大概也有從中引申出變與不變、定與不定相統一的意思。

值得一提的是，新的物理知識不僅為方以智提供了論證材料，更促使他採取一種肯定新興事物的態度來看待時代的變遷。比如在工藝製作上，「木綿、抄紙、雕版、摺扇，俱備於後代，是後人有增加精明於前人者，則後出之理未可誣以為非先王之法言也。」〔註48〕在天文地理上，「闊闊《緬志》之源江河、金魚火鳥之補天漢也，何必定以古人掩後人乎？」通過科學技術經驗的積累和對科技史的考察，方以智相信時代是向著「日新」的方向發展的，實證知識給與了他充足的底氣來反對「非先王之法言不敢道」（《孝經》語）的傳統觀念。傳統思想家通常能夠認可時變的道理，本來「因時盡變」、「因時施設」是論「時」的題中之義，但落到現實社會生活中，真正能夠像方以智這樣明確肯定後世有所優於先王之世的思想家卻並不算多。除了科學技術，他相信禮樂文化、人文學術也是後來加詳，「聖人禮樂甚精，而葉切用渾，時也。後人詳之，時也。詳而訛謬，不得不更詳定之，時也。」〔註49〕方以智承認古代聖人在禮樂上有精深造詣，但這不能掩蓋其在音韻學上不瞭解叶韻、切韻的事實，音韻學在廣義上屬於古代禮樂的內容。「詩至長律，書至行草」，這些優秀的藝術形式也是古代聖人之世不可能完備的。此外，社會治理方法也應該與時偕行。「豈知道不變而法可變，正法不必變而奇法可變」〔註50〕，這是對董仲舒「天不變，道亦不變」理念的修正。古代思想家多有復古情結，方以智卻指出，人們之所以美化三代之治，不過是因為缺少歷史文獻來瞭解真實的上古社會：「人但目後世之亂，而羨上古之治，果然乎哉？有欲必爭，上古之爭而殺戮也，史無書之者耳。」〔註51〕即便上古之民果真容易治理，「智巧漸出」終歸是時代發展不可逆轉的趨勢，為了治理方便而採取愚民措施是不可行的。

〔註47〕 方以智：《易餘（外一種）·中告》，第48頁。
〔註48〕 方以智：《東西均注釋（外一種）·擴信》，第51頁。
〔註49〕 方以智：《通雅》，《方以智全書》第六冊，第472頁。
〔註50〕 方以智：《易餘（外一種）·三子記》，第3頁。
〔註51〕 方以智：《易餘（外一種）·時義》，第83頁。

「以中古之法治三代猶不可，而欲以上古之法治末世乎？」〔註52〕具體的社會治理方法必須因時而變，例如對理學家們所熱議的井田、封建等政治制度，方以智也是持不可「印泥」的態度。

8.2.2 經權

在方氏哲學中，知幾、時中、經權都是圍繞著變化以致用來講的。「規矩繩權衡，以權寓其神用」〔註53〕，權大概是秤砣一類的重量測量儀器，因其能調節變化，故在諸測量器中尤為顯出「神用」。《繫辭傳》有「巽以行權」一句，以巽卦代表行權，又有「不可為典要，惟變所適」一句，也是講常變、經權關係。方氏據此發揮說：「漢儒以反經合道為權，程子非之，而邵子曰得一端者也。心跡之間，有權存焉。聖人行權，輕重合宜而已，蓋因物中節者也。義之觀取，舜之明察，皆精義格物而應事無私者也。」〔註54〕漢儒所言反經合道大致是嫂溺而以叔援嫂之類具體情境中的道德行為，方氏認為這只是權之一端而已。聖人行權能夠做到在任何事情上都輕重合宜，要做到合宜就必須瞭解事物的理則，所以格物是行權的前提，「致知格物為入用見體之權」。格物就是以事物為對象來獲取知識，必須做到「無我」才能與事物之理相通，與此同時，行權也要以公而「無私」為保證，所以講行權尤重無我、無私，此即「權者，因物作則而無我者也」〔註55〕。由此無我無私而與無體之至體相通，故而方氏又有「無體之權本」的講法。《莊子·秋水》篇有「知道者必達於理，達理者必明於權，明於權者不以物害己」一句，方以智在注釋中同樣發揮了「惟無我而好學者方能知之」〔註56〕的思想。他還認為《論語》所說的「可與立，未可與權」中，立即相當於三中之正中，權相當於時中，由此亦可見時中、經權範疇的關聯性。

獲取知識還需用於事上，「就事立準，所以節發中未發之權。」事上之權要較為具體地來講，方氏認為，相對於政府、無思、明德、至善而言，立教、好學、親民、擇善就是權，這就又把通常所謂經與權對調過來了。方氏講經權似乎有較深的現實憂患，他們擔心的一則如程朱批評漢儒「以反經合道為權，

〔註52〕方以智：《東西均注釋（外一種）·容遯》，第 339 頁。

〔註53〕方以智：《易餘（外一種）·權衡經緯》，第 107 頁。

〔註54〕方孔炤、方以智：《周易時論合編·繫辭下傳》，第 1264 頁。

〔註55〕方以智：《易餘（外一種）·易餘小引》，第 8 頁。

〔註56〕方以智：《藥地炮莊校注》，第 689 頁。

故有權變、權術之論」，一則是明末王學末流多講變而忽視常。所以講到行權
用事時，方氏的態度反而傾向於變即在常中、權即在經中，以此論證經與常的
合理性。

結語：體用與即用即體

　　作為中國哲學的一組標誌性範疇，體用關係脫胎於先秦諸子的道物觀，萌芽於魏晉玄學本末有無之辯，成型於隋唐佛教義學，大興於宋明理學。佛教入華之後，受中國傳統天人之學的深刻影響，逐漸走上探討宇宙人生之源的發展路徑。至隋唐以後，法相唯識宗、天台宗、華嚴宗以及禪宗各家對心性問題的研究轉趨邃密，成就斐然。北宋儒家為從學理上回應佛教哲學挑戰，重開先秦儒家經典，吸收佛道思辨教益，經過與佛、老的長期互動迴環，至二程兄弟終於別開生面，建立起宋明理學基本架構。學界一般認為，宋明理學對理事（道物）關係的理解直接受益於佛教特別是華嚴禪學說，形成不一亦不二的理事圓融形態。在中國哲學傳統中，這種理事或道物的關係又往往通過體用範疇來表達。

　　張岱年編著的《中國哲學大辭典》將中國哲學中的「體用」分為三類：一、「體指形體、形質、實體；用指功能、作用、屬性」，二、「體指本體、本質，用指現象」，三、「體指根本原則，用指具體方法」。學界一般認為，程頤在《周易程氏傳‧易傳序》中所論「體用一源，顯微無間」開啟了宋明理學以體用為重要理論方法的先聲。然而，程頤對這一命題並沒有做出規定和詮釋，回到《易傳序》語境來看：「得於辭，不達其意者有矣；未有不得辭而能通其意者也。至微者理也，至著者象也。體用一源，顯微無間。觀會通以行其典禮，則辭無所不備。故善學者，求言必自近。易於近者，非知言者也。予所傳者辭也，由辭以得其意，則在乎人焉。」聯繫前一句話，「體用一源」似乎指理、象關係而言，但通觀上下文，程頤的立意重心顯然是落在言意關係上的，是對以王弼《周易注》為代表的魏晉玄學言意觀的回應與發展。王弼在《易

注・明象》中說:「夫象者,出意者也;言者,明象者也。盡意莫若象,盡象莫若言。言生於象,故可尋言以觀象。象生於意,故可尋象以觀意。意以象盡,象以言著,故言者所以明象,得象而忘言;象者所以存意,得意而忘象。」王弼思想中已經有了有無體用關係的萌芽,但他在著述中主要運用的還是玄學本末關係。這種本末關係以道家「忘」的工夫論為要義,強調的是經由事物的枝末返還道的本根境域,在此本根境域中涵存枝末。此外,仔細比較二人對《周易》言、象、意關係的論述,一個明顯的區別是,王弼所談論的對象僅限於此三者,體現了思辨的純粹性,而程頤的思考還牽涉到「會通」、「典禮」與「善學」,體現了儒家義理的實踐與教化性格。在程頤看來,言意關係如果離開了人這一主體,無異於耽溺玄思,言必須經由人的切近體察才能探得其意,也只有會得其意的人才能夠真正施行儒家禮法。

總之,二程所講的「體用」,從實踐義上根植於先秦儒學精神,是由儒家經典中自然生長出來所謂一組範疇,從理論義上借鑒了佛學體用關係的形式,而不取其空宗根氐。二程雖常常以體用對舉,但並沒有對體用本身作界說,朱熹對這組範疇的運用則具有很強的理論上的自覺性。「『體用一源』,體雖無跡,中已有用;「顯微無間」者,顯中便具微。天地未有,萬物已具,此是體中有用;天地既立,此理亦存,此是顯中有微。」朱熹對程頤「體用一源,顯微無間」的這一解說對後世影響極大,以至於程朱一系的體用論主要呈現為體用雙張的型態,表現在朱熹的理一分殊論上,即便不說強調理的先在性,至少也是將兩者的地位等而視之的。理一分殊的思想當然也在方氏體用論的考量範圍內,但方以智主要是將理一分殊化約為一多關係來看待的,他講一多關係最集中的是所謂「十錯」:

> 請問十錯。曰:一不是多,多不是一,此對舍也。一舍多,而未嘗不望多待多;多舍一,而未嘗不望一待一也。攝多於一,攝一於多,此對攝也,攝則相統相歸矣。一入多而始為一,多入一而始為多,此對入也,入則相沁相親矣。奪多然後顯一,奪一然後顯多,此對奪也。奪之云者:相侵相逼,使之易於攝入云爾。一是多中之一,多是一中之多,一外無多,多外無一,此一即多、多即一之對即也,即之而無多、無一矣,然不硋於外多而內一、本一而末多也。〔註1〕

〔註 1〕方以智:《易餘(外一種)‧反對六象十錯綜》,第78頁。

　　對捨、對攝、對入、對奪、對即都是在等而視之的前提下，對一多關係進行的深入剖析。對捨說明一與多的差異性；對攝比較微妙，是說一方對另一方的全盤的牽制；對入指一與多實際上不可分離、互相成全；對奪是說把雙方實際上的互相牽制暫時擱置，先拋開一方而考察另外一方，奪與攝本身又相反相因；對即說明一與多的同一性，即之與捨亦是相反相因。總之，一與多相反相因，本無所謂價值上的高低，但方氏一定要把重點落在後天之雜多上來，這就越出了理一分殊的思想輻射範圍：「《野同錄》曰：萬即一也，必曰一統萬，必曰一不住一，必曰就在萬之一以理其萬者，何也？先天後天止有一用，用必不離事物，物必有親疏貴賤，必以親先疏，貴治賤，卦爻因此而列，禮樂因此而宜。此費即隱之道體也。」〔註2〕由於後天事物的實存才是第一性的，共性或本體只是人的懸設，以此保證後天事物的差異性背後有一共同基礎，從而實現規範秩序之用，所以在真實性或實證性的序列上，雜多之事物先在於其一貫之理。從這一角度來說，方氏哲學是對理學形而上學的祛魅。

　　當然，方以智自己也立了一個有本體論色彩的「所以」，但「所以」之與理、氣、心、性等的差異性是有根本意味的。其差異首先反映在詞性上。宋明理學各系以理、氣、性、心等名詞性範疇為本體，皆暗含著對某一形而上學實體的肯認，以至於各系在發展過程中不斷地出現本體實體化的問題。方以智所說的「所以」，其作為「至體」的同義詞雖然也可以被視為名詞，卻因其「所+動詞」的原初語法結構，從而導向一種致思的傾向和間性的聯結。這種傾向和聯結既拋棄、又兼容以任何實體為本體的可能，造成的結果是將諸種實體化本體的地位同時降格。可以說，以「所以」代替理、氣、性、心等名詞性的本體，顯著地標誌著一次以建構代解構的哲學轉向。第二，在宋明理學傳統中，尤其是在程頤、朱熹那裡，「所以」與「理」常常可以互相替換，但方以智標舉「所以」的理論指向與程朱學者有著顯著差異。學界通常認為，朱熹所說的理有許多層次，其中最為重要的是「所以然之故」與「所當然之則」兩層，分別指向事實與價值兩端。其中，樂愛國先生指出，「由於種種原因，從『所以然之故』角度詮釋朱熹的『理』，成為了現代學術界的主要傾向」，然而在唐君毅及其同時期的朱子學者李相顯看來，朱子之「理」主要是當然之理，「所當然之則」比之「所以然之故」更為重要。樂先生本人也認為，「朱熹講『所以然之故』，講的是『所當然之則』的『所以然之故』，是『事物所以當然之

〔註2〕方孔炤、方以智：《周易時論合編・繫辭》，第1326頁。

故』……因此，應當把朱熹的『理』主要看作當然之理來理解，並且以此闡釋朱熹的『理』，乃至朱熹哲學體系。」〔註3〕基於對儒家德性倫理和道德價值的肯定立場，程朱理學以價值之「所當然」統攝事實之「所以然」，而方以智標舉「所以」，並且用「所以」來統攝「何以」與「可以」，可以說意味著用事實來統攝價值，其理論指向恰與程朱理學相對立。

北宋理學家中，側重於從由用見體、即用顯體的思路來建構體用關係的主要是張載和邵雍。關于邵雍哲學尤其是易學思想對方氏體用論的影響，「道物」一章已有較多說明，此處再作一總結。方氏體用論對邵雍哲學的吸收與改造，一言以蔽之，就是通過吸收邵雍「一非數」與「地體天用」的觀點，將其用在事物內部關係上的體四用三說改造為本體大用意義上的虛體實用說，進而消解其先天學的獨立性。二者的體用設定雖然不同，但從「數」的角度亦非不可溝通。比如從圓∴圖式出發，方氏就有兩種講四分用三的方式：一是將上一點視為體，由體分出下面兩點，分別代表數字奇一、偶二，奇一偶二合為三，加體之一為四，體用共數四而用三，這種模式更宜於解釋「三徵」，因為幾須在交、輪之中來把握；二是將三點各算作一，再以三者之全體為一，三加一共數四而用三點，這種模式適宜解釋「三因」，因為立、泯、隨三者須同時起用。總之，依方氏對數——尤其河洛之數——的熟稔運用，要講出四分用三是很容易的事情，甚至一到十中任意兩個數字之間他們都能說出一套關係來。透過表面數字的相似，一方面應該看到方氏與邵雍同樣重視物，另一方面也應看到二者的體用設定之殊絕。

最後談談方氏體用論對張載「一物兩體」思想的繼承。現存方氏著述中，提及張子或橫渠之處並不多，時人的評價也通常略過張載，只提方氏自覺繼承朱熹、邵雍之學。現代學者中關注到張載與方氏思想的相通性的，就筆者所見，應該是龐樸先生。龐先生在《一分為三論》中提到過，張載用來表示一物兩體的符號「極兩」——上一極字、下並列二兩字——與方氏圓∴圖式有相似性。一物兩體是張載哲學的核心思想之一，在《正蒙》和《橫渠易說》（以下簡稱《易說》）中都有表述。《正蒙》通常被視為張載晚年定論，而從《易說》對「一物兩體」的界說中，更有可能探求到這一思想的原初意蘊。

《易說》集中說明「一物兩體」思想的有兩處。從筮法來看，對張載提出

〔註3〕樂愛國：《朱熹的「理」：「所以然」還是「所當然」》，四川大學學報，2016年第2期，第14～21頁。

「一物兩體」具有啟發性意義的是「分而為二以象兩，掛一以象三」這個步驟，他評論到：「極兩，是為天三。數雖三，其實一也，象成而未形也。」又，「掛一象三，象天地之三也。」〔註4〕象數方面，張載對《說卦》「參天兩地而倚數」一句的解說是：「地所以兩，分剛柔男女而效之，法也；天所以參，一太極兩儀而象之，性也。」〔註5〕「兩地」指兩種相對立的性質，這種對立性來自於地對天之「兩儀」的效法，「參天」是指「一太極」之「一物」與「兩儀」之「兩體」的總和，這樣的「一物兩體」就是天所具有的本性。張載明確將太極與兩儀共同歸之於天，意在強調「一物」與「兩體」具有同等邏輯地位。然而他接下來說，「有兩則有一，是太極也。若一則〔有兩〕，有兩亦〔一〕在，無兩亦一在。然無兩則安用一？不以太極，空虛而已，非天參也。」〔註6〕這段文字最後兩句話鋒一轉，強調一物兩體說提出的目的在於對治「空虛」，而對治空虛之目的只能由兩體發用之功能來實現。因此可以說，在張載的考量中，相對於「一物」之存有，「兩體」之發用更具有價值上的優先性。

一物兩體顯然指向的是一種體用關係，這種體用關係的特殊性在於，具備相互對立的兩種性質是由體發用的內在要求。在張載哲學中，兩體之所以能夠發用，並非由於矛盾對立雙方的「鬥爭」，而是由於兩體之間普遍存在著「感應」關係。相對於「兩體」，作為本體的「一物」更加具有「虛」的特點，在張載的描述中，「一物」很難被把握為某種概念化的客體，它更多地呈現為兩體之間一種動態的融通、融合傾向。從邏輯上說，這種通合發生在兩體相感應之後：「感而後有通，不有兩則無一」〔註7〕，「二端故有感，本一故能合」〔註8〕，這顯然是對《繫辭》「感而遂通」義的化用。通與感這兩種效應分別產生了神與化的效果：「一物兩體，氣也；一故神（兩在故不測），兩故化（推行於一），此天之所以參也。」〔註9〕「氣有陰陽，推行有漸為化，合一不測為神。」〔註10〕兩體之間相互感應、融合相通，通過兩體的盈虛消長，其融合的

〔註4〕 張載：《張載集·橫渠易說·繫辭上》，北京：中華書局，1978年，第195頁。
〔註5〕 張載：《張載集·橫渠易說·說卦》，第233頁。
〔註6〕 張載：《張載集·橫渠易說·說卦》，第233頁。
〔註7〕 張載：《張載集·正蒙·太和》，第9頁；《張載集·橫渠易說·繫辭上》，第206頁。
〔註8〕 張載：《張載集·正蒙·乾稱》，第63頁。
〔註9〕 張載：《張載集·正蒙·參兩》，第10頁；《張載集·橫渠易說·說卦》，第233頁。
〔註10〕 張載：《張載集·正蒙·神化》，第16頁；《張載集·橫渠易說·繫辭下》，第219頁。

結果又不斷發生著動態變化。這裡形容「神」的「不測」，並非不可預測之意，而是指兩體融通的過程和結果處於變動不居之中，側重於「變化」之意。在解釋《繫辭》「鼓之舞之以盡神」的時候，張載就對「神」作了這樣的發揮：「天下之動，神鼓之也。神則主（於）〔乎〕動，故天下之動，皆神為之也。」〔註11〕

一物兩體雖然是對自然規律的客觀總結，但要達到一物兩體的神、化境界，在張載看來，不能通過認知規律的「知」的途徑，而必須通過修養道德的「德」的途徑。張載對《繫辭》「窮神知化，德之盛也」一句的解釋是：「『窮神知化』，乃養盛自致，非思勉之能強，故崇德而外，君子未或致知也。」〔註12〕君子所必須認識的「知」只是崇德之「知」，這體現了張載對「見聞之知」與「德性之知」的區分，並且明確規定「德性所知，不萌於見聞」〔註13〕。從宇宙萬物的角度，張載重視「兩體」之用，其理論針對性一則是批評道家執守於「無」之本體，一則是批評佛教不承認現象界的實有。但是，在道德人倫領域，張載重視的則是「一物」之體，這是因為在經驗領域，對立兩端之間的相感相應往往客觀存在，人的能動性在於能夠使得對立兩端通而合之。這種通、合的動態傾向，張載用動詞的「一」來指稱：「客感客形與無感無形，惟盡性者一之」〔註14〕，「有無虛實通為一物者，性也；不能為一，非盡性也」〔註15〕。兩體之通為一物，在天道是本然之「性」，在人道則是應然的規範，實現這一規範也就是張載所理解的「盡性」。

作為張載學說的自覺繼承者和氣本論的集大成者，王夫之對一物兩體學說有比較深入而準確的理解。然而此前，程朱學者以形而上下區分理氣，批評張載以形下之氣為本體，對程朱學者這一批評的回應，也是王夫之注解《正蒙》的目的之一。王夫之在闡發《正蒙》的過程中，自覺地將理本論學者的批評納入考量之中，他對「一物兩體」的解說不可避免地具有不斷強化「一物」的實體性的傾向，從而達到與程朱學的本體之「理」相爭衡的目的。如此，在王夫之那裡逐漸實體化的「太和」，與張載有意虛化的「一物」之間，便形成

〔註11〕張載：《張載集‧橫渠易說‧繫辭上》，第205頁。
〔註12〕張載：《張載集‧正蒙‧神化》，第17頁；《張載集‧橫渠易說‧繫辭下》，第217頁。
〔註13〕張載：《張載集‧正蒙‧大心》，第27頁。
〔註14〕張載：《張載集‧正蒙‧太和》，第7頁。
〔註15〕張載：《張載集‧正蒙‧乾稱》，第63頁。

了一定張力。此外，王夫之對一物兩體學說的理解，與張載原義有所齟齬的另一處重要體現，是在工夫論上。王夫之在注解《正蒙》時也往往論及「合一」，但他所謂的「合一」並不是從一物兩體學說引申出來的，而是來自於整體氣化宇宙論。例如，他曾說，「惟其理本一原，故人心即天，而盡心知性，則存事沒寧，死而全歸於太虛之本體，不以客感雜滯遺造化之疵纇；聖學所以天人合一，而非異端之所可溺也」〔註16〕，「氣有屈伸，神無生滅，通乎其道，兩立而一見，存事沒寧之道在矣」。〔註17〕王夫之往往贊許張載「存，吾事之；沒，吾寧也」的生死觀，他所重視的氣化理論在於宇宙人物之生死皆陰陽二氣之流行。對王夫之而言，一物兩體學說的重要性首先在於論證宇宙氣化理論的合理性，除此之外，便是論證「神」無生滅理論。由於神無生滅，道德修養上的存神、盡性對於普通人來說才有效力，否則，「使一死而消散無餘，則諺所謂伯夷、盜跖同歸一丘者，又何恤而不逞志縱慾，不亡以待盡乎！」〔註18〕張載所謂的「神」實不離於動態義，王夫之將其視為生死之外的一超越者，也表現出他將「一物」實體化的傾向。

現在來看一物兩體與圓∴之間的相通性。《東西均‧三徵》文末有這樣的總結：「圓∴三點，舉一明三，即是兩端用中，一以貫之之『一』。蓋千萬不出於奇偶之二者，而奇一偶二即參兩之原也。上一點為無對待、不落四句之太極，下二點為相對待、交輪太極之兩儀。」〔註19〕從文字上看，這一段闡述與張載對「極兩兩」符號的說明極為相似：太極在上，陰陽二儀在下，且都援引了《說卦傳》的「參兩」之說。太極之絕待與陰陽之對待之間的關係，張載用「通」來形容，方以智則用一「貫」字，二者皆表明太極即在陰陽之中、陰陽二氣要產生作用不能離開太極本體。然而，在進一步描述太極本體的這種通貫於陰陽二氣的特性時，張載僅僅使用了一個頗為模糊的「神」的概念，方以智則試圖通過「幾」的範疇來作出更加清晰的說明。「貫」與「幾」都可以指稱變化發生之際，只不過「貫」字強調變化中有不變者存在，「幾」字則強調變化發生之際的細微分野。他有時也貫、幾連用：「兩間無非相待者，絕待亦在待中，但於兩不得處，即得貫幾。」〔註20〕太極通過陰陽二氣顯現自身，只有

〔註16〕王夫之：《張子正蒙注》，第 33 頁。

〔註17〕王夫之：《張子正蒙注》，第 39 頁。

〔註18〕王夫之：《張子正蒙注》，第 22 頁。

〔註19〕方以智：《東西均注釋（外一種）‧三徵》，第 103 頁。

〔註20〕方以智：《東西均注釋（外一種）‧一貫問答注釋》，第 427 頁。

從陰陽二氣的生化作用中才能確證太極的存在，然而，如果要「親見此無對待者」，要試圖直接體認太極本體，方以智認為，就應該從後天事物的變化之際去考察。「是必格破虛實之交，而後能合虛實交之幾；迸裂前後之際，而後能續前後際之幾。」〔註21〕從認識上研察虛實之交、前後之際，是在變化之幾做到「合之」、「續之」的前提。對比一物兩體說，方以智所謂「合之」與「續之」，是對張載所謂的「一之」，也就是盡性工夫的深化。方以智還談到，「誠知此幾而合之、續之，幾幾不失，其中乃堅，其權乃神。」〔註22〕覺察變化發生時對立兩端相反相因的關係，盈虛消長的趨勢，並體察變化之中一以貫之的不變者，亦即變化的根本推動力，從而採取相應的權變措施，這就是變動不居之「神」的含義，可以視為對張載之「神」的深入說明。

當然，張載和方以智體用論亦有無法調和的矛盾，二者最為顯著的分歧在於由用見體應該交給「德」還是「知」來完成。張載（以及二程）之所以認定德性之知不萌於見聞，是為了維護德性的先天必然性。後來朱熹意識到，若分離德性與聞見之知，便有動搖儒者下學而上達的進學之路的問題。他對此採取的補救是強調知識的兼容性，但其格物窮理的路徑又被陽明的「致良知」所否定。後者倡導的，是自本至末的良知本體的彰顯流行。從心外無物無理的本體論前提發出，陽明堅持格物之功只在心上做的內省體貼工夫，從根本上改變了窮究物理以使心明覺的「做聖人」的知識進路。〔註23〕而陽明後學之中，王學左派對道德內省工夫的強調更加走向極端。面對這種現實思想環境，方氏哲學主張通過「知」來實現由用見體，並非漠視德性或儒家倫理，而是為了矯正王學尊德性、輕問學之弊，恢復朱子乃至先秦儒學下學上達的進學之路。

〔註21〕方以智：《東西均注釋（外一種）‧三徵》，第 99 頁。
〔註22〕方以智：《東西均注釋（外一種）‧三徵》，第 98 頁。
〔註23〕參見向世陵：《聞見與德性——朱子、陽明「知」論辨析》，《復旦學報》，2019年第 1 期。

參考文獻

一、古籍

（一）方以智著作

1. 方以智著，陳文濤箋證：《〈物理小識〉箋證》，福州：文明書局，1936 年。

2. 方以智著：《物理小識》，上海：商務印書館，1937 年 3 月。

3. 方以智著，侯外廬主編：《方以智全書·第一冊　通雅》，上海：上海古籍出版社，1988 年 9 月。

4. 方以智著，張永義、邢益海校點：《藥地炮莊》，北京：華夏出版社，2011 年 10 月。

5. 方以智編，張永義校注：《青原志略》，北京：華夏出版社，2012 年 6 月。

6. 方以智著，張永義注釋：《藥地炮莊箋釋·總論篇》，北京：華夏出版社，2013 年 10 月。

7. 方以智著，邢益海校注：《冬灰錄——外一種〈青原愚者禪師語錄〉》，北京：華夏出版社，2014 年 5 月。

8. 方以智著，龐璞注釋：《東西均注釋（外一種）》，北京：中華書局，2016 年 7 月。

9. 方以智著，張永義校注：《浮山文集》，北京：華夏出版社，2017 年 8 月。

10. 方以智著，張昭煒整理：《易餘（外一種）》，上海：上海古籍出版社，2018 年 4 月。

11. 方以智著，蔡振豐、魏千鈞、李忠達校注：《藥地炮莊校注》，臺北：臺灣大學出版中心，2018 年 9 月。

12. 方以智著,張昭煒注釋:《性故注釋》,北京:中華書局,2018 年 9 月。

13. 方孔炤、方以智著,鄭萬耕點校:《周易時論合編》,北京:中華書局,2019 年 6 月。

14. 方以智著,黃德寬、褚偉奇主編:《方以智全書》(共十冊),合肥:黃山書社,2019 年 6 月。

15. 方孔炤、方以智著,蔡振豐、魏千鈞、李忠達校注:《周易時論合編校注》,臺北:新文豐出版股份有限公司,2021 年 1 月。

(二)其他

1. 永瑢等撰:《四庫全書總目》,北京:中華書局,1965 年 6 月。

2. 張載著,章錫琛點校:《張載集》,北京:中華書局,1978 年 8 月。

3. 朱熹撰:《四書章句集注》,北京:中華書局,1983 年 10 月。

4. 王先謙撰,沈嘯寰點校:《莊子集解》,北京:中華書局,1987 年 10 月。

5. 許慎撰,段玉裁注:《說文解字注》,上海:上海古籍出版社,1988 年。

6. 王先謙撰,沈嘯寰、王星賢點校:《荀子集解》,北京:中華書局,1988 年 9 月。

7. 孫希旦撰,沈嘯寰、王星賢點校:《禮記集解》,北京:中華書局,1989 年 2 月。

8. 梅文鼎著:《續學堂詩文鈔》,合肥:黃山書社,1995 年 12 月。

9. 郭象注,成玄英疏:《南華真經注疏》,北京:中華書局,1998 年 7 月。

10. 楊文會撰,周繼旨校點:《楊仁山全集》,合肥:黃山書社,2000 年 1 月。

11. 王國維著:《觀堂集林(外二種)》,石家莊:河北教育出版社,2001 年 11 月。

12. 錢澄之撰,褚偉奇輯校:《所知錄》,合肥:黃山書社,2006 年 12 月。

13. 陳鼓應注譯:《莊子今注今譯》,北京:中華書局,2009 年 2 月。

14. 朱熹撰,廖名春點校:《周易本義》,北京:中華書局,2009 年 11 月。

15. 陳澔注,萬久富整理:《禮記集說》,南京:鳳凰出版社,2010 年 1 月。

16. 邵雍著,郭彧整理:《邵雍集》,北京:中華書局,2010 年 1 月。

17. 郝懿行著,周立昇點校:《郝懿行集》,濟南:齊魯書社,2010 年 4 月。

18. 王夫之著,楊堅總修訂:《船山全書》,長沙:嶽麓書社,2011 年 1 月。

19. 郭慶藩撰,王孝魚點校:《莊子集釋》,北京:中華書局,2012 年 2 月。

20. 黃克劍譯著:《公孫龍子(外三種)》,北京:中華書局,2012 年 10 月。

21. 王陽明撰：《王陽明全集》，上海：上海古籍出版社，2012 年 12 月。

22. 羅欽順著，閻韜點校：《困知記》，北京：中華書局，2013 年 5 月。

23. 李光地著，劉大鈞整理：《御纂周易折衷》，成都：巴蜀書社，2013 年 10 月。

24. 楊簡著，董平校點：《楊簡全集》，杭州：浙江大學出版社，2016 年 6 月。

25. 方昌翰輯，彭君華點校：《桐城方氏七代遺書》，合肥：黃山書社，2019 年 2 月。

26. 胡方平著，谷繼明點校：《易學啟蒙通釋》，北京：中華書局，2019 年 8 月。

27. 秦祖永編，余平點校：《桐陰論畫》，杭州：浙江人民美術出版社，2019 年 12 月。

二、研究著作

（一）方以智專題類

1. 任道斌編著：《方以智年譜》，合肥：安徽教育出版社，1983 年 6 月。

2. 任道斌編：《方以智茅元儀著述知見錄》，北京：書目文獻出版社，1985 年。

3. 蔣國保著：《方以智哲學思想研究》，合肥：安徽人民出版社，1987 年 12 月。

4. 張永堂著：《方以智》，臺北：臺灣商務印書館，1987 年。

5. 劉君燦著：《方以智》，臺北：東大圖書股份有限公司，1988 年 8 月。

6. 羅熾著：《方以智評傳》，南京：南京大學出版社，2001 年 2 月。

7. 余英時著：《方以智晚節考》（增訂版），三聯書店，2004 年 8 月。

8. 彭迎喜著：《方以智與〈周易時論合編〉考》，廣州：中山大學出版社，2007 年 6 月。

9. 錢王剛著：《方以智傳》，合肥：安徽人民出版社，2008 年 6 月。

10. 蔣國保著：《方以智與明清哲學》，合肥：黃山書社，2009 年 10 月。

11. 邢益海編：《冬煉三時傳舊火——港臺學人論方以智》，北京：華夏出版社，2012 年 1 月。

12. 彭戰果著：《無執與圓融——方以智三教會通觀研究》，蘭州：民族出版社，2012 年 11 月。

13. 劉元青著：《方以智心性論研究》，北京：北京師範大學出版社，2014年。

14. 邢益海著：《方以智莊學研究》，北京：北京師範大學出版社，2015年。

15. Willard J. Peterson, *Bitter Gourd: Fang I-chih and the Impetus for Intellectual Change*《匏瓜：方以智與思想變革之動力》, Yale University Press, 1979.

（二）哲學史、思想史類

1. 梁啟超著：《清代學術概論》，臺北：水牛出版社，1971年5月。

2. 艾爾曼著，趙剛譯：《從理學到樸學》，南京：江蘇人民出版社，1995年。

3. 嵇文甫著：《晚明思想史論》，北京：東方出版社，1996年3月。

4. 馮達文、郭齊勇主編：《新編中國哲學史》，北京：人民出版社，2004年7月。

5. 田文軍、吳根友著：《中國辯證法史》，鄭州：河南人民出版社，2005年1月。

6. 余英時：《論戴震與章學誠》，北京：三聯書店，2005年1月。

7. 勞思光：《新編中國哲學史》，桂林：廣西師範大學出版社，2005年10月。

8. 韋政通：《中國思想史》，長春：吉林出版集團有限責任公司，2009年8月。

9. 王壽南主編：《中國歷代思想家·清》，北京：九州出版社，2011年3月。

10. 張豈之主編：《中國思想史（修訂本）》，西安：西北大學出版社，2012年7月。

11. 汪奠基著：《中國邏輯思想史》，武漢：武漢大學出版社，2012年8月。

12. 張學智著：《明代哲學史（修訂版）》，北京：中國人民大學出版社，2012年10月。

13. 蕭萐父、許蘇民著：《明清啟蒙學術流變》，北京：人民出版社，2013年11月。

14. 梁啟超著：《中國近三百年學術史》，杭州：浙江古籍出版社，2014年8月。

15. 張立文著：《宋明理學研究（增訂版）》，北京：中國人民大學出版社，2016年3月。

16. 容肇祖著：《明代思想史》，鄭州：河南人民出版社，2016年4月。

（三）周易類

1. 張其成著：《象數易學》，北京：中國書店，2003 年 6 月。

2. 潘雨廷著：《讀易提要》，上海：上海古籍出版社，2006 年 7 月。

3. 高懷民著：《宋元明易學史》，桂林：廣西師範大學出版社，2007 年 7 月。

4. 朱伯崑著：《易學哲學史》，北京：崑崙出版社，2009 年 9 月。

5. 沈信甫著：《方以智易學形上思想研究》，臺北：花木蘭文化出版社，2011 年。

6. 劉謹銘著：《方孔炤〈周易時論合編〉之研究》，臺北：花木蘭文化出版社，2013 年。

7. 朱伯崑主編：《周易知識通覽》，北京：中央編譯出版社，2018 年 1 月。

（四）明清實學、科技史、西學東漸類

1. 陳鼓應主編：《明清實學思潮史》，濟南：齊魯書社，1989 年。

2. 樊洪業著：《耶穌會士與中國科學》，北京：中國人民大學出版社，1992 年。

3. 陳衛平著：《第一頁與胚胎：明清之際的中西文化比較》，上海：上海人民出版社，1992 年 4 月。

4. 張永堂著：《明末清初理學與科學關係再論》，臺北：學生書局，1994 年 2 月。

5. 徐海松著：《清初士人與西學》，北京：東方出版社，2000 年 12 月。

6. 李志軍著：《西學東漸與明清實學》，成都：巴蜀書社，2004 年 8 月。

7. 魚宏亮著：《知識與救世：明清之際經世之學研究》，北京：北京大學出版社，2008 年 8 月。

8. Dagmar Schäfer 薛鳳著：《天工開物：17 世紀中國的知識與技術》，南京：江蘇人民出版社，2016 年 12 月。

（五）其他

1. 陳文濤：《先秦自然學概論》，上海：商務印書館，1929 年。

2. 謝國楨：《明末清初的學風》，人民出版社，1982 年 6 月。

3. 楊向奎：《清儒學案新編》（第一卷），齊魯書社，1985 年 2 月。

4. 葛兆光：《禪宗與中國文化》，上海：上海人民出版社，1986 年 6 月。

5. 徐中舒主編：《漢語大字典（縮印本）》，武漢：湖北辭書出版社，1992 年 12 月。

6. 牟宗三：《心體與性體》，上海：上海古籍出版社，1999 年。

7. 謝明陽：《明遺民的莊子定位論題》，臺北：臺灣大學出版委員會，2001 年。

8. 龐樸著：《一分為三論》，上海：上海古籍出版社，2003 年 3 月。

9. 陳來：《有無之間——王陽明哲學的精神》，北京：北京大學出版社，2006 年 2 月。

10. 毛宗賢著：《中國曹洞宗通史》，南昌：江西人民出版社，2006 年 10 月。

11. 程曦著：《明代儒佛融通思想研究》，合肥：合肥工業大學出版社，2008 年 5 月。

12. 徐聖心著：《青天無處不同霞——明末清初三教會通管窺》，臺北：臺大出版中心，2010 年 2 月。

13. 裘錫圭：《裘錫圭學術文集》，上海：復旦大學出版社，2012 年 6 月。

14. 彭國翔：《良知學的展開——王龍溪與中晚明的陽明學（增訂版）》，北京：三聯書店，2015 年 12 月。

15. Joseph Needham, *The Grand Titration: Science and Society in East and West*, Toronto: University of Toronto Press, 1969.

16. 狄百瑞（W. T. de Bary）主編：《新儒學的演變》*The Unfolding of Neo-Confucianism*, Columbia University Press, 1975.

17. 狄百瑞（W. T. de Bary）主編：《明代思想中的自我與社會》*Self and Society in Ming Thought*, Columbia University Press, 1971.

18. Huff, Toby, *The Rise of Early Modern Science: Islam, China, and the West*, Cambridge: Cambridge UP, 1993.

19. 卜正民著，張華譯：《為權力祈禱——佛教與晚明中國士紳社會的形成》，南京：江蘇人民出版社，2005 年 11 月。

三、學位論文

1. 尚智叢：《明末清初（1582～1687）的格物窮理之學》，北京大學博士論文，2002 年。

2. 周勤勤：《方以智「均的哲學」研究》，中國社會科學院博士學位論文，2003 年。

3. 李仁展：《覺浪道盛禪學思想研究》，臺灣師範大學碩士學位論文，2004 年。

4. 劉浩洋：《從明清之際的青原學風論方以智晚年思想中的遺民心志》，臺灣政治大學博士學位論文，2004 年。

5. 劉娟：《方以智語言學研究》，山東師範大學碩士論文，2005 年。

6. 劉貽群：《方以智〈東西均〉思想研究》，武漢大學博士論文，2006 年。

7. 周鋒利：《方以智三教會通思想研究》，北京大學博士學位論文，2008 年。

8. 何婧：《方以智〈通雅〉方言材料研究》，揚州大學碩士論文，2010 年。

9. 邢益海：《方以智的莊學研究——〈藥地炮莊〉初探》，中山大學博士學位論文，2010 年。

10. 劉偉：《方以智易學思想研究》，蘇州大學博士學位論文，2011 年。

11. 張世亮：《方以智「質測」與「通幾」之學的方法論詮釋》，北京師範大學博士論文，2012 年。

12. 楊愛東：《東傳科學與明末清初實學思潮——以方以智的實學思想為中心》，山東大學博士學位論文，2014 年。

13. 胥俊：《〈通雅〉名物訓詁研究》，暨南大學碩士學位論文，2014 年。

14. 廖璨璨：《方以智易學哲學思想研究》，北京大學博士學位論文，2015 年。

四、單篇論文

1. 羅常培：《耶穌會士在音韻學上的貢獻》，國立中央研究院歷史語言研究所集刊，1930 年，第 267～339 頁。

2. 容肇祖：《方以智和他的思想》，《嶺南學報》第九卷第一期，1948 年。

3. 侯外廬：《方以智——中國的百科全書派大哲學家》，《歷史研究》，1957 年第 6、7 期。

4. 侯外廬：《十六世紀中國的進步的哲學思潮概述》，《歷史研究》，1959 年第 10 期。

5. 蔣國保：《方以智哲學思想研究綜述》，《哲學動態》，1983 年第 9 期，第 18～23 頁。

6. 馮錦榮：《明末清初方氏學派之成立及其主張》，收錄於山田慶兒主編《中國古代科學》，〔日本〕京都大學人文科學研究所，1989 年，第 139～219 頁。

7. 陳來：《王陽明哲學的心物論》，《哲學研究》，1990 年第 3 期，第 67～76 頁。

8. 陳衛平：《方以智對中西哲學的比較》，《江淮論壇》，1993 年第 2 期，第 70～76 頁。

9. 趙園：《明清之際遺民學術論片》，《社會科學戰線》，1995 年第 5 期，第 156～164 頁。

10. 李宜苗：《近十五年來兩岸「明清實學思潮」研究評介（1982～1997）》，《國立臺灣師範大學歷史學報》第 26 期，1998 年 6 月，第 259～278 頁。

11. 張祥浩：《現代新儒家的仁智論》，《贛南師範學院學報》，1999 年第 2 期，第 18～21 頁。

12. 徐光臺：《熊明遇與幼年方以智》，《漢學研究》第 28 卷第 3 期，2010 年 9 月，第 259～290 頁。

13. 劉元青：《方以智易學思想研究》，《周易研究》，2010 年第 5 期，第 74～80 頁。

14. 丁為祥：《牟宗三「即存有即活動」釋義》，《文史哲》，2010 年第 5 期，第 132～139 頁。

15. 周鋒利：《方以智「實學」觀探微》，《中國哲學史》，2012 年第 2 期，第 112～117 頁。

16. 邢益海：《方以智研究進路及文獻整理現狀》，《現代哲學》，2013 年第 1 期，第 119～128 頁。

17. 趙燦鵬：《「心之精神是謂聖」：楊慈湖心學宗旨疏解》，《孔子研究》，2013 年第 2 期，第 76～86 頁。

18. 許蘇民：《論李約瑟的中西哲學比較研究》，《雲南大學學報》，2013 年第 六期，第 24～33 頁。

19. 李宏圖：《歐洲思想史研究範式轉換的學術路徑》，《世界歷史》，2015 年第 2 期，第 135～143 頁。

20. 樂愛國：《朱熹的「理」：「生生之理」還是「只存有而不活動」》，《廈門大學學報》，2016 年第 1 期，第 36～43 頁。

21. 樂愛國：《朱熹的「理」：「所以然」還是「所當然」》，四川大學學報，2016 年第 2 期，第 14～21 頁。

22. 鄧聯合：《遺民心態與明清之際的莊子定位論》，《安徽大學學報》，2017

年第 3 期，第 23～29 頁。

23. 孫國柱：《利瑪竇對於晚明「三教合一」思潮的批判——兼與方以智的觀點進行對比》，2018 年第 2 期，第 121～128 頁。

24. 廖璨璨：《方以智的「格物窮理」說及其對明清之際西學的回應》，《中國哲學史》，2018 年第 3 期，第 101～105 頁。

25. 廖璨璨：《體用互餘：論方以智易學哲學的「四分用三」說》，《周易研究》，2018 年第 4 期，第 31～38 頁。

26. 向世陵：《聞見與德性——朱子、陽明「知」論辨析》，《復旦學報》，2019 年第 1 期，第 31～41 頁。

27. 劉瑜：《〈周易程氏傳〉无妄卦思想發微——以德福關係為中心》，《周易研究》，2019 年第 2 期，第 74～80 頁。

28. 楊念群：《清代考據學的科學解釋與現代想像》，《史學史研究》，2019 年第 2 期，第 47～60 頁。

29. 楊念群：《近百年來清代思想文化研究範式的形成與轉換》，《上海交通大學學報（哲學社會科學版）》，2019 年 8 月，第 87～96 頁。

30. 李育富：《邵雍先天易學探析》，《周易研究》，2019 年第 3 期，第 60～69 頁。

31. 楊澤波：《仁性和智性在道德存有中的不同作用》，《陝西師範大學學報》，2020 年第 1 期，第 83～91 頁。

32. 李震：《邵雍體用論的淵源、特色與定位》，《中國哲學史》，2020 年第 2 期，第 91～97 頁。

33. 張昭煒：《正餘的吞吐成環及雙向開掘——論方以智的體用觀及其創新》，《安徽大學學報》，2020 年第 3 期，第 49～57 頁。

34. 陳力祥，張磊：《孝觀念起源於孝道思想形成時間辨正》，《江淮論壇》，2020 年第 4 期，第 105～111 頁。

35. 李震：《邵雍哲學的體用論》，《哲學研究》，2020 年第 9 期，第 59～68 頁。

36. Willard J. Peterson, *Western Natural Philosophy Published in Late Ming China, Proceedings of the America Philosophy Society*, Vol.117(4), 1973, pp.295~322.

37. Graham, A. C., *China, Europe, and the Origins of Modern Science*, in Nakayama, S. and Sivin, N (eds.), *Chinese Science*, 1973, pp.45~69.

38. Willard J. Peterson, *From Interest to Indifference: Fang I-chih and Western, Ch'ing-shih wen-t'i*, Vol.3(5), 1976, pp.72~85.

39. John. D. Langlois, *Book Review, Journal of Chinese Philosophy*, Vol.7(2), 1980.

40. Thomas A. Metzger, *Book Review, The American Historical Review*, 1980.

41. Yung Sik Kim, *Natural Knowledge in a Traditional Culture: Problems in the study of the History of Chinese Science*, Minerva, 1982 (Vol.20), pp.83~104.

42. Benjamin A. Elman, *The Unravelling of Neo-Confucianism: From Philosophy to Philology in Late Imperial China*，《臺灣清華學報》第十五卷，一、二期合刊，1983 年。

43. N.Sivin, Max Weber, *Joseph Needham, Benjamin Nelson: The Question of Chinese Science, Civilizations East and West*, 1985 (Vol.10), pp.37~49.

44. Graeme Lang, *Structural Factors in the Original of Modern Science: A Comparison of China and Europe*, in Steven T. de Zepetnet and Jennifer W. Jay, eds, *East Asian Cultural and Historical Perspectives*, Edmonton: Research Institute for Comparative Literature and Cross Cultural Studies, University of Alberta, 1997, pp.71~96.

45. Nathan Sivin, *Why the Science Revolution Did Not Take Place in China-or Didn't it?, Chinese Science* 2005 (5), pp.45~66.